Startklar!

Alltagskultur, Ernährung und Soziales
7/8
Baden Württemberg
Differenzierende Ausgabe

Herausgegeben von
Prof. Dr. Silke Bartsch

Mit Beiträgen von
Anna Fruh
Kirsten Fricke
Tanja Körner
Christiane Lebeda
Monika Neidhardt
Stefanie Nolte
Yvonne Rosenstiel

Unter Mitarbeit der Verlagsredaktion

Cornelsen

Alltagskultur, Ernährung und Soziales
AES
7/8
Baden Württemberg
Differenzierende Ausgabe

Projektleitung:	Dr. Uwe Andrae
Redaktion:	Martin Regenbrecht, Berlin
Illustration:	Tasche (Natascha Welz), Berlin
Grafik:	Erfurth Kluger Infografik, Berlin
Umschlaggestaltung:	Corinna Babylon, Berlin
Layout:	Stephan Hilleckenbach, dtp-Service & Produktion, Berlin
Technische Umsetzung:	L101 Mediengestaltung, Fürstenwalde

www.cornelsen.de

Die Webseiten Dritter, deren Internetadressen in diesem Lehrwerk angegeben sind,
wurden vor Drucklegung sorgfältig geprüft. Der Verlag übernimmt keine Gewähr
für die Aktualität und den Inhalt dieser Seiten oder solcher, die mit ihnen verlinkt sind.

1. Auflage, 1. Druck 2017

Alle Drucke dieser Auflage sind inhaltlich unverändert
und können im Unterricht nebeneinander verwendet werden.

Druck: Mohn Media Mohndruck, Gütersloh

ISBN 978-3-637-015111 (Schülerbuch)
ISBN 978-3-637-015265 (E-Book)

PEFC zertifiziert
Dieses Produkt stammt aus nachhaltig
bewirtschafteten Wäldern und kontrollierten
Quellen.
www.pefc.de

PEFC
PEFC/04-31-1033

Liebe Schülerinnen und Schüler,

am Anfang dieses Buches möchten wir euch seine wichtigsten Elemente vorstellen.

Auftaktdoppelseiten

Jedes Kapitel wird mit einer Bilddoppelseite eröffnet. Das großformatige Bild soll zusammen mit einführenden Fragen eine Einstimmung auf das Thema des Kapitels geben. Anhand der Auftaktdoppelseite lassen sich in vielen Fällen Erfahrungen und Fragen ansprechen, die in der weiteren Arbeit immer wieder herangezogen werden können. Anregungen dafür liefern die Arbeitsfragen.

Themendoppelseiten

Die Themendoppelseiten bilden den Schwerpunkt des Buches. Durch die Themendoppelseiten wird jedes Kapitel in überschaubare Einzelthemen gegliedert. Die große Überschrift auf der linken Seite der Doppelseite zeigt euch, worum es geht.
Die Einführung in das jeweilige Thema erfolgt durch einen Verfassertext, der euch die notwendige Orientierung geben soll. Außerdem findet ihr mit **M** gekennzeichnete Materialien, das sind Fotos, Diagramme oder kurze Texte, die zur Veranschaulichung, Vertiefung oder Problematisierung dienen können.

Arbeitsaufgaben

Am Ende der Doppelseite stehen Arbeitsaufgaben. Sie sollen euch Anregungen für die Erarbeitung der Materialien der Doppelseite geben, aber auch für weiterführende Recherchen und Projekte. Die Arbeitsaufträge sind teilweise mit dem Symbol eines Würfels gekennzeichnet, der den Schwierig-keitsgrad angibt, so bedeutet etwa ein Würfel mit zwei Punkten (⚁) einen mittleren Schwierigkeitsgrad.

Begriffserklärungen

Wichtige Worterklärungen zu den Texten sind mit einem Sternchen (*) gekennzeichnet. Die Begriffserklärungen selbst finden sich in der Randspalte auf der jeweiligen Seite.

Methodenseiten

Für den Unterricht in eurem Fach eignen sich besondere Arbeitsmethoden und Arbeitstechniken. Diese werden euch auf den Methodenseiten gesondert vorgestellt. Das geschieht immer in Verbindung mit einem konkreten Thema. Doch lassen sich die Grundsätze der jeweiligen Methoden und Techniken auch auf andere Themen übertragen.

Wissensspeicher

An vielen Stellen des Buches befinden sich Doppelseite als sogenannten Wissensspeicher. Auf diesen „Spezialseiten" könnt ihr die wichtigsten Themen und Begriffe des Kapitels, Grundwissen und Fertigkeiten wiederholen und anwenden.

Zusätzliche Angebote im Internet

Auf vielen Themendoppelseiten findet ihr unten Webcodes (z.B.: **Webcode SK015111-023**). Gebt den Code auf der Internetseite **www.cornelsen.de** in das Feld „Webcode" ein. Hier findet ihr Webseiten mit Texten oder Filmen, die ein Thema vertiefen und teilweise das Erledigen der Aufgaben erleichtern

Kapitel 1

Essgeschichten

Meine Essbiografie

Essalltag

Lebensmittel wertschätzen

Kapitel 2

Rezeptgeschichten

Kapitel 3

Körpergeschichten

Kapitel 4

Konsumgeschichten

Kapitel 5

Sozialgeschichten

Kapitel 6

Lebensgeschichten

Selbstgemachte Maultaschen esse ich für mein Leben gern. Leider habe ich heute kaum mehr Zeit dafür, sie selber zu machen, das ist ganz schön aufwendig.

Am liebsten esse ich Rehkeule. Das erinnert mich an meine Kindheit, denn das Gericht gab es nur zu ganz besonderen Anlässen.

Essgeschichten

Überlege:
- *Welche Gerichte schmecken dir besonders gut? Woran liegt das?*
- *Bei der Familie auf diesem Bild sind alle Lieblings-essen selbst zubereitet. Hast du eine Erklärung dafür? Wie ist es in eurer Lerngruppe?*
- *Welche Rolle spielt Gemeinschaft mit Familie und Freunden für dich bei den Mahlzeiten?*

M1 Pizzaessen mit Freunden

M2 Austern schlürfen bei den Promis

Geschmack wird durch viele Faktoren beeinflusst. Welche Gedanken und Gefühle verbindest du mit den abgebildeten Speisen und Situationen?

---

*Omnivor
Menschen gelten als Omnivoren (=Allesfresser) und können sich sowohl von Pflanzen als auch von Tieren ernähren.

„Geschmäcker sind verschieden!" Diesen Spruch hast du bestimmt schon einmal gehört. Doch wie entwickelt sich eigentlich unser ganz persönlicher Geschmack und durch welche Faktoren werden unsere Essgewohnheiten beeinflusst?

Menschen sind von Natur aus eigentlich „Allesfresser". Der Fachausdruck dazu lautet Omnivoren* bezeichnet. Das bedeutet, dass sich der Mensch sowohl von Pflanzen als auch von Tieren ernähren kann. Obwohl nur wenige Pflanzen und Tiere für den Menschen giftig sind, haben wir unsere genauen Vorstellungen, was für uns als essbar und nicht essbar gilt. Und so verzichten wir – in der Regel selbst in Notzeiten – auf den Verzehr vieler Pflanzen und Tiere. Warum ist das so?

Schon im Mutterleib beginnt sich unser Geschmack zu entwickeln. Das Fruchtwasser schmeckt je nach der von der Mutter aufgenommenen Nahrung unterschiedlich. So lernt jedes Kind schon vor der Geburt verschiedene Geschmacksrichtungen kennen. Auch die Muttermilch schmeckt unterschiedlich, je nachdem, was die Mutter gegessen hat. Lebensmittel, an deren Geschmack wir uns so schon vor der Geburt gewöhnt haben, schmecken uns später automatisch besser. Mit der Geburt können Babys süß, sauer, salzig, bitter und umami (siehe S. 98) schmecken. Süße Geschmäcker verleihen uns ein Gefühl von Sicherheit, denn süße Speisen sind fast nie giftig. Die Geschmacksrichtungen bitter und sauer werden hingegen von Babys abgelehnt, denn sie weisen uns auf giftige oder verdorbene Speisen hin. Erst mit den Jahren und durch häufiges Probieren akzeptieren und mögen wir auch diese Geschmacksrichtungen.

Geschmack ist so zum Teil genetisch bestimmt oder wird bereits vor der Geburt geprägt. Im Laufe unseres Lebens wird der Geschmack durch viele weitere Faktoren beeinflusst.

Kulturelle Einflussfaktoren

Regenwürmer oder Insekten zum Mittagessen? Diese Vorstellung ruft bei vielen Menschen Ekel und Abneigung hervor. In anderen Kulturkreisen gelten sie jedoch als Delikatessen.

Auch Religionen beeinflussen das Essverhalten der Menschen. So verbietet der Islam den Verzehr von Schweinefleisch, im Hinduismus hingegen gelten Kühe als heilig. Im Judentum wird Fleisch nicht mit Milch in Verbindung gebracht und im Christentum wird freitags traditionell auf Fleisch verzichtet.

Welche Lebensmittel wir als essbar oder nicht essbar einstufen, wird somit maßgeblich durch unsere Kultur beeinflusst.

Soziale Einflussfaktoren

Was wir essen, wird häufig von anderen Personen (mit-)bestimmt. Selbst wenn wir alleine essen, wird unsere Essenswahl häufig durch andere Personen beeinflusst. Dies wird als sozialer Einflussfaktor bezeichnet.

Sehr stark beeinflussen uns auch familiäre Essgewohnheiten. Isst der Vater zum Beispiel keine Tomaten, ist es wahrscheinlich, dass auch das Kind diese ablehnt. Vorbilder nehmen besonderen Einfluss auf unsere persönlichen Essensgewohnheiten. Wir eifern ihnen nach und probieren und akzeptieren so eher neue Speisen. In Werbespots für Lebensmittel werden deshalb häufig berühmte Persönlichkeiten gezeigt.

Persönliche Einflussfaktoren

Doch unser Geschmack entwickelt sich auch durch persönliche Erfahrungen weiter. So entwickelt jeder seine ganz individuellen Vorlieben und Abneigungen. Da wir uns an viele Geschmäcker erst gewöhnen müssen, ist es daher wichtig, Speisen öfter zu probieren, auch wenn sie uns beim letzten Mal vielleicht nicht geschmeckt haben.

Abneigungen beruhen häufig auf persönlichen Erfahrungen. Wurde einem nach dem Essen eines bestimmten Lebensmittels einmal schlecht, kann es sein, dass man dieses Lebensmittel in Zukunft ablehnt.

Psychologische Einflussfaktoren

Auch Gefühle haben Einfluss auf unseren Geschmack. Süßigkeiten werden häufig zur Belohnung, Beruhigung oder Stressregulierung eingesetzt und sollen positive Gefühle in uns hervorrufen. Verbote hingegen, („Nein, das darfst du nicht! Da ist zu viel Zucker drin!") verlocken meist besonders und bewirken damit das Gegenteil: Wir möchten automatisch mehr davon essen. Durch die Ausübung von Druck und Zwang („Du musst deinen Teller aufessen!") können ebenfalls negative Gefühle mit einem bestimmten Geschmack in Verbindung gebracht werden.

M 3 Menschen verbinden ganz unterschiedliche Gedanken mit dem gleichen Lebensmittel

1 Betrachte die Fotos. Wodurch wird Geschmack beeinflusst?

2 Erstelle eine Mindmap zu den Einflussfaktoren und benenne zu jedem Faktor verschiedene Beispiele.

3 Nimm dein Buddybook (siehe S. 12) zur Hand. Welche Einflussfaktoren haben deinen Geschmack geprägt?

4 👥 Bringt eure Lieblingsrezepte mit in die Lerngruppe. Welche Geschichten stecken dahinter? Bereitet eine Ausstellung oder einen Museumsrundgang vor.

5 👥 Führe in deiner Familie oder an deiner Schule eine Befragung durch zum Thema Lieblingsessen und Abneigungen. Entwickelt dazu einen Fragebogen in Gruppenarbeit. Welche Geschichten, Gründe oder Einflussfaktoren stecken hinter den Essgewohnheiten?

6 Sieh dir M 3 an: Welche Einflussfaktoren kannst du bei der abgebildeten Person erkennen? Und wie ist das bei dir? Welche Gedanken verbindest du mit Schokolade?

„Kohlrabi mag ich nicht." Jeder Mensch entwickelt im Laufe seines Lebens einen ganz persönlichen Geschmack. Der eine isst Kohlrabi nur roh, der andere mag ihn nur gekocht, ein Dritter überhaupt nicht. Warum wir manche Dinge ganz besonders oder gar nicht mögen, hängt häufig mit besonderen Ereignissen oder Gefühlen zusammen, denn im Laufe seines Lebens schreibt jeder Mensch seine persönliche Essbiografie.

Unter dem Begriff Essbiografie versteht man alle Esserfahrungen, die im Verlauf des Lebens gesammelt werden. Mithilfe eines Buddybooks kannst du nun deine persönliche Essbiografie in einem kleinen Büchlein Schritt für Schritt entdecken und einiges über dich und dein Essverhalten lernen.

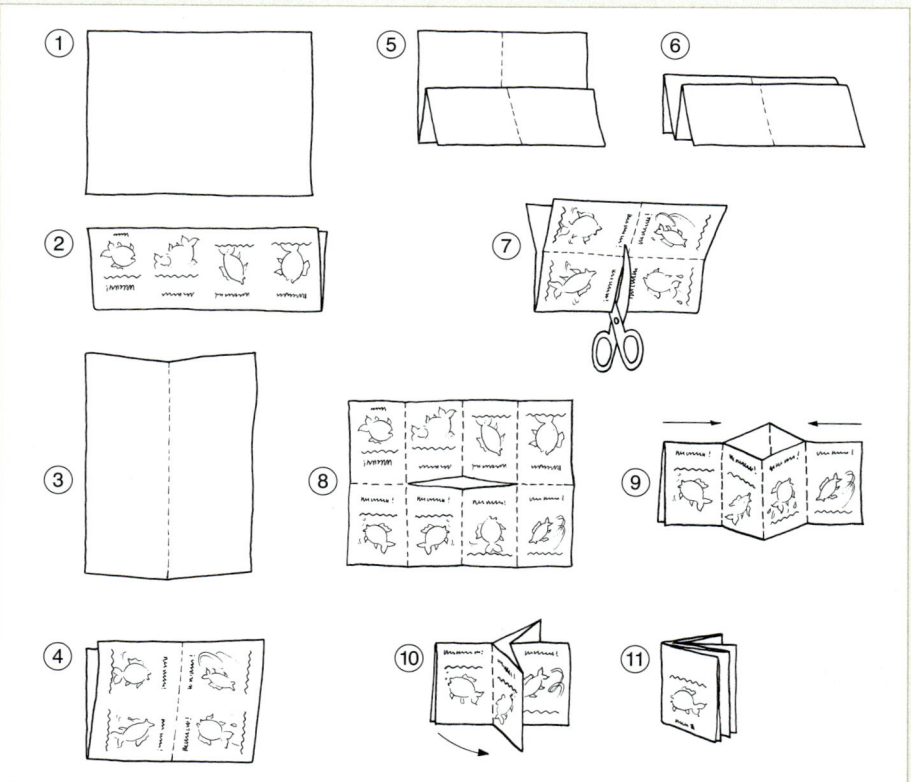

M1 Faltanleitung für dein persönliches Buddybook. Papierformat: DIN A3

METHODE

Schritt 1: Buddybook herstellen

Zunächst bastelst du dir ein Büchlein, wie in der Anleitung beschrieben. Mit persönlichen Fotos, Bildern aus Zeitschriften, Werbeprospekten oder Zeichnungen kannst du dein Buddybook zusätzlich gestalten.

Schritt 2: Buddybook gestalten

Titelseite: Meine Essbiografie

Gestalte die Titelseite deines Buddybooks. Nicht fehlen sollte:
- der Titel deines Buddybooks, z. B. „Meine Essbiografie"
- dein Name

Seite 1/2: Mein Lieblingsessen

Gestalte die erste Doppelseite zu deinem Lieblingsessen.
- Was ist dein Lieblingsessen und wie schmeckt es?
- Gibt es eine besondere Geschichte dazu? (z. B. ein Ereignis, eine Erinnerung) Wer kann es am besten zubereiten?
- …

Seite 3: Abneigungen

- Welche Lebensmittel oder Speisen magst du überhaupt nicht?
- Welche Geschichten und Gründe stecken hinter deiner Abneigung? Warum schmecken dir diese Lebensmittel oder diese Speisen nicht (mehr)?
- …

Seite 4: Allergien

- Gibt es Lebensmittel, die du aus gesundheitlichen Gründen nicht essen kannst?
- Kommen in deiner Familie Lebensmittelunverträglichkeiten oder Krankheiten vor, die dein Essverhalten beeinflussen?
- …

Seite 5/6: Entwicklung meiner Essbiografie

Erstelle einen Zeitstrahl! Dokumentiere, wie sich deine Essgewohnheiten im Laufe deines Lebens verändert haben.

Seite 8: Einflussfaktoren

Wodurch werden meine Essgewohnheiten beeinflusst (z.B. durch die Familie, durch Werbung, durch bestimmte Ereignisse)? Notiere diese Einflussfaktoren auf der letzten Seite deines Buches.

Meine Lieblingsessen bis heute:

Als kleines Kind habe ich alles probiert und gegessen.

Nudeln mit Tomatensoße.

Im Urlaub gab es leckere Oliven. Die esse ich jetzt auch zu Hause.

Linseneintopf von meiner Oma.

Bei einer Freundin habe ich das erste Mal Thunfisch-Pizza probiert. Lecker!

Nutellabrot nach der Schule.

Veggie-Burger. Seit der Lebensmittel-Doku im Fernsehen esse ich vegetarisch.

0 4 6 8 10 12 14 16

Alter in Jahren

M1 Essen mit Genuss

Essen ist Geschmackssache

Warum isst du gerne Pizza? Die häufigste Antwort auf diese Frage lautet vermutlich: „Weil sie mir schmeckt."

Wenn wir davon reden, dass uns etwas „schmeckt", meinen wir häufig, dass wir es gerne mögen. Und was wir gerne oder nicht so gerne essen, hängt neben dem Geschmack häufig noch von weiteren Sinnen ab: Neben dem Geschmack kann es auch das Aussehen, der Geruch, das Geräusch oder wie es sich im Mund anfühlt sein. Auch andere Dinge können entscheiden, ob uns etwas „schmeckt": Es kann auch einfach bedeuten, dass wir etwas kennen und deshalb sicher sind, keine böse Überraschung zu erleben. Oder auch, dass wir etwas in einer angenehmen Atmospähre essen.

Was ist gesucht?

Es passt mit einem Biss komplett in deinen Mund. Du beißt darauf. Es fühlt sich weich und fast schon etwas glitschig an. Der Speichel schießt aus seinen Drüsen – etwas Saures hast du geschmeckt. Die Säure ist aber nicht allein – süß und fruchtig schmeckt es auch noch. Du kannst es leicht zerkauen, nur manchmal knackt es ganz leise. Bevor du es in den Mund gesteckt hast, hast du irgendwelche kleinen Kernchen daran gesehen. Die knallige rote Farbe und der Geschmack machen Lust auf Sommer und Sonne. Es erinnert dich an den letzten Urlaub.

Genuss ist für jeden anders

Für den einen ist Genuss, wenn ihm etwas einfach schmeckt. Für den anderen ist Genuss auch, wenn man etwas gemeinsam mit der Familie isst oder zusammen mit Freunden gekocht hat. Häufig kommt es auch darauf an, wie man sich gerade fühlt – ein belegtes Brötchen in der Hektik schnell gegessen lässt sich sicherlich schwerer genießen als bei einem entspannten Picknick im Freien.

Lust und Frust

Manchmal haben wir einfach Lust auf ein Stück Schokolade. Dieses „Lust auf etwas haben" ist eine kurzfristige, spontane Empfindung. Auch das „Frustessen" ist nicht so selten: Gefrustet über eine schlechte Note essen wir vielleicht unüberlegt große Mengen von Süßigkeiten, die unserem Körper nicht gut tun.

Genuss hingegen kann sich auch auf Lebensmittel beziehen, auf die ich davor keine Lust empfunden habe. Bei einer Einladung zum Essen bei Freunden weiß ich oftmals vorher gar nicht, was es geben wird. Ich konnte davor also gar nicht „Lust" auf ein bestimmtes Lebensmittel empfinden, sondern ich genieße es, bekocht zu werden.

„Gesunder Genuss" – geht das?

Bei dem Vorhaben, möglichst bedarfsgerecht zu essen, geraten wir manchmal in Konflikt mit diesem „Genuss": Süßwaren sind nur selten bedarfsgerecht, aber öfters eine große Versuchung, und die Werbung hilft noch dabei. Da echter Essgenuss begrenzt ist, kommt es nicht unbedingt darauf an, dass es sich um „gesunde" Lebensmittel handelt. Daher ist „gesunder Genuss" kein Widerspruch. Vielmehr tragen Genussmomente zur Entspannung bei und sind daher gesundheitsförderlich.

Trotzdem wird immer wieder vor übermäßigem Essgenuss gewarnt. Ein Grund ist das Übermaß, das dann den Genuss zum Laster werden lässt.

Manchmal lohnt es sich, Lebensmitteln, von denen ich denke, dass ich sie nicht mag, noch eine Chance zu geben. Geschmack ist auch Gewohnheitssache: Vielleicht hilft es, ein ungeliebtes Lebensmittel immer mal wieder in anderer Form zu probieren? Vielleicht schmeckt die Tomate kleingeschnitten im Salat eher als pur.

> Genuss ist ein körperlich-sinnliches Erlebnis, das positiv ist. Es ist zeitlich begrenzt und fördert die Entspannung und das Wohlbefinden.

> „Ich würde ja gerne mehr Gemüse essen, aber Karotten schmecken mir nun mal einfach nicht."

1 Wie wird Essen für dich zum Genuss? Überlege dazu auch, wann „Essgenuss" deinem Wohlbefinden kurz- und langfristig nutzt und wann schadet.

2 Was ist mit „gesunder Genuss" gemeint?

3 Schreibe alle Worte auf, die dir beim Betrachten von **M 1** einfallen und vergleiche sie mit einem Partner. Warum habt ihr ähnliche/verschiedene Wörter gefunden?

4 👥 Wählt ein Lebensmittel aus und beschreibt, was eure fünf Sinne dabei wahrnehmen. Vergleicht eure Ergebnisse.

5 Schreibe selbst ein Rätsel wie im Kasten „Was ist gesucht?".

6 „Geschmäcker sind verschieden!" Was meinst du zu dieser Aussage?

7 Beschreibe deine Sinneseindrücke, die du bei einem bestimmten Lieblingslebensmittel hast und vergleiche sie mit den Sinneseindrücken eines von dir ungeliebten Lebensmittels.

8 Internetrecherche: Was beeinflusst unseren Geschmack? (Webcode)

Mein Essalltag heute

Mit 13 Jahren bekam ich die Diagnose **Diabetes Typ I**. Das war ein ziemlich großer Schock. Inzwischen habe ich mich daran gewöhnt, dass ich mehrfach täglich meinen Blutzuckerspiegel messen und nach dem Essen Insulin spritzen muss.

Früher hatte ich nach dem Essen häufig Bauchschmerzen. Seit die Ärzte bei mir eine **Glutenunverträglichkeit** festgestellt haben, achte ich sehr genau darauf, was ich esse. Klar hat sich mein Essalltag dadurch stark verändert, jedoch geht es mir seitdem auch viel besser.

M 1 Marlene (2. v. li.) und Joshua (rechts) haben eine Autoimmunerkrankung.

Jeder ist und isst anders! Unsere Essbiografie ist ein wichtiger Einflussfaktor, aber auch eine ernährungsabhängige Erkrankung kann unseren Essalltag verändern. Die Beispiele von Marlene und Joshua zeigen dir, wie Autoimmunerkrankungen den Essalltag der beiden mitbestimmen. *

Wodurch wird der Essalltag beeinflusst?

Zur Gestaltung deines Essalltages * tragen viele einzelne Faktoren bei (siehe Randspalte). So bestimmt beispielsweise dein Zeitmanagement mit, wann, was, wo, wie und mit wem du isst. Wenn es schnell gehen muss oder soll, beeilst du dich, du wärmst dir schnell etwas auf oder kaufst dir einen Snack „to go". Bei einem gemütlichen Essen mit Freunden oder deiner Familie nimmst du dir hingegen mehr Zeit, vielleicht kocht ihr auch alle gemeinsam.

Auch der bewusste Fleischverzicht von Vegetariern, z.B. aus ethisch-moralischen Gründen, beeinflusst den Essalltag. So wird in manchen Familien z.B. doppelt gekocht.

Jugendlicher Essalltag

Snacks und Fastfood sind zwei Trends aus dem jugendlichen Essalltag, die inzwischen schon zum festen Bestandteil unserer Esskultur geworden sind. Die „digitale Esskultur" ist hingegen ein neuer Trend aus dem Jugendlichen Essalltag. Im Internet verbreiten sich zahllose Ernährungsblogs, You-Tuber stellen Ernährungstipps und Rezepte vor, Bilder von und beim Essen werden über soziale Netzwerke geteilt und immer mehr Apps zur Dokumentation des eigenen Essalltags (Selftracking) kommen auf den Markt. Der Essalltag von Jugendlichen wird damit zunehmend auch von digitalen Medien beeinflusst.

---

* **Autoimmunerkrankung**
Erkrankung, bei der das Immunsystem körpereigene Zellen nicht erkennt und daher bekämpft

* **Essalltag**
Wann, was, wo, wie und mit wem wird gegessen?

Einflussfaktoren auf den Essalltag:

- Krankheiten
- Zeitmanagement
- ethisch-moralische Gründe
- ökonomische Gründe
- ökologische Gründe
- Lebensmittelkrisen
- Religion
- familiäre Gewohnheiten
- Geschmack
- Kochkenntnisse
- ...

Infobox: Diabetes Typ I

Was ist Diabetes Typ I? Diabetes Typ I ist eine Krankheit, bei der die Bauchspeichel-drüse zu wenig oder kein Insulin mehr produziert. Dadurch kann der Körper keinen Zucker aufnehmen und der Zucker bleibt im Blut. Wird dem Körper kein Insulin zuge-führt, steigt der Blutzuckerspiegel immer weiter und es besteht Lebensgefahr.

Therapiemöglichkeiten: Dem Körper muss durch Spritzen oder eine automatische Insulinpumpe mehrfach täglich das lebensnotwendige Insulin zugeführt werden. Die Insulindosis muss dabei der Nahrungsaufnahme und der Bewegung angepasst werden. Hierzu muss regelmäßig der Blutzuckergehalt in einem Blutstropfen ge-messen werden.

Einfluss auf den Essalltag: Grundsätzlich müssen sich Diabetes-Typ-I-Patienten nicht besonders ernähren. Jedoch muss nach jeder Mahlzeit die Insulinmenge genau berechnet werden. Außerdem ist es wichtig, dass regelmäßig gegessen wird, damit der Insulinspiegel nicht zu stark schwankt und keine gefährliche Unterzuckerung auftritt.

Infobox: Glutenunverträglichkeit

Was ist eine Glutenunverträglichkeit? Menschen mit einer Glutenunverträglichkeit können das Klebereiweiß Gluten nicht richtig verdauen. Der Verzehr von glutenhalti-gen Lebensmitteln führt bei ihnen zu einer Entzündung im Dünndarm. Typische Symptome sind beispielsweise Bauchschmerzen oder Durchfall.

Therapiemöglichkeiten: Gegen eine Glutenunverträglichkeit gibt es keine Medika-mente. Die Beschwerden verschwinden jedoch mit einer konsequent glutenfreien Ernährung vollständig. Betroffene müssen daher ein Leben lang auf ihre Ernährung achten.

Einfluss auf den Essalltag: Da Gluten in vielen Getreidearten (z. B. Weizen) enthal-ten ist, muss auf viele Getreideprodukte (z. B. Brot, Nudeln, Pizza oder Kuchen) ver-zichtet werden. Kartoffeln, Mais, Reis und Hirse enthalten kein Gluten und können ohne Beschwerden gegessen werden. Bei Restaurantbesuchen muss nach gluten-freien Alternativen gefragt werden, da beispielsweise auch Soßen häufig Gluten enthalten. Da auch viele Fertiggerichte Gluten enthalten, muss hier immer die Zutatenliste gelesen werden.

1 Was verstehst du unter dem Begriff Essalltag? Erkläre den Begriff mit deinen eigenen Worten. Beschreibe deinen Essalltag. Welche Besonderheiten gibt es? Überlege, wie du dich selbst beobachten kannst.

2 Welche Rolle spielen digitale Medien in deinem Essalltag?

3 Joshuas und Marlenes Essalltag wird von Krankheiten beeinflusst. Kennst du jemanden, dessen Essalltag durch eine Krankheit beeinflusst wird? Wodurch und wie?

4 👥 Stellt euch vor, dass euch eine Freundin mit einer Glutenunverträglichkeit besucht. Überlegt euch mindestens drei verschiedene Gerichte, die sie essen darf.

5 Recherchiere im Internet nach dem Glutenfrei-Siegel. Wie kannst du glutenfreie Lebensmittel erkennen?

6 Recherchiere: Was verbirgt sich hinter Diabetes Typ II? Worin liegen die Unterschiede zu Diabetes Typ I?

7 👥👥 Entwickelt zu jedem Einflussfaktor auf den Essalltag ein eigenes Beispiel.

8 👥👥👥 Startet eine Umfrage zum Essalltag. Befragt dabei drei Generationen. Welche Unterschiede könnt ihr entdecken?

M1 Zu Silvester nehmen wir uns oft vor, unser Essverhalten zu ändern.

In der letzten Woche hat Pauline mit ihrem Handy eine Fotodokumentation gemacht. Sie fotografierte mit ihrem Smartphone jede Süßigkeit, die sie isst. Über den Süßigkeitenberg am Ende der Woche war sie ganz schön überrascht. Eigentlich dachte sie, dass sie sich ausgewogen ernährt.

So wie Pauline ergeht es vielen Menschen. Das eigene Essverhalten wahrzunehmen und darüber nachzudenken (zu reflektieren), fällt uns häufig schwer. Zu viele Faktoren beeinflussen, was und wie wir essen. Zusätzlich essen wir immer mehr unbewusst, z.B. vor dem Fernseher oder unterwegs. Im Alltag essen wir daher häufig mehr oder anders, als wir es uns eigentlich vorstellen und wünschen.

Das wünschen wir uns

Jeder Mensch hat seine persönlichen Vorstellungen davon, wie und was er gerne essen möchte. Und dennoch liegen den meisten Wünschen ähnliche Werte* zugrunde:

– *Schönheit:* In unserer Gesellschaft wird Schönheit meistens mit Schlanksein verbunden. Es gibt aber auch andere Schönheitsideale.
– *Fitness und Gesundheit:* Ein leistungsfähiger Körper ist heute für die Mehrheit ein selbstverständlicher Teil von Gesundheit.
– *Nachhaltigkeit:* Fair und nachhaltig produzierte Lebensmittel, ohne Massentierhaltung und Kinderarbeit, sind für viele zunehmend wichtig.
– *Genuss und Gemeinschaft:* Gemeinsame Mahlzeiten mit Familie und Freunden sowie Zeit zum Genießen stellt einen Wert in unserer Gesellschaft dar.

Was ist dir wichtig?

Obwohl die meisten Menschen konkrete Wünsche und Vorstellungen haben, was und wie sie essen möchten, sieht der Alltag häufig anders aus. Doch woran liegt das? Häufig wissen wir, welche Lebensmittel gut für uns sind und welche wir in Maßen genießen sollten. Doch Wissen

★ **Werte** oder Wertvorstellungen sind von einer Gesellschaft als „gut" und „richtig" empfundene Eigenschaften oder moralische Vorstellungen, über das „was, man tut".

M2 In sozialen Netzwerken und Blogs werden häufig Bilder von Speisen oder Mahlzeiten geteilt.

M3 Auch Models inszenieren ihr Essverhalten.

allein reicht nicht aus. Unser Verhalten wird maßgeblich von kulturellen, sozialen, persönlichen und psychologischen Einflussfaktoren beeinflusst. Willst du dein Verhalten ändern, solltest du diese Faktoren kennen und dir bewusstmachen. Zur aktiven Auseinandersetzung mit der eigenen Essbiografie ist z.B. das Buddybook (siehe S. 12) hilfreich.

Schritt für Schritt vom Wunsch zum Ziel

1. Eigenes Verhalten beobachten: Willst du etwas bei dir ändern? Dazu solltest du zunächst ehrlich und ohne Wunschdenken dein Essverhalten beobachten und anerkennen. Damit wird es einfacher, unerwünschtes Essverhalten zu erkennen. Hier kann dir die Methode der Fotodokumentation (siehe S. 22) weiterhelfen.
2. Ziele formulieren: Nun gilt es, deine Ziele zu formulieren. Sie sollten nicht zu weitreichend sein, sondern konkret und

erreichbar. Wenn ich bisher jede Woche eine Tafel Schokolade verdrückt habe, ist der Vorsatz „Ich esse nie mehr Schokolade!" doch etwas unrealistisch. Erfolgversprechender wäre hingegen. „Ich esse nur noch ein Stückchen Schokolade am Tag."
3. Erfolgskontrolle und Motivation: Erfolge motivieren und Motivation ist der Weg zum Ziel. Man sollte sich also regelmäßig die Frage stellen: „Wo stehe ich? Was ist mir bisher gelungen? Was möchte ich weiter verändern?"

Trend: Food-Postings (M 2 und M 3)

Ernährung und Lifestyle spielen längst auch in den sozialen Netzwerken eine große Rolle. Exotische und aufwendig dekorierte Speisen und Rezeptvorschläge finden über das Smartphone schnell den Weg ins Internet. Selten handelt es sich dabei jedoch um die alltäglichen Spaghetti Bolognese oder andere einfache Gerichte. Vielmehr wird das Internet zur Selbstinszenierung und -darstellung genutzt. Vom Alltag und der Realität sind die Bilder meist weit entfernt.

1 Betrachte **M 2** und **M3**. Handelt es sich hierbei um Bilder aus dem Alltag? Diskutiert.
2 Sammelt Lebensmittel- und Essensbilder aus sozialen Netzwerken und Blogs. Was fällt euch auf?
3 Welche Wünsche hast du persönlich? Wo weichen deine Wünsche von der Realität ab? Kannst du erklären warum?
4 Welche Werte liegen deinen Wünschen zugrunde? Warum sind dir diese Wünsche wichtig?
5 Formuliere Ziele zur Erreichung deiner Wünsche. Achte auf Realisierbarkeit und berücksichtige Einflussfaktoren auf deine Ernährung.

M1 Manti, ein türkisches Nudelgericht

Michelle geht nach der Schule mit zu Rabiya, weil sie zusammen etwas für die Schule vorbereiten möchten. Als sie nach Hause kommen, begrüßt Rabiyas Mutter die beiden und bittet sie, den Tisch zu decken, weil das Essen gleich fertig ist. Es gibt Manti, das sind kleine Nudeltäschchen mit Joghurt und Salat.
Michelle ist ein bisschen unsicher, da sie nicht weiß, wie das Essen bei Rabiyas Familie abläuft, wie der Tisch gedeckt wird und wie sie selbst sich beim Essen „richtig" verhält. Aber was ist eigentlich „richtig" essen?

M2 Vor fast 300 Jahren erschien das Buch „Über den Umgang mit Menschen" von Adolph Knigge. Bis heute steht der Name Knigge für richtiges oder gutes Benehmen.

Tischkultur und Tischmanieren

Ursprünglich aßen alle Menschen mit den Händen. Erst im Laufe der Zeit haben sich auf der Welt unterschiedliche Tischkulturen und Tischsitten entwickelt.
Löffel und Messer gehören zu den ältesten Werkzeugen in der Geschichte. Erst seit rund 400 Jahren kennen wir in Europa auch Gabeln. Aber längst nicht alle unsere Vorfahren haben damit gegessen. Die meisten hatten nur einen Löffel.
Wenn wir „anständig" essen wollen, spielt noch heute in den Köpfen von vielen der sogenannte „Knigge" eine Rolle. Nicht immer und überall sind dieselben Tischmanieren gefragt. Im Fastfood-Restaurant ist es selbstverständlich, mit den Händen zu essen. „Richtig" ist also abhängig von Situationen, von der (historischen) Zeit und der Kultur, in der wir leben. Beispiel: Beim Mittagessen mit Freundinnen in der Mensa verhältst du dich anders als beim gepflegten Geburtstagsessen deines Großvaters. Was wäre anders, wenn du vor hundert Jahren gelebt hättest? Was wäre anders, wenn du in einem asiatischen Land heute leben würdest?

Bei Tisch verraten wir, woher wir kommen

Es gibt kulturtypische Tischsitten. Weltweit isst eine Minderheit mit Messer und Gabel wie bei uns. Viel häufiger wird mit Händen oder mit Stäbchen gegessen. Außerdem entwickelt jede Familie neben den kulturtypischen Regeln Familiengewohnheiten. Wie ist das bei euch zu Hause?

Gemeinsam essen

In allen Kulturen wird gemeinsam gegessen, um Gemeinschaft zu pflegen. Hier geht es nicht nur darum, satt zu werden. Überlege, mit wem du bereit bist, dein Essen zu teilen. Meist sind es Menschen, die dir nahe stehen und denen du vertraust, zum Beispiel deine Familie und deine Freunde. Je fremder die Menschen, mit denen du gemeinsam isst, umso wichtiger sind Tischregeln.

M 3 Festliches Essen

M 4 Essen im Fastfood-Restaurant

1 Deckt den Tisch für verschiedene Situationen, zum Beispiel für a) ein großes Familienessen mit Verwandten, b) für ein Abendessen, wenn du alleine bist und c) für eine Situation deiner Wahl. Überlegt, wie die Geschichte von Michelle und Rabiya weitergehen kann (Rollenspiel).

2 Vergleicht eure Familienregeln untereinander und mit denen von Knigge. Was hat sich in den letzten Jahrhunderten geändert? Welche Gründe könnte es dafür geben?

3 Überlegt euch, welche Rolle Tischkultur für euch in der Schulmensa spielt. Würdet ihr gerne daran etwas ändern? Wie sehen das eure Mitschülerinnen und Mitschüler an der Schule? Startet dazu eine Umfrage.

4 Vielleicht habt ihr Lust, aus Aufgabe 4 ein Projekt zu machen.

5 Formuliert Regeln, die ihr beim Essen in der Lerngruppe beachten möchtet.

6 Schaut in die Schränke der Schulküche und sucht alle Besteck- und Geschirrteile, die es zum Servieren gibt. Entwerft ein Poster zum Thema Servierbesteck und Serviergeschirr. Stellt darauf das Servierbesteck und Serviergeschirr in eurer Schulküche mit Fachbegriffen vor.

7 Recherchiere: Was steckt hinter dem Sprichwort „Den Löffel abgeben"?

M1 Lea dokumentiert ihr Frühstück eine Woche lang mit ihrem Smartphone.

Wer kennt das nicht? Am Morgen muss es manchmal ziemlich schnell gehen und das Frühstück fällt aus. Dabei wird das Frühstück häufig als wichtigste Mahlzeit des Tages bezeichnet. Mithilfe der Methode Fotodokumentation kannst du ganz einfach etwas über dein Frühstücksverhalten herausfinden. Dazu musst du dich beobachten und deine Beobachtungen festhalten, das heißt mit dem Fachwort dokumentieren.

1. Schritt: Selbstreflexion
Beschreibe in einem Steckbrief, wie du dein Frühstücksverhalten selbst wahrnimmst. Beantworte dazu zum Beispiel folgende Fragen:
- Was frühstückst du?
- Welcher Frühstückstyp bist du?
- Wie häufig frühstückst du?
- Um wie viel Uhr frühstückst du?
- Wie viel Zeit nimmst du dir dafür?
- Wo frühstückst du? Zu Hause, unterwegs, in der Schule?
- Frühstückst du alleine oder in Gesellschaft?
- Welche Atmosphäre herrscht beim Frühstücken?
- ...

2. Schritt: Dokumentation
Legt in der Lerngruppe gemeinsam einen Zeitraum fest, in dem ihr euer Frühstücksverhalten dokumentieren wollt, zum Beispiel einen Tag, eine Woche oder länger.
Dokumentiere mit einem Fotoapparat oder mit dem Smartphone jeden Tag dein Frühstück. Achte darauf, dass man auf den Bildern deine Mahlzeit gut erkennt.
Interessant ist oft nicht nur, was ihr frühstückt, sondern auch mit wem und wo.
So könnt ihr euch zum Beispiel zusätzlich zu den Bildern Notizen machen über:
- Zeitpunkt und Dauer
- Ort
- Gesellschaft (z. B. Familienmitglieder oder Freunde)
- ...
Sprecht euch vorher in der Lerngruppe ab, welche Punkte ihr zusätzlich beobachten möchtet, damit ihr eure Ergebnisse gut miteinander vergleichen könnt.

METHODE

Besonders wichtig bei dieser Methode ist, dass ihr bei der Dokumentation ehrlich seid. Es kommt nicht darauf an zu zeigen, dass alles perfekt ist und ihr vorbildlich jeden Tag vor der Schule etwas esst und trinkt. Viel wichtiger ist, dass ihr ehrlich zu euch selbst seid und euren Essalltag dokumentiert

3. Schritt: Ergebnisse sichten und präsentieren

Bei deiner Fotodokumentation sind bestimmt viele Fotos entstanden und du hast jede Menge Informationen über deinen Essalltag gesammelt. Diese gilt es nun übersichtlich anzuordnen, damit du einen Überblick über die einzelnen Tage erhältst. Deine Infos und Fotos kannst du mit unterschiedlichen Medien übersichtlich präsentieren. Denkbar wären hier zum Beispiel eine Computerpräsentation oder eine Bildcollage.

4. Schritt: Auswertung

Nun kannst du deine Frühstücksdokumentation auswerten.
- Was hat dich oder euch überrascht?
- Wie häufig hast du gefrühstückt?
- Wie viel Zeit nimmst du dir für dein Frühstück?
- Wie abwechslungsreich empfindest du dein Frühstück?
- Was trinkst du am Morgen?
- Frühstückst du eher allein oder gemeinsam mit Familie oder mit anderen aus deiner Schule?
- …

Vergleiche deinen dokumentierten Essalltag nun auch mit deiner Selbsteinschätzung aus Schritt 1.
- In welchen Punkten lagst du richtig?
- Wo hast du dein Frühstücksverhalten anders eingeschätzt als es tatsächlich ist?
- Womit bist du besonders zufrieden?

5. Schritt: Ziele setzen

Wenn du möchtest, kannst du dir nun natürlich auch Ziele für ein verändertes Frühstücksverhalten setzen. Wichtig ist dabei, dass du dir erreichbare Ziele setzt und dir auch konkrete Schritte zur Veränderung überlegst. Sind die Vorsätze zu ehrgeizig, ist die Gefahr des Scheiterns groß. Denkbar wäre zum Beispiel:
- Ich versuche, ein Mal mehr pro Woche zu frühstücken.
- Ich nehme mir ein Pausenbrot mit in die Schule.
- Am Wochenende frühstücke ich gemeinsam mit meiner Familie.
- …

Beim Fotografieren ist es wichtig, die Rechte seiner Mitmenschen zu berücksichtigen, denn jeder hat das Recht am eigenen Bild. Achte deshalb bei deiner Fotodokumentation unbedingt darauf, dass du lediglich dein Essen fotografierst und damit die Rechte anderer nicht verletzt.

M1 Gemeinsame Mahlzeiten schaffen Gemeinschaft.

Merle ist mit ihren Eltern nach Australien ausgewandert. Was sie am meisten vermisst? Butterbrezeln und Brot, denn in Australien gibt es meist nur Toastbrot. An typisch australische Zutaten und Speisen, wie z.B. Vegemite* musste sie sich erst gewöhnen.

Kulturelle Unterschiede

Jedes Land und jede Region hat seine typischen und traditionellen Gerichte. Sie sind Teil der Esskultur, die jedoch nicht nur aus typischen Speisen besteht. Auch spezielle Gewürze, bestimmte Zubereitungsarten und Tischsitten sind Teil der Esskultur.

Esskultur und Religion

Esskultur und Religion stehen häufig im Zusammenhang: So finden sich in fast allen Religionen Regeln über Fastenzeiten, für die Zubereitung von Mahlzeiten oder Verbote von bestimmten Lebensmitteln. Beispielsweise gibt es im Islam den Fastenmonat Ramadan* und Schweinefleisch gilt als unrein. Im Judentum werden Tiere geschächtet*, da nur komplett ausgeblutetes Fleisch verzehrt werden darf. Im Hinduismus und Buddhismus* verzichten hingegen viele Gläubige gänzlich auf den Verzehr von Fleisch.

Tischkultur

„Andere Länder, andere Sitten." Kulturelle Unterschiede beziehen sich nicht nur auf landestypische Speisen, Gewürze und Zubereitungsarten. Auch bezüglich der Tischmanieren gibt es kulturelle Unterschiede. So wird in Frankreich Baguette nicht geschnitten oder abgebissen. Vielmehr wird immer ein Stück Brot abgebrochen. In Indien isst man nicht mit Messer und Gabel, sondern mit der Hand. Jedoch dürfen Speisen nur mit der rechten Hand berührt werden, da die linke Hand als unrein gilt. In Russland sollte immer ein kleiner Rest auf dem Teller bleiben, andernfalls wird der Teller erneut befüllt. In Japan gelten für den Umgang mit Stäbchen ganz besondere Regeln, während Suppen nicht mit dem Löffel gegessen werden, sondern lautstark aus der Schüssel geschlürft werden. Dies gilt als besonderes Kompliment an die Küche.

---

* **Vegemite**
Konzentrierter Hefeextrakt; in Australien sehr beliebt als Brotaufstrich

* **Ramadan**
Fastenmonat der Muslime

* **Hinduismus und Buddhismus**
zählen neben dem Christentum, dem Islam und dem Judentum zu den fünf Weltreligionen. Beide Religionen haben ihren Ursprung in Indien.

* **Schächten**
Rituelle Schlachtmethode, bei der Tiere durch einen Schnitt durch die Kehle getötet werden und das Fleisch nach dem Schlachten komplett ausblutet.

Esskultur ist Heimat

In unserer globalisierten Welt leben viele Menschen nicht mehr in dem Land, in dem sie geboren wurden. Auch viele Deutsche wandern aus und finden in verschiedenen Ländern dieser Welt ein neues Zuhause. Viele vermissen ihre Heimat und insbesondere das für die Heimat typische Essen. Essen ist Teil unserer Kultur und damit ein Stück weit Heimat. Chinesische, türkische oder russische Lebensmittelläden verkaufen daher typische Gewürze, Gemüsearten und Kochutensilien, und zwar vorwiegend an ihre Landsleute.

Vorurteile

Amerikaner essen nur Fastfood, Chinesen essen alles, was vier Beine hat und englisches Essen schmeckt nicht. Stimmt's? Dann stimmt es wohl auch, dass alle Deutschen täglich Lederhosen und Dirndl tragen und ständig Sauerkraut essen? Natürlich hat jedes Land und jede Kultur typische und traditionelle Speisen. Eine Verallgemeinerung bringt jedoch schnell Vorurteile mit sich.

Landestypisch bedeutet daher, dass bestimmte Zutaten und Gerichte zwar in diesem Land beliebt sind, aber nicht unbedingt bei allen, und sie werden auch nicht täglich und im ganzen Land gegessen. Bestimmte Gerichte und Spezialitäten sind häufig nur typisch für kleine Regionen. Beispielsweise unterscheiden sich auch die badische und die schwäbische Küche mit Knöpfle und Spätzle.

Essen schafft Gemeinschaft

Wie ist es nun möglich, trotz kultureller Unterschiede Gemeinschaft herzustellen? Türkische oder russische Vereine laden beispielsweise gerne ein zum gemeinsamen Essen und servieren dabei landestypische Gerichte. Durch das gemeinsame Essen kommen so verschiedene Kulturen miteinander ins Gespräch. Gemeinsame Mahlzeiten bieten damit kulturelle Begegnungen der besonderen Art und schaffen Respekt und Toleranz füreinander anstelle von Vorurteilen und Hass. Voraussetzung hierfür ist jedoch Offenheit und Neugier für neue Kulturen, Geschmäcker und Zubereitungsformen.

M 2 Gemeinsame Mahlzeiten haben in der türkischen Esskultur einen hohen Stellenwert. Die türkische Küche bietet dabei weit mehr als Döner und Lahmacun.

1 „Typisch Deutsch": Welche Speisen, Getränke und Tischmanieren sind deiner Meinung nach typisch für Deutschland? Diskutiert über die Antworten in der Lerngruppe.

2 Im Urlaub gibt es viele neue Speisen und Geschmäcker zu entdecken. Trotzdem greifen am Buffet im Hotel viele zu bekannten Speisen aus dem Heimatland, wie Pommes oder Schnitzel. Worin siehst du die Gründe?

3 Erkundet einen türkischen, russischen oder asiatischen Supermarkt. Welche Produkte kanntet ihr vorher nicht? Was hat euch überrascht?

4 Typisch chinesisch oder indisch? In chinesischen oder indischen Restaurants werden Speisen meist nicht traditionell, sondern eingedeutscht serviert. Worin siehst du die Gründe?

5 Recherchiert im Internet nach verschiedenen Speisevorschriften der Weltreligionen. Gestaltet hierzu ein Poster und präsentiert eure Ergebnisse.

6 Welche kulturellen und religiösen Einflüsse kannst du in deiner Essbiografie erkennen? Nimm dein Buddybook zur Hilfe (siehe S. 25).

7 Auch in Bezug auf Esskultur existieren viele Vorurteile. Welchen Vorurteilen bist du selbst schon im Alltag begegnet?

8 Erstellt gemeinsam ein Kochbuch zu den verschiedenen Kulturen, die in eurer Lerngruppe oder in der Schule vertreten sind. Sammelt hierzu in den Familien und Bekanntenkreisen typische Rezepte und gestaltet gemeinsam ein interkulturelles Kochbuch.

9 Projekt: Plant für euer nächstes Klassenfest ein Multikulti-Buffet.

Welches Fleisch soll ich für die Grillparty heute Abend einkaufen?

M1 Beim Einkauf von Fleisch

Das Lebensmittelangebot ist vielfältig. Nicht nur vor der Fleischtheke im Supermarkt hast du die Qual der Wahl. Doch auch die Preisunterschiede sind groß. Hauptsache billig? Oder doch lieber einen Euro mehr ausgeben? Artgerechte Tierhaltung steht auf der einen Packung. Was heißt das? Wo kommt das Fleisch überhaupt her? Was denkst du?

Lebensmittel auf Weltreise

Im Supermarkt können wir Äpfel aus Neuseeland, Honig aus Argentinien und Apfelsaft aus China kaufen. Durch die Globalisierung* hat sich die Angebotsvielfalt für uns deutlich vergrößert. Auch be- und verarbeitete Produkte, wie beispielsweise Marmelade oder Pizza, beinhalten Zutaten aus vielen verschiedenen Ländern dieser Welt. Die importierten Produkte und Zutaten sind trotz hoher Transportkosten oftmals günstiger als regional angebaute Nahrungsmittel. Die niedrigen Preise werden dabei durch niedrigere Lohn- und Produktionskosten erzielt. So gelten in anderen Ländern beispielsweise weniger strenge Gesetze und Vorschriften zur Tierhaltung, und auch die Bezahlung und Arbeitsbedingungen von Erntehelferinnen und Arbeitern unterscheiden sich von deutschem bzw. europäischem Recht.

Für uns als Verbraucherinnen und Verbraucher ist es meist schwer zu erkennen, wo die Lebensmittel produziert wurden. Bei Direktvermarktern oder Metzgern könnten wir nachfragen, wo und wie die Tiere gehalten wurden. Insbesondere bei be- und verarbeiteten Produkten ist es jedoch schwierig, Informationen zum Herkunftsort der Lebensmittel zu erhalten, da es für viele Produkte keine verpflichtenden Angaben gibt.

Lebensmittelkennzeichnung

Zur Information und zum Schutz der Verbraucherinnen und Verbraucher schreibt das Lebensmittelkennzeichnungsrecht der EU für bestimmte Lebensmittel die Herkunftskennzeichnung vor.

Fleisch

Bei unverarbeitetem Rind-, Schweine-, Schaf-, Ziegen- und Geflügelfleisch müssen Aufzuchts- und Schlachtort des Tieres auf der Verpackung genannt werden. Verpflichtend ist jedoch nur die Angabe des Ursprungslandes, nicht die Angabe der einzelnen Betriebe.

---

* **Globalisierung**
Weltweite Verflechtung von Wirtschaft, Politik, Kultur, Umwelt

* **Direktvermarkter**
Landwirtschaftliche Erzeuger, welche ihre Produkte direkt an die Kunden verkaufen, z. B. im Hofladen

Eier

Jedes Ei ist mit einem Code versehen, das Auskunft über das Haltungssystem, (z.B. Freilandhaltung), das Herkunftsland und den Erzeugerbetrieb gibt.

Haltungsform
0 = Ökologische Haltung
1 = Freilandhaltung
2 = Bodenhaltung
3 = Käfighaltung in der EU

Bundesland
01 = Schleswig-Holst.
02 = Hamburg
03 = Niedersachsen
04 = Bremen
05 = Nordrhein-Westf.
06 = Hessen
07 = Rheinland-Pfalz
08 = Baden-Württemb.
09 = Bayern
10 = Saarland
11 = Berlin
12 = Brandenburg
13 = Mecklenb.-Vorp.
14 = Sachsen
15 = Sachsen-Anhalt
16 = Thüringen

0-DE-062337

Herkunftsland
AT = Österreich
BE = Belgien
DE = Deutschland
DK = Dänemark

Betriebs- und Stallnummer

Obst und Gemüse

Bei den meisten frischen Obst- und Gemüsearten muss das Ursprungsland angegeben werden. Dies gilt nicht nur für vorverpackte Ware, sondern auch für unverpackte Ware im Supermarkt oder auf Märkten. Jedoch gibt es auch einige Ausnahmen. So muss z.B. bei Bananen und Speisekartoffeln das Herkunftsland bisher nicht angegeben werden. Achte doch mal beim nächsten Einkauf darauf!

Verarbeitete Produkte

Bei verarbeiteten Produkten gibt es noch keine gesetzlichen Vorgaben zur Herkunft einzelner Zutaten. Hier muss nur der Name und die Anschrift des verantwortlichen Lebensmittelunternehmens auf der Verpackung angegeben werden.

Identitätskennzeichen

Auf verpackten Milch- und Fleischerzeugnissen stellt das Identitätskennzeichen die Rückverfolgbarkeit sicher. Das Zeichen gibt Auskunft darüber, in welchem Betrieb das Produkt zuletzt verarbeitet oder verpackt wurde. Der Code besteht dabei aus der Abkürzung des Erzeugerlandes und der Zulassungsnummer des Betriebes.

Regionale Herkunftszeichen

Neben den verpflichtenden Angaben dürfen Produkte zusätzlich auch mit regionalen Herkunftszeichen, wie beispielsweise dem Qualitätszeichen Baden-Württemberg oder den EU-Herkunftszeichen gekennzeichnet werden.

Aber Achtung: Werbeslogans wie „aus der Region" können in die Irre führen, denn oftmals sind die Zutaten oder Produkte nicht aus der Region, wie beworben.

M3 Qualitätszeichen BW

M4 EU-Herkunftszeichen

---

1 Betrachte das Bild **M1**. Was ist dir beim Einkauf von Fleisch wichtig? Mache eine Prioritätenliste!

2 Was bedeutet für dich „aus der Region"? Was meinen die Hersteller damit? Vergleiche!

3 Ist dir die regionale Produktion von Lebensmitteln wichtig? Begründe deine Meinung. Durchsucht euren Vorratsschrank und Kühlschrank. Auf welchen Produkten kannst du Angaben zur Herkunft der Lebensmittel finden?

4 Woran erkennst du ein Ei aus Deutschland? Woran erkennst du ein Ei aus Baden-Württemberg?

5 👥 Fertigt eine Checkliste an: Wie könnt ihr euch beim Einkauf über die Herkunft von Lebensmitteln informieren?

6 👥 Informiert euch im Internet über die Herkunftszeichen der EU. Fertigt Informationsplakate über Herkunftszeichen für die Lernküche an!

7 👥 Untersucht verschiedene Schwarzwälder Schinken, wie sie im Supermarkt angeboten werden, auf ihre Herkunft. Dokumentiert zu jedem Produkt eure Recherche genau und stellt eure Ergebnisse in der Lerngruppe vor!

8 👥👥 Herkunft und Lebensmittelqualität – Welche Zusammenhänge siehst du? Diskutiert die Zusammenhänge in der Lerngruppe (siehe S. 100).

M1 Jeder Mensch isst anders. Was isst du?

Seit ich eine Dokumentation über Fleischproduktion gesehen habe, bin ich Vegetarier.

Was ich esse, ist mir egal. Hauptsache es schmeckt!

Ich kaufe, worauf ich Lust habe. Meist kann ich gar nicht alles essen, dann landet das ein oder andere im Müll.

Unfassbar, dass es heute noch auf vielen Ländern dieser Welt Kinderarbeit gibt! Wie kann ich da meine Schokolade genießen?

* Vegetarische bzw. vegane Ernährung gibt es in verschiedenen Abstufungen: **Vegetarisch** zu essen bedeutet, auf Produkte von getöteten Tieren zu verzichten, vor allem Fleisch oder Wurst. Produkte von lebenden Tieren, also z.B. Milch, Käse oder Eier sind erlaubt. Manche Vegetarier essen kein Fleisch, wohl aber Fisch. Bei der **veganen** Ernährung wird auf alle tierischen Produkte verzichtet, also auch auf Eier, Milch oder Honig.

* **Konsumverhalten** Das Verhalten von Verbraucherinnen und Verbrauchern beim Kauf, Gebrauch und Entsorgen von Produkten, wie z. B. Lebensmitteln oder Kleidungsstücken.

Es gibt viele verschiedene Ernährungsstile. Ob vegetarisch, vegan* oder alles „bio" – wie du dich ernährst, entscheidest du selbst. Doch welche Folgen hat dein Essverhalten eigentlich für dich und andere?

Unser Ernährungsverhalten beeinflusst nicht nur unser Leben, sondern auch den Lebensmittelmarkt. Durch unser Konsumverhalten* bestimmen wir das Warenangebot mit, denn nur Produkte, die wir nachfragen, bleiben im Sortiment des Einzelhandels, der Discounter und Supermärkte. Die Folgen unseres Essverhaltens sind weitreichend, und wir beeinflussen neben unserem Leben auch das anderer Menschen, unserer Umwelt und der Tiere.

Artgerechte Tierhaltung

In Deutschland essen 85 Prozent der Bevölkerung täglich Fleisch und Wurstwaren. So kommt jeder Deutsche auf einen durchschnittlichen Jahresverbrauch von 60 Kilogramm. Um die hohe Nachfrage der Konsumenten nach viel Fleisch zu möglichst niedrigen Preisen zu stillen, hat sich die Tierhaltung verändert. „Billige" Preise werden durch Massentierhaltung, Mästung und Fleischimporte ermöglicht. Trotz strenger Gesetze kommt es teilweise zu Verstößen bei der Haltung, Fütterung und medizinischen Versorgung der Tiere sowie bei Hygienestandards, Lagerung und Verarbeitung der Produkte. Immer wieder kommt es so zu Lebensmittelskandalen (siehe Infobox).

Arbeitsbedingungen

Selbst wenn Lebensmittel für uns im Supermarkt günstig zu kaufen sind, müssen andere dafür häufig einen hohen Preis bezahlen. Neben Lebensmittelskandalen berichten Medien immer wieder über niedrige Löhne, Existenzbedrohung von Kleinbauern oder menschenunwürdigen Arbeitsbedingungen – weltweit, aber auch in Deutschland. In Entwicklungsländern spielt bei der Rohstofffernte für Schokolade, Tee und Kaffee weiterhin Kinderarbeit eine große Rolle.

Wegwerfen von Lebensmitteln

Jedes Jahr landen in Deutschland 6,7 Millionen Tonnen an Lebensmitteln im Müll. Die Gründe dafür sind vielfältig. Einkaufen ohne Einkaufszettel, verführerische Angebote im Supermarkt, Hunger und Gelüste während des Einkaufs, falsche Lagerung der Lebensmittel zu Hause oder Essensreste führen immer wieder dazu, dass Lebensmittel im Müll landen. Doch mit jedem weggeworfenen Lebensmittel verursachen wir Müll und verschwenden zusätzlich wertvolle Ressourcen *. Damit schaden wir der Umwelt. Auch die ethischen Folgen sind nicht zu unterschätzen, denn während wir Lebensmittel oftmals gedankenlos verschwenden, hungern weltweit eine Milliarde Menschen.

Und nun?

Mit deinem Essverhalten entscheidest du ein bisschen mit, wie du und andere in Zukunft leben. Aber politische Entscheidungen und rechtliche Vorgaben (z.B. unterschiedlicher Mehrwertsteuersatz für Lebensmittel) haben ebenfalls einen Einfluss auf den Lebensmittelmarkt. Wir können uns informieren mit den zur Verfügung stehenden Informationen. Welche deiner Fragen bleiben dabei unbeantwortet?

Infobox: Lebensmittelskandale

Lebensmittelskandale erschüttern immer wieder das Vertrauen in die Lebensmittelindustrie.

Gammelfleisch (2005): In Supermärkten wurde abgelaufenes Fleisch umetikettiert, Großhändler verkauften tonnenweise nicht für den Verzehr geeignete Schlachtabfälle. Verdorbenes Fleisch wurde in Lebensmittelbetrieben weiterverarbeitet, z.B. zu Dönerspießen.

EHEC (2011): In Deutschland starben über 50 Menschen an den Folgen eines EHEC-Darmkeims. Lange war der Auslöser unklar und es wurde vor dem Verzehr roher Tomaten, Blattsalaten, Gurken und Sprossen gewarnt. Auslöser der Epidemie waren jedoch ägyptische Boxhornkleesamen.

Pferdefleischskandal (2013): In vielen Fertigprodukten, wie Lasagne, Hackfleischbällchen oder Ravioli, wurde Pferdefleisch verarbeitet. Auf den Verpackungen wurde jedoch nur Rindfleisch deklariert.

* **Ressourcen**
Für die Herstellung von Lebensmitteln werden wertvolle Ressourcen, wie beispielsweise Wasser oder fruchtbarer Ackerboden, benötigt.

„Zu gut für die Tonne" ist eine Kampagne des Bundesministeriums für Ernährung und Landwirtschaft zur Vermeidung von Lebensmittelabfällen.

1 Fasse in deinen Worten zusammen: Welche Folgen hat unser Essverhalten?
2 Kannst du dich an Lebensmittelskandale erinnern? Wie beeinflussten sie dein persönliches Essverhalten oder das Essverhalten deiner Familie?
3 Welche Möglichkeiten hast du, die Folgen deines Essverhaltens zu beeinflussen?
4 Recherchiere im Internet nach der Bedeutung des Fair-Trade-Labels. Bei welchen Produkten hast du das Fair-Trade-Label schon einmal gesehen?
5 Untersucht Lebensmittelverpackungen nach weiteren Labels und recherchiert im Internet nach deren Bedeutung.
6 Begründet: Welche der gefundenen Labels aus Aufgabe 5 unterstützen euch zuverlässig bei Kaufentscheidungen?
7 Führt eine Umfrage zum Thema Lebensmittelverschwendung an eurer Schule durch. Warum werfen zum Beispiel Jugendliche Lebensmittel weg?
8 Recherchiert im Internet nach Möglichkeiten, Lebensmittelverschwendung zu verringern. Gestaltet einen Flyer mit Tipps für eure Schule.

M1 Ein Experte* für Gemüseanbau

Hast du dich auch schon einmal gefragt, woher eigentlich unser Essen kommt und wie es produziert wird? Natürlich werden viele Lebensmittel in großen Lebensmittelfabriken hergestellt. Hier erhältst du als Verbraucherin selten einen direkten Einblick. Anders ist es hingegen bei kleineren Erzeugern vor Ort, wie z.B. Bäckereien, Manufakturen*, auf dem Markt oder Bauernhof. Hier kannst du meist ganz offen deine Fragen zur Herkunft und Produktion der Lebensmittel stellen und bekommst fachkundige Auskunft aus erster Hand.

* **Experte**
Jemand, der auf seinem Fachgebiet über ein großes Wissen und viel Erfahrung verfügt.

* **Manufaktur**
Ein kleiner Betrieb, in dem Produkte von Hand und in kleinen Stückzahlen gefertigt werden.

Frag nach!

In Büchern und Zeitungen, im Internet oder Fernsehen gibt es viele Informationen zur Herstellung von Lebensmitteln. Doch manchmal gibt es Fragen, die nur von Experten beantwortet werden können. Die Methode der Expertenbefragung bietet dir die Möglichkeit, direkt in Kontakt mit Lebensmittelproduzenten zu treten und alle Fragen zu stellen, die dich interessieren.

Schritt 1: Vorbereitung

Damit ihr Antworten auf eure Fragen erhaltet, ist eine gute Vorbereitung der Expertenbefragung wichtig. Berücksichtigt dabei folgende Punkte:

- **Über das Thema informieren:** Informiert euch über euer Thema im Internet und in der Bibliothek. Welche eurer Fragen könnt ihr schon beantworten? Welche nicht? Welche können nur Experten beantworten?
- **Fragen vorbereiten:** Eure Fragen stehen im Mittelpunkt des Expertengesprächs. Daher sind sie besonders wichtig. Schreibt euch eure Fragen genau auf. Falls ihr schon Vorwissen habt, kann es hilfreich sein, dies ebenfalls zu notieren. Überlegt euch außerdem, in welcher Reihenfolge ihr eure Fragen stellen möchtet. Natürlich wird während des Gesprächs auch Zeit für spontane Fragen sein.
Ein gut vorbereiteter Fragenkatalog hilft euch, im Interview nichts zu vergessen, was euch wichtig ist.
- **Experten finden:** Überlegt, wer eure Fragen am besten beantworten kann. Welche Expertinnen gibt es bei euch vor Ort? Die Gelben Seiten und das Internet helfen euch bei der Recherche. Notiert euch Adressen und Telefonnummern und entscheidet euch in der Gruppe für einen Experten.

Beispiel:

Mesut und Milan waren auf dem Bauernhof und befragten die Landwirtin. Die beiden Schüler sind besorgt, gentechnisch veränderte Tomaten zu essen. Sie haben dazu recherchiert und herausgefunden, dass in Deutschland keine gentechnisch veränderten Tomaten verkauft werden. Was sie nicht herausfinden konnten, wollen sie nun von der Landwirtin wissen. Dazu haben sie sich folgende Fragen aufgeschrieben: „Machen Sie Versuche mit Gentechnik?" „Enthält Ketchup gentechnisch veränderte Tomaten?"

- **Gesprächsorganisation:** Kontaktiert die Expertin, bittet höflich um ein Expertenge-spräch und vereinbart einen Termin mit ihr. Überlegt gemeinsam mit eurer Lehrkraft, wo das Gespräch stattfinden soll (in der Schule oder beim Experten). Für eine Termin-vereinbarung ist es hilfreich, vorab mehrere Termine zur Auswahl zu stellen. Besprecht mit eurem Experten unbedingt vorab euer Thema, damit er sich auf euer Gespräch vorbereiten kann. Wenn ihr möchtet, könnt ihr eurem Experten zusätzlich auch eine schriftliche Gesprächseinladung mit eurem Fragenkatalog zukommen lassen.
- **Ablauf und Technik:** Überlegt euch, wer aus eurer Gruppe während der Expertenbefra-gung welche Aufgaben übernehmen wird. Wer moderiert das Gespräch und stellt die Fragen? Ihr könnt auch die Fragen nach Bereichen untereinander aufteilen. Wer über-nimmt die Dokumentation der Antworten? Neben einem Protokoll könnt ihr zusätz-lich z.B. auch Fotos machen oder filmen. Hierfür müsst ihr vorher jedoch alle Ge-sprächsteilnehmer um Erlaubnis bitten. Denkt außerdem daran, vorab eure Technik zu testen. Falls ihr zusätzlich Materialien benötigt (z. B. Lebensmittelverpackungen oder Bilder), sammelt diese und legt sie bereit.

Schritt 2: Durchführung
Nun ist es endlich so weit und ihr könnt dem Experten eure Fragen stellen. Die Exper-tenbefragung sollte drei Abschnitte haben:
1. Begrüßung mit Vorstellung
2. Interview mit Rückfragen
3. Dank und Abschied

Denkt daran, eurem Experten im Gespräch immer höflich und respektvoll zu begeg-nen – auch wenn er möglicherweise unerwartete Antworten gibt.

Schritt 3: Auswertung
Diskutiert gemeinsam über die Ergebnisse eurer Befragung:
- Wurden alle Fragen beantwortet?
- Welche Fragen blieben offen? Warum?
- Wie aufschlussreich war die Befragung?
- Wurden eure Erwartungen erfüllt?

Dokumentiert und präsentiert eure Ergebnisse. Denkbar wäre hier z.B. ein Artikel für eure Schülerzeitung oder für die Schulhomepage oder auch ein Schaubild an der Wand.

Checkliste für gute Fragen:

- kurz und verständlich formulieren
- nicht mehrere Fragen auf einmal stellen
- keine geschlossenen Fragen * stellen.
  besser sind offene Fragen („Was halten Sie von …"; „Könnten Sie einmal erklären, wie …")
- vermeidet Suggestivfragen *

* **geschlossene Fragen**
sind Fragen, die mit Ja oder Nein beantwortet werden können, z.B.: „Finden Sie es gut, dass …?"

* **Suggestivfragen**
sind so gestellt, dass eine bestimmte Antwort nahe-gelegt wird, z.B.: „Finden Sie nicht auch, dass …"

KAPITEL 2

Rezept-geschichten

- Überlege, warum schmeckt selbst zubereitetes Essen meist viel besser als gekauftes Essen?
- Welche Zutaten dürfen in deinem Geburtstags-kuchen nicht fehlen?
- Um viele Speisen ranken sich persönliche Geschich-ten. Erzähle deine Geschichte zu einem Gericht oder einem Gebäck.

M1 Nach welchem Rezept kann ich arbeiten?

Ronja besucht in ihren Ferien gerne ihre Oma in Schwaben, weil sie viel Zeit hat und mit ihr über alles reden kann. Ihre Oma verwöhnt dann Ronja mit leckerem Essen, das sie mit viel Liebe zubereitet. Ganz besonders liebt Ronja Omas Flachswickel. Nächste Woche ist eine „Bottleparty", das heißt jeder bringt etwas mit. Da würden Omas leckere Flachswickel gut passen. Leider wohnt Oma zu weit weg, sonst könnte sie mit ihr gemeinsam backen. Ronja überlegt, dass sie selbst Flachswickel backen könnte. Aber wie kann sie herausfinden, wie das geht?

M2 Ronjas Oma erklärt, wie sie Flachswickel bäckt:

Für Flachswickel fülle ich die Schüssel knapp halb voll mit Mehl und mache eine kleine Mulde. Dann gebe ich die Hefe mit ein bisschen Zucker und warmer Milch dazu und lasse das Ganze eine Weile stehen.
Dann gebe ich eine Tasse Zucker, ein großes Stück Butter, zwei Eier, Salz und Vanillezucker dazu und knete alles zu einem Teig. Manchmal muss ich noch Mehl oder Milch dazugeben, damit es ein weicher Teig wird. In jedem Fall knete ich so lange, bis sich der Teig vom Schüsselrand löst. Danach muss der Teig gehen.
Zum Schluss knete ich alles nochmal durch, forme dann die Flachswickel. Vor dem Backen bestreiche ich die Flachswickel mit Sahne und streue Hagelzucker drüber.

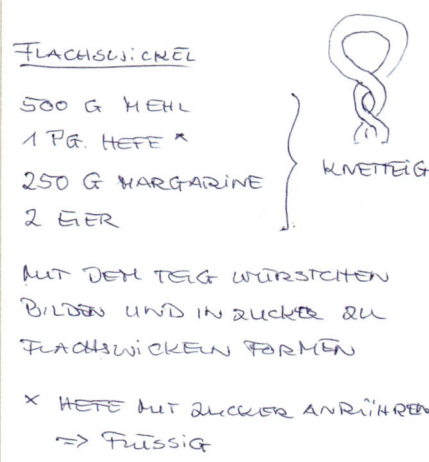

M3 Ronjas Mutter hat das Rezept der Oma in ihrem Rezeptbuch aufgeschrieben.

Zutaten	Zubereitung
• 500 g Mehl	• alle Zutaten in die Schüssel der Küchenmaschine geben
• 100 g Zucker	• Butter in kleine Stücke schneiden
• 1 P. Vanillinzucker	• Hefe zerbröseln
• 2 Eier	• mit dem Knethaken den Teig so lange kneten, bis er sich vom Rand löst
• 125 g Butter (weich)	
• 100 ml Milch (warm)	• Teig abgedeckt ca. 30 Minuten aufgehen lassen
• 1 Prise Salz	• zwei Backbleche mit Backpapier glatt auslegen
• 1 Würfel (42 g) Hefe	• Teig auf der Arbeitsfläche kneten, dabei Mehl auf die Hände geben, damit der Teig nicht festklebt
• 3 EL Sahne	
• 2 EL Hagelzucker	• Teig in 16 Portionen teilen
	• Stränge formen, verdrehen und auf das Blech legen
	• Flachswickel mit Sahne bestreichen und Hagelzucker darüber streuen
Backen:	bei 180 – 200 °C ca. 20 Minuten backen

M4 Im Schulbuch findet Ronja auch ein Flachswickelrezept.

1 Kannst du nach der Erklärung von Ronjas Oma (**M2**) die Flachswickel zubereiten? Notiere Fragen, die du Ronjas Oma stellen würdest.

2 Vergleiche die verschiedenen Rezepte (**M2**–**M4**). Welche Informationen werden in allen Rezepten gegeben? Welche nicht?

3 👥 Kennst du weitere Möglichkeiten, Rezepte weiterzugeben? Recherchiere, wie früher und in anderen Ländern Rezepte weitergegeben wurden!

4 👥 Erstellt eine Tabelle, in der du die Vor- und Nachteile der verschiedenen Rezeptformen einträgst.

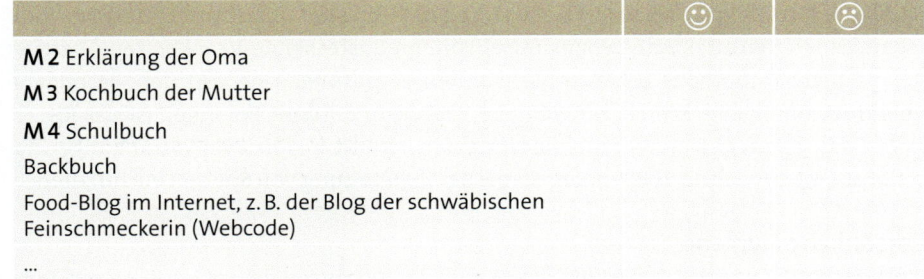

	🙂	🙁
M2 Erklärung der Oma		
M3 Kochbuch der Mutter		
M4 Schulbuch		
Backbuch		
Food-Blog im Internet, z. B. der Blog der schwäbischen Feinschmeckerin (Webcode)		
…		

5 👥 Mit welchem Rezept würdest du am liebsten arbeiten? Warum? Vielleicht hast du Lust, deine eigne Rezeptsammlung anzulegen.

6 👥 Sucht ein Rezept für ein Kleingebäck, das ihr in der Lernküche backen wollt. Dokumentiert die Zubereitung in einem kurzen Erklärvideo oder als kommentierte Fotostrecke.

7 👥 In dem Blog der schwäbischen Feinschmeckerin (s. Aufgabe 4) wird empfohlen, den Hefeteig nicht gehen zu lassen. Ist das sinnvoll? Führt dazu ein SchmeXperiment (siehe S. 44) durch!

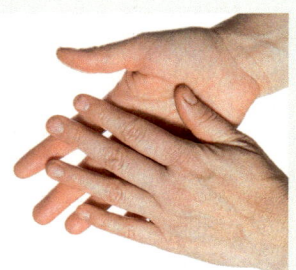

Ringe und Schmuck (z. B. Uhren, Armbänder und lange Ketten) ablegen!

Saubere, kurze und unlackierte Fingernägel

Saubere Schürze tragen!

Hände waschen! Ärmel sind hochgekrempelt

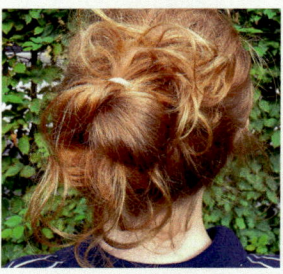

Lange Haare zurückbinden

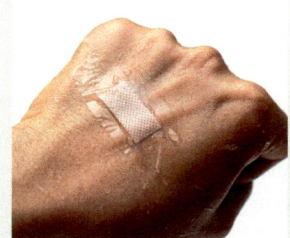

Wunden mit wasserdichtem Pflaster oder Fingerkuppenverband abdecken

Hygiene in der Küche

Keime im Essen können krank machen. Auf den Händen, im Kühlschrank, auf dem Spüllappen, auf Eiern, Fleisch oder Salat – überall können unsichtbare Krankmacher leben. Durch verunreinigte Lebensmittel können ansteckende Krankheiten übertragen werden. Verdorbene Lebensmittel können Vergiftungen hervorrufen. Besonders gefährdet sind kleine Kinder, Schwangere, Kranke und Ältere. Bei ihnen ist das Risiko höher, dass es zu schweren Krankheitsverläufen kommt. Um sich vor Erkrankungen zu schützen, ist es wichtig, Hygieneregeln bei der Zubereitung von Speisen einzuhalten.

Persönliche Hygiene

Gründliches Händewaschen senkt die Anzahl der Keime auf deiner Haut auf ein Tausendstel.
Die Voraussetzung für die Arbeit in der Küche ist, dass du gesund bist. Viele Infektionen können durch Lebensmittel übertragen werden, beispielsweise Durchfall oder Erkältung. Achte darauf, dass du nicht auf Lebensmittel oder die Arbeitsfläche hustest oder niest, sondern in die Armbeuge oder auf den Boden. Verwende zum Naseputzen ein Papiertaschentuch, das du anschließend wegwirfst. Danach musst du gründlich die Hände waschen. Dies gilt auch nach Arbeiten mit rohen Lebensmitteln, insbesondere Fleisch, Geflügel und Eiern, und natürlich nach dem Toilettenbesuch.

Arbeitsplatz sauber halten!

Beim Probieren in der Schulküche immer einen zweiten Löffel verwenden!

Geschirrtücher und Putzlappen häufig wechseln und nach dem Gebrauch zum Trocknen aufhängen!

Lebensmittel mit einem Tuch oder einem Teller abdecken!

Müll in einer Abfallschüssel sammeln und entsorgen!

Verderbliche Lebensmittel kühlen

Lebensmittelhygiene am Arbeitsplatz

Lebensmittel sind ein guter Nährboden für Mikroorganismen*, die sich in der Wärme schnell vermehren. Auch an Speiserückständen vermehren sich Mikroorganismen. Wenn Lebensmittel damit in Berührung kommen, werden diese übertragen. Wenn du beispielsweise auf einem Schneidebrett zuerst rohes Fleisch scheidest und dann – ohne es zu reinigen – Salat zubereitest, können Keime übertragen werden. In allen Profiküchen wird deshalb immer mit dem gleichen Farbschema gearbeitet: Rotes Schneidebrett für rohes Fleisch, grünes Schneidebrett für Salate, Obst und Gemüse usw. Nasse Spülschwämme und Putzlappen sind ideale Brutstätten für Keime. Deshalb solltest du sie nach jeder Benutzung auswaschen und zum Trocknen aufhängen. Außerdem sollten Lappen regelmäßig bei 60 °C mit Vollwaschmittel gewaschen werden.

* **Mikroorganismen** sind Kleinstlebewesen, die mit bloßem Auge nicht erkennbar sind, z. B. Bakterien oder Viren.

M1 Köchin und Koch in einer TV-Kochshow

Arbeitsplanung wie ein Profi

Rezepte sagen dir, wie du etwas zubereiten kannst und welche Zutaten du dafür brauchst. Die Arbeitsschritte musst du allerdings selbst planen, damit du zügig fertig wirst. Dabei kannst du viel von Profis lernen: Sie unterscheiden vier Phasen: 1. Vorbereitung 2. Zubereitung 3. Anrichten 4. Aufräumen. Damit du während der Zubereitung nichts mehr suchen musst, lege dir sämtliche Arbeitsgeräte und Zutaten an deinen Arbeitsplatz. Das erspart dir den Ärger, falls du doch etwas vergessen hast und du mit „Teighänden" an den Vorratsschrank musst. Wie du etwas zubereitest, steht zwar im Rezept, aber nicht immer in der richtigen Reihenfolge.

Wenn du fertig bist, kannst du durch das Anrichten der Speisen deine Arbeit appetitlich präsentieren, das steigert den Essgenuss! In Haushaltswarengeschäften werden zahlreiche teure Geschirrteile verkauft, um Speisen und Getränke zu servieren. Beobachte bei dir zu Hause, wie häufig in einer Woche Serviergeschirr genutzt wird.

Arbeitsbereiche in der Lernküche

Schau dich in deiner Lernküche um. Wo findest du Lebensmittel, Arbeitsgeräte und Geschirr? Hieran kannst du erkennen, ob Profis die Küche eingeräumt haben! Profis stimmen die Arbeitsbereiche entsprechend der vier Phasen aufeinander ab und du kannst einen Vorbereitungsbereich, einen Koch- und Backbereich (Zubereitungsphase), einen Aufbewahrungsbereich, einen Vorratsbereich sowie einen Spülbereich erkennen.

Sicherheit in der Lernküche

Eine gute Arbeitsplanung ist Teil des Sicherheitskonzepts in der Lernküche. Aber es gehört noch mehr dazu. Zum Beispiel achte darauf, dass du Messer oder Scheren gereinigt an einen gut sichtbaren Ort räumst. Einfach in die Spüle gelegt, ist die Gefahr groß, dass du dich schneidest. Jamie Oliver empfiehlt u.a. eine Schürze zu tragen. Damit kannst du deine Kleidung schützen, aber das ist nicht der einzige Grund. Eine Schürze kannst du in Sekundenschnelle vom Körper wegziehen, wenn dir heißes Wasser oder Fett auskippt. Das sind nur zwei Beispiele. Stellt gemeinsam mithilfe eurer Fachlehrerin Sicherheitsregeln auf, auf die ihr achtet, und hängt diese gut sichtbar in eurer Lernküche auf!

M2 Rezept Kräuter-Dip

Zutaten:
250 g Magerquark,
250 g Quark (40 %),
1 Becher Kräuter-Creme-fraiche,
2 sehr klein geschnittene Zwiebeln,
2 zerquetschte Knoblauchzehen,
¼–½ geraspelte Gurke,
8 frische Kräuter nach Wahl
(Alternativ: 1 Päckchen TK-8-Kräuter),
Salz, Pfeffer

1 Beschreibe den Koch und die Köchin in **M 1**. Welche Regeln zur persönlichen Hygiene werden missachtet? Diskutiert die Frage: Wie professionell sind Kochshows im Fernsehen oder Video-Blogs im Internet?

2 Macht eine Arbeitsplanung zu einem Rezept, z.B. Obstsalat oder Kräuterdip mit Gemüsestiften. Welche Hinweise gibt das Rezept?

3 Erstellt eine Liste mit typischen Arbeiten für die vier Phasen bei der Umsetzung eines Rezeptes! Überlegt, wie ihr im Team die Arbeiten sinnvoll aufteilt (siehe S. 184)

4 Schaut euch in der Lernküche um: Kannst du die oben genannten Arbeitsbereiche unterscheiden? Wo findest du welche Lebensmittel, Arbeitsgeräte und Geschirrteile? Macht Vorschläge, wenn aus eurer Sicht etwas umgeräumt werden soll.

5 Richtet euren Arbeitsplatz ein für die Zubereitung eines Kräuterdips mit Gemüsestiften.

6 Beobachte bei dir zu Hause, wie häufig in einer Woche Serviergeschirr genutzt wird. Werte das Ergebnis in der Lerngruppe aus. Sucht nach Gründen, warum in vielen Haushalten eher selten Serviergeschirr eingesetzt wird.

7 Sammelt Möglichkeiten, im Alltag, ohne Serviergeschirr, schnell und mit geringem Aufwand die zubereiteten Speisen appetitlich anzurichten. Macht eine Fotodokumentation.

Das Kochmesser

Im Fachhandel werden zahlreiche Spezialmesser und z.T. auch elektrische Schneidegeräte angeboten. Dagegen hat Jamie Oliver lediglich drei Messer – ein Kochmesser mit einer 20 cm langen Klinge, ein kleines Gemüsemesser und ein Fleischmesser mit Wellenschliff. Was also brauchst du? Tatsächlich wird in Profiküchen wie bei Jamie Oliver vor allem mit einem guten Kochmesser und einem kleinen Gemüsemesser gearbeitet. Weitere Anschaffungen sind auch für die Lernküche überflüssig, weil mit den beiden Messern fachgerecht und sicher geschnitten werden kann. Damit die Messerklinge scharf bleibt, brauchst du noch einen Wetzstahl.

Grundregeln des Schneidens

Das Schneiden mit einem großen Kochmesser ist nicht gefährlicher als mit einem kleinen Messer, wenn du folgende Grundregeln beim Schneiden einhältst:

1. Verwende immer eine rutschfeste Unterlage. Lege dein Schneidebrett zum Beispiel auf einen feuchten Lappen, damit es nicht rutscht.
2. Lege die zu schneidenden Lebensmittel möglichst so hin, dass sie dir nicht wegrutschen können. Dazu kannst du zum Beispiel Äpfel oder Zwiebel halbieren und flach auf das Brett legen. Mit dem sogenannten Krallengriff (siehe **M 3**), kannst du dann das Messer sicher führen. Ein scharfes Messer schneidet, indem du mit aufgesetzter Spitze hin und her wiegst. Du musst nicht drücken.
3. Ist das zu schneidende Lebensmittel rund, dann arbeite mit dem Tunnelgriff (**M 2**).

Tomatenmesser

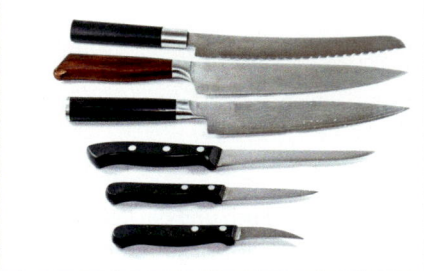

Verschiedene Küchenmesser

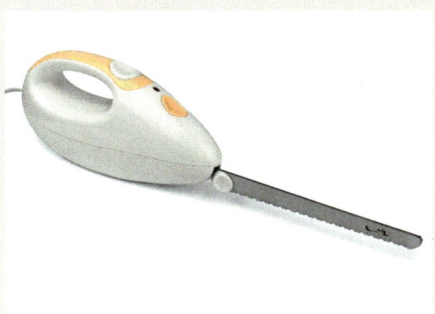

Elektromesser

Elektrische Küchenmaschine zum Schneiden und Zerkleinern

M1 Schälen einer Zwiebel

M2 Halbieren einer geschälten Zwiebel mit dem Tunnelgriff

M3 Schneiden der Zwiebelhälfte mit dem Krallengriff

Du kannst dir das auch bei Jamie Oliver abschauen unter „Jamie Oliver's Knife Skills" bei Youtube (Webcode).

Das sichere Schneiden mit Kochmessern

Die Unfallkasse gibt allgemeine Sicherheitsregeln zum Umgang mit Kochmessern:

– Nimm nur mit trockenen und sauberen Händen das Kochmesser in die Hand.
– Stets auf einem Küchenbrett schneiden.
– Bleibe am Arbeitsplatz, wenn du das Messer in der Hand hast.
– Wasche das Kochmesser sofort nach Gebrauch unter fließendem Wasser ab und lege es trocken wieder zurück an seinen Platz.
– Beachte, dass nur scharfe Messer gut schneiden.

Dialog zwischen Schüler und Expertin

Schüler: Warum kann ich das Messer nicht einfach in den Geschirrspüler tun?
Expertin: Ein gutes Messer hat eine Klinge aus hochwertigem, rostfreiem Edelstahl. Das erkennst du daran, dass sich gute Klingen nicht dauerhaft verbiegen lassen, sondern wieder in ihre Ursprungsform zurückfedern. Obwohl Stahl sehr hart ist, wird es durch Reinigungsmittel in der Spülmaschine kaum wahrnehmbar angegriffen. Dadruch leidet die Stahloberfläche und aus dem guten Messer wird ein schlechtes Messer.
Schüler: Welche Eigenschaften hat denn ein gutes Messer noch?

Expertin: Ein qualitativ hochwertiges Messer erkennst du u. a. daran, dass die Klinge ganz durch den Griff hindurchgeht. Griff und Klinge sind fest miteinander verbunden und sogenannte Nieten verhindern, dass sich die Messerteile voneinander lösen.

M4 Ein großes Kochmesser

Fenchel putzen, Rucola waschen und trockenschleudern, Zwiebel würfeln, Salatsoße anmachen und abschmecken ...? Nicolas ist ganz verwirrt, weil er nicht alles versteht, was in dem Rezept steht. Wie soll er nur den Fenchel putzen? Soll der Rucola in die Waschmaschine? Mit der Zwiebel wollte er jetzt nicht pokern. Und angemacht hat er bisher nur die hübschen Mädchen ...

„Wer lesen kann, kann auch kochen", sagte Nicolas Vater. Aber so einfach ist das nicht, da die „Tuwörter" (Verben) in Rezepten häufig der Erklärung bedürfen. Einfacher wird es, wenn du bei der Verarbeitung zum Beispiel von Gemüse und Obst die Grundregel zur Vorbereitung (waschen, putzen, zum Teil schälen und häufig anschließend zerkleinern) beherrschst und diese Begriffe zuordnen kannst. Im Nachfolgenden zeigen wir dir am Beispiel der Zubereitung eines Obstsalates, worauf es hierbei ankommt.

Vorbereitung von Obst

Zur Vorbereitung wird das Obst geputzt und das meiste auch gewaschen.

Mit Putzen ist gemeint, dass alle nicht essbaren Teile wie ungenießbare Blätter, Stiele, welke Blätter und Schadstellen entfernt werden. Schimmliges Obst solltest du immer wegwerfen, weil es deinem Körper schadet. Oft wird Obst auch geschält. Das ist notwendig, wenn die Schale nicht mitgegessen werden kann wie bei der Orange. Bei Äpfeln und Birnen ist das meist nicht empfehlenswert, weil in der Schale die meisten Vitamine, Mineralstoffe und Ballaststoffe stecken.

Beim Waschen wird der Schmutz und ggf. Rückstände von Schadstoffen abgespült. Das kann unter fließendem Wasser geschehen, wenn es sich um große Stücke wie einen ganzen Apfel handelt. Bei empfindlichen Beeren verwendest du besser eine Schüssel mit stehendem Wasser.

M 2 Verschiedene Sorten Obst werden unterschiedlich vorbereitet

Apfel abwaschen

Erdbeeren in der Schüssel vorsichtig waschen

Orange schälen mit den Händen

Zerkleinern von Obst

Für unseren Obstsalat schneiden wir das Obst mundgerecht. Das bedeutet, dass wir es ohne abbeißen zu müssen mit einem kleinen Löffel essen können. Durch das Zerkleinern vergrößert sich die Oberfläche. Das hat den Nachteil, dass Licht und Luft Vitamine mit der Zeit zerstören können. Der Vorteil ist, dass sich das Aroma entfaltet. Lässt du den Obstsalat etwas stehen, „zieht er durch". Das bedeutet, dass sich die verschiedenen Obstaromen zu einen Gesamteindruck vermischen .

M 2 Obstsalat (für 4 Personen)

Zutaten: 600 g verschiedenes Obst (3 bis 4 Sorten), 1 Zitrone, 2 EL Wasser, 1 Vanillezucker, 1 EL gehackte Haselnüsse oder Mandeln oder Rosinen
Zubereitung: Zitrone waschen, halbieren, auspressen. Zitronensaft mit Wasser und Vanillezucker vermischen. Dann das Obst putzen, waschen, schälen, zerkleinern und in den Zitronensaft geben (Diese Reihenfolge ist sinnvoll, denn wenn man zuerst das Obst zerkleinert, kann es passieren, dass es zu lange liegt und sich verfärbt).
Alles mischen und nach Belieben mit Nüssen oder Rosinen verfeinern.

1 Erstelle dein persönliches Küchenlexikon, bei dem du alle Wörter, die dir aus Rezepten neu sind, aufschreibst und erklärst.

2 Welche Schritte sind bei der Vorbereitung von Obst und Gemüse immer notwendig? Was ist zu beachten?

3 👥 Stöbert in Rezepten, welche Zerkleinerungsmöglichkeiten es für Obst und Gemüse gibt. Schreibt die Fachwörter in euer Küchenlexikon.

4 👥 Bereitet einen Obstsalat mit saisonalem Obst aus der Region zu. Achtet bei eurer Planung darauf, dass es sensorisch ansprechend ist (siehe S. 98)

5 Was heißt „kochen", wenn wir das Wort in Rezepten finden?

6 👥 Bereitet eine Gemüsesuppe zu. Sucht ein geeignetes Rezept im Internet und macht eine Fotostrecke, z. B. für eure Schülerzeitung oder als Poster für die Lernküche, bei der alle wichtigen Arbeitsschritte dokumentiert und kommentiert werden.

M1 Einen Teig vorbereiten für das SchmeXperiment

Was ist ein SchmeXperiment?

Ein Experiment ist eine Methode, die du wahrscheinlich aus dem naturwissenschaftlichen Unterricht kennst. Was aber ist SchmeXperimentieren? SchmeXperimente ist ein Kunstwort, das aus den Wörtern „Schmecken" und „Experimentieren" zusammengesetzt ist.

Bei beiden Methoden untersuchst du eine Forschungsfrage. Beim SchmeXperiment stehen eure Fragen, die ihr euch bei der Zubereitung von Speisen oder beim Essen stellt, im Mittelpunkt.

Anders als beim Experimentieren im Chemieunterricht ist fühlen, riechen, hören, sehen und schmecken erwünscht. Lebensmittel sind unser Experimentiergut, das du kosten und essen darfst!

Wie bei einem Experiment gibt es eine Vorbereitungs-, eine Durchführungs- und eine Auswertungsphase. Was dazu gehört, kannst du anhand des Beispiels „Gemüse schmeckt immer wieder anders" selbst ausprobieren.

Phase 1: Vorbereitung

Deine Frage, deine Vermutung, deine Versuchsplanung

In deinem Alltag beobachtest du im Umgang mit Lebensmitteln immer Phänomene, die du nicht erklären kannst. Folgende Fragen haben sich beispielsweise andere gestellt:

- Warum müssen Teige ruhen?
- Warum gehören Tomaten nicht in den Kühlschrank?
- Warum „wächst" Hefeteig?
- Schmecken rohe Karotten in Scheiben anders als fein geraspelte Karotten?
- Warum wird aufgeschnittenes Obst schnell braun?
- Warum werden Gummibärchen hart, wenn die Tüte geöffnet ist?
- Warum helfen Cola und Salzstangen bei Durchfallerkrankungen?

Um einen Versuch planen zu können, musst du zunächst überlegen, was die Antwort sein könnte: Schreibe dazu deine Vermutungen, sogenannte Hypothesen auf. Durch welchen Versuch kannst du deine Vermutung überprüfen? Schreibe die Arbeitsschritte und die notwendigen Materialien für die Versuchsdurchführung genau auf! Überlege schon jetzt, wie du die Ergebnisse protokollierst.

Beispiel: Der Hefeteig nimmt gewaltig an Größe durch das Gehen zu. Eine Hypothese (Vermutung) zur Frage mit dem Hefeteig ist, dass lediglich das Volumen zunimmt, nicht aber die Menge an Teig. Der Teig bleibt gleich schwer. Diese Frage kann durch ein Wiegen des Teiges vor und nach dem Gehen schnell beantwortet werden (Versuchsaufbau). Schwieriger wird es, die Gründe dafür herauszufinden. Hier hilft eine Recherche über Backhefe und ihre Funktionsweise. Es können noch weitere Vermutungen zu Thema Hefeteig untersucht werden.

Phase 2: Durchführung

Dein Versuch, deine Beobachtung
Stelle die Materialien bereit und führe deinen Versuch nach deinen geplanten Arbeitsschritten durch. Beobachte genau und protokolliere deine Beobachtung.

M 2 Jeder Arbeitsschritt wird protokolliert

Phase 3: Auswertung

Dein Versuchsergebnis, deine Schlussfolgerung
Dein Protokoll ist die Grundlage für dein Versuchsergebnis. Für unser einfaches Beispiel lautet das Ergebnis: Das Volumen des Hefeteigs hat sich etwa verdreifacht, das Gewicht ist gleichgeblieben. Die Schlussfolgerung ist, dass sich durch die Aktivität der Hefe Kohlenstoffdioxid bildet, die im Teig eingeschlossen ist und den Teig „wachsen" lässt. Da die „Luft" nichts wiegt und keine weiteren Zutaten hinzugefügt werden, bleibt das Gewicht konstant.
Deine Schlussfolgerungen können sich auf die praktische Anwendung beziehen und machen oft auch Lust auf ein weiteres SchmeXperiment.

Mögliche Erweiterung: Anwendung

Umsetzung deines Rezepts
Bei dem SchmeXperiment mit Hefeteig liegt es nahe, dass du aus deinem Experimentiergut ein Hefeteiggebäck bäckst.

Wie rohes Gemüse unterschiedlich schmeckt

Aufgabe: Führt in eurer Lerngruppe ein SchmeXperiment zu der Beispielfrage durch: Schmeckt Gemüse unterschiedlich, je nachdem, wie es zerkleinert wurde?

M 2 Kräuter kleinschneiden oder mit dem Mörser zerstampfen: Schmeckt das unterschiedlich?

M 1 Amerikanische „Cups"

Messen und Wiegen „nach Gefühl"

Ältere Hausfrauen kommen oft ohne genaues Messen und Wiegen aus. Willst du wissen, wieviel sie nehmen, bekommst du häufig die Antwort: „Nach Gefühl!" Warum klappt das bei ihnen und nicht bei dir? Das ist ganz einfach, sie können die Mengen recht genau abschätzen, weil sie in ihrem Leben schon sehr viele Speisen zubereitet haben. Meist haben sie das von ihren Müttern oder als Hausmädchen von erfahrenen Köchinnen gelernt. Diese nutzten nur selten eine Waage oder hatten schlicht gar keine zur Verfügung und sie haben sich u. a. mit Bechern, Löffeln oder Fingern weitergeholfen. Auch heute findest du noch solche Angaben in Rezepten (**M 3**). Je nach Herkunft des Re-

zeptes gibt es auch unterschiedliche Maßangaben. Weißt du zum Beispiel, wie viel 1 cl oder 1 dl ist? Wenn du zum ersten Mal ein Rezept zubereitest, fehlt dir diese Erfahrung und so musst du die Menge abwiegen oder mithilfe eines Messbechers abmessen.

> ### „Cups"
> In amerikanischen Rezepten findest du häufig die Angabe „cups", also Tassen. Das Umrechnen in Gramm ist nicht einfach, weil es Volumenangaben sind.
> Die Geschichte dahinter ist, dass amerikanische Siedler auf ihrem Weg in den Westen mit Planwagen unterwegs waren. Eine Küchenwaage gab es hier nicht, aber jeder hatte Tassen dabei und damit wurden die Mengen abgemessen.
> Im Übrigen sind die amerikanischen Cups größer als unsere Tassen (siehe **M 1**). Die typische amerikanische Tasse fasst etwa 235 ml, also fast einen Viertelliter. Für das Abwiegen ist das solange egal, wie immer die gleich große Tasse genommen wird, weil das Verhältnis der Mengen zueinander entscheidend ist.

* **Tara**
In digitalen Küchenwaagen kannst du Tara einstellen. Das bedeutet, dass du das vorhandene Gewicht zum Beispiel von einer Tasse bei der Anzeige auf Null setzt und dann nur das Gewicht angezeigt wird, das nach Drücken der Taste dazukommt, beispielsweise beim Befüllen der Tasse mit Milch. Beim Einkauf von Frischwaren an der Fleisch- oder Wursttheke wird so das Gewicht der Verpackung abgezogen und der Preis nur für die Ware selbst berechnet.

M 2 Moderne Küchenwaagen haben alle eine Tara-Taste *

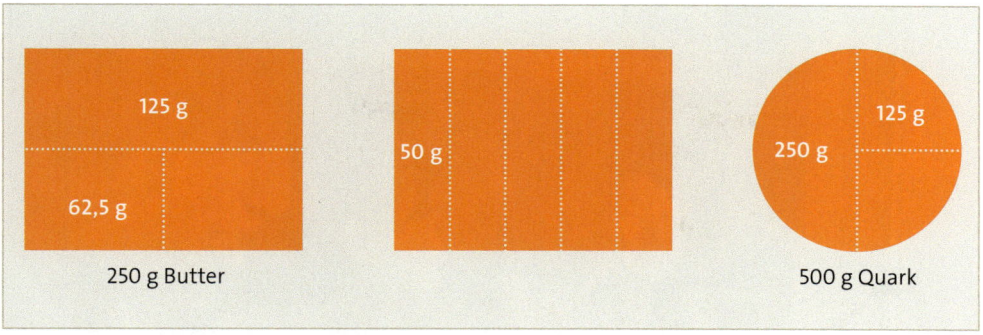

125 g

62,5 g

250 g Butter

50 g

250 g

125 g

500 g Quark

M 3 Abschätzen mithilfe von Packungsgrößen

1 Prise (Pr.) ist die Menge, die du zwischen Daumen und Zeigefinger halten kannst.

1 Messerspitze (Msp.) ist die Menge, die auf die Spitze eines kleinen Gemüsemesser passt.

Ein gehäufter Esslöffel

M 4 Mengenangaben und Abkürzungen in Rezepten

Mengenangaben in Rezepten

Typische Mengenangaben in unseren Rezepten sind:

Maßeinheit	Abkürzung
Kilogramm	kg
Gramm	g
Milliliter	ml
Zentiliter (= 10 ml)	cl
Deziliter (= 100 ml)	dl

1 Nimm einen Messbecher und schaue, welche Zutaten du damit abmessen kannst. Und welche nicht?

2 Nimm dir ein Päckchen Butter und überlege, wieviel Gramm hast du, wenn du die Butter in der Hälfte zerteilst, wieviel, wenn du fünf gleiche Teile daraus machst? (M 3)

3 Überlege die Vor- und Nachteile des Abwiegens und des Abschätzens!

4 👥 Erstellt Plakate für die Schulküche mit Löffel- und Tassenmaßen für verschiedene Lebensmittel.

5 👥 In den USA ist es allgemein verbreitet, Mengen in „cups" oder „spoons" anzugeben. Ermittle das Gewicht verschiedener Lebensmittel (Mehl, Zucker, Wasser ...), die du mit dem Tee- oder Esslöffel abmessen kannst. Vergleicht eure Ergebnisse und überlege, worauf du achten musst, wenn du den Löffel zum Abmessen benutzt. Abschätzen oder abwiegen?

6 Schreibe ein Lieblingsrezept um, sodass es ohne Messbecher und Küchenwaage zubereitet werden kann.

M1 Frühstück in einer chinesischen Schule

Hauptmahlzeiten

Wir haben alle Vorstellungen darüber, was eine Mahlzeit ist. In Deutschland sprechen wir meist von Frühstück, Mittagessen und Abendessen. Das sind unsere drei Hauptmahlzeiten. Dem ordnen sich die „Zwischenmahlzeiten" zum Beispiel mit dem Schulfrühstück ebenso unter wie der Snack. Vielleicht hast du schon gehört, dass immer mehr Menschen die Hauptmahlzeit durch einen Snack ersetzen. Was ist damit gemeint? Zum Beispiel verbringen Menschen ihre Mittagspause am Würstchenstand oder essen einen Döner aus der Hand. Damit ist unser Körper versorgt, doch wir sprechen selten von einer Mahlzeit. Das hängt damit zusammen, dass wir genaue Vorstellungen haben, was zu einem „richtigen Mittagessen" gehört und wie es gegessen wird. Überlege, welche Vorstellungen du hast und vergleiche das mit deinen Mitschülerinnen und Mitschülern.
Bei der Beschreibung von Mahlzeiten beziehen wir uns meist auf drei Grundelemente: 1. Lebensmittel★ und Speisen★, 2. Ort und Zeiten und 3. soziale Situation.

Gemeinsam essen

Gemeinsames Essen ist für die Versorgung des Körpers nicht notwendig. Trotzdem wird überall auf der Welt gemeinsam gegessen. Das bedeutet einerseits, dass wir demjenigen vertrauen, der für uns kocht und andererseits, wer mitessen darf, gehört dazu. Um das soziale Miteinander harmonisch zu gestalten, haben sich in allen Kulturen Essensregeln herausgebildet. Wer isst mit wem, wie groß ist eine „normale" Portion, in welcher Reihenfolge werden Speisen gegessen, wer bekommt zuerst oder die größte Portion, wie wird gegessen, worüber darf geredet werden usw. Wahrscheinlich kannst du diese Fragen leicht beantworten, weil wir das alles wie ganz nebenbei bereits als kleines Kind beim gemeinsamen Essen zu Hause gelernt haben.

★ **Lebensmittel**
sind sämtlich essbare Nahrung, die ggf. noch zubereitet werden muss, wie Nudeln aus der Packung.

★ **Speisen**
sind zubereitete Nahrung.

> Also bei mir zuhause gibt es kein gemeinsames Essen. Bei uns isst jeder, wann er will oder wenn er Hunger hat. Wenn wir mal zusammen essen, dann nur vielleicht an Feiertagen, Weihnachten oder so, sonst nie. (Chris, 13 Jahre)

> Für mich und meine Eltern ist das gemeinsame Essen normal, wir essen so ziemlich immer zusammen. Ich könnte ohne gemeinsames Essen nicht über die Schule reden, weil meine Eltern arbeiten. Für mich ist das selbstverständlich, ich esse nicht gerne allein. Ich finde, dass Essen einfach etwas Gesellschaftliches ist." (Tabea, 14 Jahre)

> Ich finde Familien- mahlzeiten gut, weil man sich dann wenigstens einmal am Tag sieht. (Sara, 13 Jahre)

> Bei uns zu Hause gibt es zwar ein gemein- sames Essen, aber jeder kommt zu Tisch, wann er Lust hat. Am Ende sitzen wir dann alle zusammen am Tisch. (Marco, 14 Jahre)

M 2 Was denken Jugendliche über Familienmahlzeiten? Antworten aus dem Unterrichtsprojekt einer 8. Klasse an einer Berliner Gesamtschule.

Mahlzeiten verändern sich

Bei uns gilt es zum Beispiel als unhöflich, wenn wir bei Tisch rülpsen. Das war nicht immer so. Martin Luther soll seine Gäste gefragt haben: „Warum rülpset und furzet Ihr nicht, hat es Euch nicht geschmecket?" Das wäre heute undenkbar.

Essensregeln und Tischsitten verändern sich im Laufe der Zeit. Und sie hängen von der Situation ab. Unterwegs mit Freunden isst du sicherlich anders als beim Festtagsessen mit deinen Großeltern. Um dazuzugehören, ist wichtig, dass du die No-Gos kennst.

1 Nenne die drei Grundelemente einer Mahlzeit und schreibe in Stichworten auf, was zu den Grundelementen dazugehört.

2 👥 Beschreibe eine Hauptmahlzeit (z. B. die warme Schulmahlzeit an deiner Schule) möglichst genau. Beachte dazu Aufgabe 1.

3 Wie wichtig sind Familienmahlzeiten für dich? Was bedeuten sie für dich? Schau dir dazu auch die Antworten von anderen Jugendlichen (M 2) an. Schreib zunächst Stichworte auf und tausche dich dann in der Lerngruppe aus.

4 Wie wird in anderen Kulturen gefrühstückt? Beschreibe die Frühstückssituation für Jugendliche in China.

5 👥👥 Beamt euch in die Zukunft 2030! Plant ein gemeinsames Frühstück mit eurer zukünftigen Familie. Für jeden in eurer Gruppe überlegt ihr, welche Rolle er übernimmt. Stellt eure Lösung szenisch dar.

6 👥 Frage eine Person aus einem anderen Land, wie sie frühstückt. Achte darauf, welche Lebensmittel und Speisen gegessen werden. Wo und zu welcher Zeit wird gefrühstückt? Wer nimmt am Frühstück teil?

7 👥👥 Führt in der Lerngruppe eine Pro-Contra-Diskussion durch zur Frage: Ist das gemeinsame Essen in Familien noch zeitgemäß? Sammelt Pro- und Contra-Argumente, ob und warum das gemeinsame Essen in der Familie heute noch aktuell ist. Überlegt dazu, welche Vorteile das individuelle Essen hat.

M1 Ein Gericht aus der Broschüre „Schmeck den Süden"

Beim Ausflug auf die Schwäbische Alb kommt die Klasse 7a an einem Ausflugslokal vorbei. Dort steht ein Plakat, auf dem ein leckeres Gericht abgebildet ist, verziert mit einer Fahne „Schmeck den Süden". Die Lehrerin weiß, dass mit Süden unser „Ländle" gemeint ist. Wie aber schmeckt „Baden-Württemberg"?

Das ist der Anlass, ein Projekt durchzuführen, bei der eine Mahlzeit geplant wird nur mit Lebensmitteln aus Baden-Württemberg. Ob das überhaupt möglich ist?

M2 Genuss- und Anbauregionen in Baden-Württemberg

Was wir essen, wie wir Nahrung zubereiten, ist kulturell beeinflusst

Hast du dich auch schon mal gefragt, warum wir nicht auf der gesamten Welt gleich essen? Menschen sind von Natur aus „Allesesser", Wissenschaftlerinnen nennen das „Omnivoren". Trotzdem unterscheiden sich die Essgewohnheiten ganz erheblich. Das liegt daran, dass neben den angeborenen Vorlieben vor allem Gewohnheiten und Erfahrungen bestimmen, was wir essen. Die Region bestimmte dabei lange Zeit, was Menschen überhaupt zur Verfügung hatten. So ist Baden-Württemberg weit vom Meer entfernt und so wundert es nicht, dass Seefisch nicht zur landestypischen Küche gehört – ganz anders als zum Beispiel in Norddeutschland oder in den Mittelmeerländern. Wenn du an die typischen schwäbischen Maultaschen denkst, kannst du den Einfluss des Christentums auf die Art der Zubereitung erkennen (**M3**). In anderen Regionen haben Menschen Gerichte, die unseren Maultaschen sehr ähnlich sind, mit ihrer jeweils eigenen Kulturgeschichte: Italienische Ravioli, polnische Piroggen, sibirische Maultaschen, chinesische Wan Tan usw.

Esskulturen verändern sich

Du isst heute nicht mehr wie deine Großeltern in ihrer Jugendzeit. Was du isst und trinkst, wird einerseits durch das Lebensmittelangebot und andererseits durch deine Lebensgewohnheiten beeinflusst. So haben viele Menschen, die in der Stadt leben, keinen eigenen Gemüsegarten und sind auf das Angebot in den Läden und auf dem Wochenmarkt angewiesen. In den letzten Jahren haben sich Initiativen zum „Urban Gardening" gebildet. Es werden städtische Grünflächen zum gemeinsamen Anbau von Nahrungsmitteln genutzt. Dabei geht es auch darum, den Ursprung unserer Nahrung wieder erlebbar zu machen.

M 3 Die Geschichte der „Herrgottsbscheißerle"

Maultaschen sind ursprünglich eine mit Fleisch (Brät), Zwiebeln und altbackenen Brötchen gefüllte Tasche aus Nudelteig. Heute gibt es zahlreiche Varianten, u. a. mit Spinatfüllung.

Um die Entstehung von Maultaschen ranken sich viele Legenden. Immer geht es darum, wie der Verzicht auf Fleisch in der christlichen Fastenzeit vor Ostern umgangen werden konnte.

Nach einer dieser Geschichten waren es die Zisterziensermönche im Kloster Maulbronn, die Fleisch in Nudelteig versteckten, um in der Fastenzeit „unbemerkt" Fleisch essen zu können. Daher rührt der etwas weniger vornehme Name „Herrgottsbscheißerle". Daraus haben sich Maultaschen als typisches Karfreitagsgericht in der Region entwickelt. Seit 2009 ist Maultasche eine von der EU geschützte geografische Angabe.

M4 Info: Fastenzeiten im Christentum

Die christliche Fastenzeit beginnt mit dem Aschermittwoch und endet an Karfreitag. Die Fastenzeit dauert somit 40 Tage und Nächte. Sie erinnert an die Leidensgeschichte von Jesus, der vor seinem Tod am Kreuz 40 Tage in der Wüste gefastet hat.

Viele Katholiken und Protestanten verzichten an dem Tag, an dem Jesus gekreuzigt wurde, auf Fleisch. Ursprünglich wurde aus diesem Grund in christlichen Gegenden jeden Freitag kein Fleisch gegessen. So erklärt sich auch, warum noch heute freitags oft Fisch gegessen wird.

Manche Menschen greifen den christlichen Gedanken des Fastens vor Ostern auf und schränken ihren Konsum ein, zum Beispiel verzichten manche auf Süßes oder das Fernsehen.

1 Was ist eine Region? Was ist deine Region? Schreibe einen Steckbrief über typische Lebensmittel und Speisen aus deiner Region!

2 👥 Erkläre den Zusammenhang deinem Tandempartner: Regional essen heißt saisonal essen. Überlegt gemeinsam: Gilt das auch umgekehrt? Also heißt saisonal essen regional essen?

3 👥 Recherchiere, was hinter dem EU-Herkunftszeichen (siehe S. 27 M4) steckt. Suche weitere Beispiele aus Baden-Württemberg (Webcode).

4 👥 Ist der Werbeslogan „Schmeck den Süden" aus deiner Sicht sinnvoll? Begründet ausführlich!

5 Regionen halten sich nicht immer an die politischen Grenzen. Hast du dafür eine Erklärung?

6 👥👥 Wählt ein Land, in dem es ein mit Maultaschen vergleichbares Gericht gibt. Vergleicht die Rezepte im Hinblick auf die Zutaten und die Zubereitung. Was ist gleich? Worin unterscheiden sie sich? Recherchiert die Gründe. Tipp: Bereitet eine typische Mahlzeit für ausgewählte Regionen zu und gestaltet sie nach den landestypischen Regeln.

7 Führe ein Interview mit einer Person im Alter deiner Großeltern zum Thema. Vergleicht die Auswahl der Lebensmittel und die Rezepte aus der Jugendzeit deiner Großeltern und heute. Was ist geblieben? Was hat sich verändert? Welche Rolle spielt dabei die Region, in der sie oder du leben?

8 👥👥 Plant eine Mahlzeit, bei der regionaltypisch gegessen und getrunken wird.

9 👥👥 Projekt: Entwickelt ein eigenes Rezept mit Zutaten aus der Region, das euch schmeckt und leicht nachkochbar ist. Macht dazu eine Werbekampagne!

M1 Barbecue mit Familie und Freunden

Im Alltag essen wir anders als mit anderen

Im Alltag essen wir meist allein oder in der Familie. Was verändert sich, wenn wir andere einladen? Wenn du Freunde einlädst, was bietest du ihnen zum Essen und Trinken an? Auf die Frage gibt es viele Antworten, denn es kommt auf dich, die Gäste und den Anlass an. Allgemein gilt: Je festlicher der Anlass, desto aufwendiger ist meist auch das dazugehörige Essen. So unterscheiden wir das Festessen von der Alltagsküche.

Was ist wichtig?

Wenn du gemeinsam mit Freunden feiern willst, gehört i. d. R. auch das gemeinsame Essen dazu. Unter Jugendlichen ist das Feiern eher locker und die Kosten dürfen das Taschengeldbudget nicht überstrapazieren. Kein Wunder, dass viele kreative Ideen von jungen Menschen kommen: Bottlepartys wurden von Studierenden in den 1960er Jahren „erfunden", aus den spießigen Häppchen der 1950er Jahren wurde Finger Food, oft mit exotischen Zutaten zum Nebenbei-Essen. Feste – egal ob Party, Klassenfete oder Hochzeitsfeier – heben sich bei der Wahl der Lebensmittel und Speisen, bei der Zubereitung und der Ausgestaltung vom Alltag ab.

Feiern und Genießen

Das gemeinsame Essen auf einer Feier stärkt den Zusammenhalt zwischen Gastgebern und Gästen. Die Auszeit vom Alltag wird durch Genussmomente betont, wozu das Essen und Trinken gehört. Exotische Speisen und teure Getränke dienen dabei häufig als Statussymbole. Sie zeigen, dass die Gastgeberin sich auskennt mit Luxusgütern, sich diese auch leisten und damit umgehen kann. So werden auch einfache Lebensmittel z.B. über raffinierte und zeitaufwendige Rezepte zur Festtagsspeise.

Beim Feiern spielen Getränke meist eine wichtige Rolle. Wer Kaffee und Alkohol trinken darf, gehört zu den Erwachsenen. Alkohol ist ein gesellschaftlich anerkanntes Genussmittel, das das Verhalten von Menschen verändert und die Selbstkontrolle je nach Dosis mehr oder weniger verlieren lässt. Gerade in der Jugendzeit testen daher viele ihre Grenzen aus. Wie ist das bei dir?

Kulinarischer Code

Über die Auswahl und die Gestaltung des Essens sendest du Botschaften an deine Gäste, ganz ohne Worte. In der Fachsprache wird vom „kulinarischen Code" gesprochen.

Schau dir die Bilder **M 2** bis **M 4** an und überlege: Wer kommt zu Gast? Was ist der Anlass der Einladung?

M 2 Festtafel

M 3 Partybuffet

M 4 Knabbereien

1 Wodurch unterscheidet sich die Festtagsküche von der Alltagsküche? Nenne typische Alltags- und typische Festtagsspeisen.

2 Schau dir das Bild „Barbecue mit Freunden" (**M 1**) an. Beschreibe, was dort gegrillt wird. Grilleinladungen – oft auch als Barbecue bezeichnet – sind im Sommer zwischen befreundeten Familien sehr beliebt. Hast du eine Erklärung dafür?

3 Suche Rezepte zur Zubereitung von Kartoffeln. Welche eignen sich eher für die Alltagsküche, welche eher für die Festtagsküche? Begründe deine Wahl.

4 👥 Informiert euch über die Folgen von Alkoholgenuss. Alkohol ist ein anerkanntes Genussmittel. Kannst du das erklären? Bereitet eine Diskussion zum Thema „Alkohol und Familienfeier" vor.

5 Schaue dir einen Familienfilm oder eine Daily Soap an. Welche Rolle spielt dabei das Essen? Wie werden Speisen und Getränke zu welchem Anlass aufgetischt? Was erfährst du anhand der Essensszene über die teilnehmenden Personen? 👥👥 Rollenspiel: Spielt die Szene nach. Spielt die Szene ein weiteres Mal und verändert dabei die Rollen.

6 👥👥 Erfindet einen alkoholfreien Cocktail für die nächste Party. Setzt euch in der Lerngruppe ein Preislimit, gebt ihm einen coolen Namen und entwickelt einen Werbeslogan. Präsentiert eure Kreation mit einer „Setcard" (Steckbrief des Cocktails mit Rezeptur). Bildet eine Jury, die die Cocktails bewertet.

7 👥👥 Projekt: Plant ein gemeinsames Essen, zum Beispiel für eine Klassenfete zum Abschluss des Schulhalbjahres, ein Buffet für den Elternabend, ein mehrgängiges Menü für eine simulierte Familienfeier oder, oder, oder. Stellt dafür geeignete Rezepte zusammen, kalkuliert die Vorbereitungszeit und die Kosten für Speisen, Getränke und Tischdekoration. Macht dazu eine Arbeitsplanung (siehe S. 175).

Schwimmende Suppenküche in Vietnam

Imbiss in Guanajuato, Mexiko

Fast Food in Krakau, Polen

Pizzaautomat

M1 Fast Food wird in unterschiedlichster Form überall auf der Welt angeboten.

Hungrig und nicht zu Hause?

Wenn Nicole aus der Schule kommt, ist sie allein. Sie macht sich schnell etwas aus dem Kühlschrank warm und isst es am Küchentisch. Anders ist es bei Marco. Bis Marco kommt, hat seine Mutter meist eine halbe Stunde Zeit, um ein Mittagessen für ihn und seinen kleinen Bruder zuzubereiten. Selinas Eltern arbeiten im Schichtdienst. Wenn ihre Eltern Nachtdienst haben, dann geben sie ihr „Essensgeld". Wie ist das bei dir nach der Schule?

Drei Essenssituationen am Mittag

Nicole achtet auf ihr Gewicht, aus diesem Grund will sie nicht immer das essen, was ihre Eltern ihr in den Kühlschrank gestellt haben. Sie wandelt das dann einfach ab oder macht ein Blitzgericht aus Rohwaren.

Marco ist oft genervt. Er würde lieber alleine essen und nicht mit seinem kleinen Bruder, um den sich vieles dreht. Seine Mutter kocht, was der kleine Bruder am liebsten isst: Pasta, Pizza, Milchreis. Auf Dauer ist das echt langweilig! Gibt es nichts anderes? Er schaut sich im Supermarkt um, was er selbst ohne großen Aufwand zubereiten könnte.

Selina kommt meist nach der 7. Stunde nach Hause. Da sie nur wenig frühstückt und oft kein Pausenbrot dabei hat, ist sie meist hungrig. Der Bus fährt eh nur jede Stunde. Daher bleibt sie in der Stadt und sucht sich ein Fast-Food-Restaurant. Gestern hat Nicole sie zu sich eingeladen. Soll sie die Einladung annehmen?

Schnell und preiswert

Ein Fast-Food-Restaurant ist ein Selbstbedienungsrestaurant, das meist ein stark standardisiertes Essen anbietet, auf das du nicht warten musst. Eine andere Bezeichnung ist „Schnellrestaurant". Das prominenteste Beispiel ist McDonald's. Fast Food findest du auch beim Kiosk, beim Bäcker, am Imbissstand und an vielen anderen Orten.

One-Pot-Gerichte sind Gerichte, die in nur einem Topf zubereitet werden und deshalb wenig Abwasch verursachen. Die Idee erinnert an die Woks in der asiatischen Küche.

Gekaufte Zeit

Grundstufe (keine Convenienceprodukte)	Teilfertige Lebensmittel („Halbfertiggerichte")			Verzehrfertige Lebensmittel („Fertiggerichte")
Rohware	küchenfertig	garfertig	zubereitungsfertig	Vollständiges Essen
unverarbeitet	Vorbereitung fehlt noch	Garen fehlt noch	Vorbereitete und gegarte Lebensmittel, die nur noch vermischt bzw. aufgewärmt werden müssen	Evt. noch kurzes Aufwärmen
Beispiel: frisches Gemüse	TK-Gemüse, Mischsalat	TK-Pommes frites, Nudeln	Konserve, Kartoffelpüree	Fruchtjoghurt, Kekse

M 2 Beispiele für Convenience Food* eingeteilt nach Verarbeitungsgrad

* **Convenience Food** ist ein englischer Begriff und heißt wörtlich übersetzt „bequemes Essen". Wir verwenden den Begriff als Fachbegriff für vorgefertigtes Essen. Unverarbeitete Rohware, also keine Convenienceprodukte, wird heute nur noch wenig gekauft.

1 Was erfährst du über die Essenssituation von Nicole, Marco und Selina? Beschreibe genau! Welche Alternativen für ein Essen nach der Schule hätten die drei aus deiner Sicht?

2 Erkläre, wodurch mit Convenienceprodukten Zeit „gekauft" wird? Stimmt das so? Sammelt Argumente für und gegen die Verwendung von Convenienceprodukten.

3 👥 Ermittelt in einer Umfrage an eurer Schule die beliebtesten Convenienceprodukte! Vielleicht habt ihr Lust, zu dem Bestseller einen Schülerwarentest (siehe S. 102) durchzuführen.

4 👥 Zeichne auf einer Karte ein, welche Fast-Food-Angebote du rund um die Schule findest. Welche Vor- und Nachteile haben diese?

5 Überlege, wie sieht dein Alltag aus: Was und wie isst du, wenn du aus der Schule kommst? Worauf kommt es dir in der Situation an? Welche Alternativen hast du?

6 Wettbewerb: Sucht im Internet nach „Blitzgerichten" (Suchworte können sein: One Pot, Schnelle Küche), die innerhalb von 30 Minuten auf dem Tisch stehen, maximal fünf Zutaten (Gewürze und Kräuter zählen nicht) haben, deinen Körper bedarfsgerecht versorgen und dir gut schmecken. Schreibe eine „Setcard" mit Werbeslogan und Rezept. Bildet eine Jury, die die Blitzgerichte bewertet. 👥 Tipp: Ladet die Nachbarklasse ein, die eine unabhängige Jury bilden kann.

7 👥 Vertiefung: Beschreibe die Essensangebote aus anderen Ländern oder zu anderen Zeiten. Wie können oder konnten diese Menschen schnell und preiswert unterwegs zu essen?

8 Stell dir vor, du lebst 50 Jahre später! Beame dich in die Zukunft und erfinde ein perfektes Essensangebot, das deine Wünsche nach der Schule erfüllt! Mache daraus eine Collage mit kurzen Erklärungen. Stellt die Collagen in der Lerngruppe vor und überlegt, was heute schon möglich ist.

* **Awaruli**
Kunstwort, steht für „alles was rumliegt" und bedeutet, dass man eine originelle Mahlzeit aus den Lebensmitteln oder Resten herstellt, die in der Küche zu finden sind.

M 1 „Mir schmeckt's heute einfach nicht. Was mache ich nun damit?"

* **vermeidbare Lebensmittelabfälle:** Lebensmittel, die noch genießbar gewesen wären oder Lebensmittel, die nicht rechtzeitig vor dem Verderb verwendet wurden.

M 2 Verteilung der vermeidbaren* und teilweise vermeidbaren Lebensmittelabfälle in privaten Haushalten nach Produktgruppen

Kennst du das? Deine Mutter hat dir etwas zu essen eingepackt, das dir überhaupt nicht schmeckt. Du triffst eine Entscheidung ...

Eine Studie mit Jugendlichen einer Schule zeigte, dass etwa die Hälfte der befragten Schüler und Schülerinnen Lebensmittel in den letzten zwei Tagen weggeworfen haben. Gründe sind unter anderem, dass sie die Lebensmittel einfach nicht mehr essen wollten (48 %) oder es ihnen nicht schmeckt (34 %). Einige begründeten ihr Wegwerfen damit, dass es verdorben ist, z. B. verschimmelt.

Lebensmittelverschwendung in Deutschland

Jedes achte Lebensmittel, das wir kaufen, werfen wir weg. So kommen in deutschen Haushalten jährlich rund 6,7 Millionen Tonnen Lebensmittelabfälle zustande. Das sind 82 Kilogramm für jeden pro Kopf und Jahr. Ein Großteil davon könnte vermieden werden. Aber Lebensmittelabfälle entstehen auch bei ihrer Herstellung, im Großhandel, in Bäckereien und Supermärkten, in Restaurants und Kantinen. Insgesamt fallen in Deutschland jährlich etwa elf Millionen Tonnen Lebensmittelabfälle an (Studie der Universität Stuttgart 2012).

Infobox: Lebensmittelabfälle

Lebensmittelabfälle lassen sich in Bezug auf Vermeidbarkeit in drei Gruppen einteilen, es gibt:
- vermeidbare
- teilweise vermeidbare
- nicht vermeidbare

Kennst du diese Ratschläge?

Du kannst helfen, die Masse der weggeworfenen Lebensmittel zu verringern:

- Wirf keine brauchbaren Lebensmittel gedankenlos in den Abfall.
- Kaufe nur das ein, was du brauchst, nicht das, was gut aussieht.
- Plane deine Mahlzeiten so, dass keine Lebensmittel „vergessen" werden.
- Sollten doch einmal Reste übrig bleiben, verwerte sie. Dazu kannst du viele Rezepte so anpassen, dass alles verwendet wird.

Tipps für Restegerichte

Typische Restegerichte sind Suppen, Aufläufe, Reis- oder Gemüsepfannen, Quark- oder Joghurtspeisen, Milchshakes, Kuchen, Muffins und vieles mehr. Sollten dir Zutaten fehlen, dann sei kreativ und suche nach geeignetem Ersatz:

fehlende Zutat	ersetzen durch
Sahne, Schmand, Crème fraîche für Aufläufe	Milch
bestimmtes Obst oder Gemüse	anderes Obst oder Gemüse

Zucker	Honig, brauner Zucker
Butter zum Backen	Margarine
Öl	Butter, Margarine
Joghurt	Quark

Ein Beispiel

Tim und sein Vater wollen vor dem Essen nicht mehr einkaufen. Deshalb überlegen sie, wie sie ein Essen mit Dessert aus den Lebensmitteln herstellen, die vom letzten Einkauf noch übrig sind.

Zuerst schauen sie nach, welche lange haltbaren Vorräte* sie noch haben.

Im Kühlschrank finden sie: ein kleines Stück Brokkoli, zwei Karotten, drei Eier, einen halben Kopfsalat, zwei Tomaten, einen Becher Sahne, eine fast volle Flasche Milch, ein Stück Käse, einige nicht mehr ganz frische Erdbeeren und Himbeeren. Außerdem finden sie eine fast abgelaufene Tafel Zartbitterschokolade. Aus diesen Zutaten machen sie einen Nudelauflauf mit Brokkoli und Karotten, einen grünen Salat mit Tomaten und einen Schokoladenpudding mit frischen Beeren. Eine gelungene Mahlzeit!

* **haltbare Vorräte**
Mehl, Nudel, Reis, Zucker, trockene Backzutaten wie Backpulver und Vanillezucker, Stärke

1 Schau dir **M1** an. Was machst du in dieser Situation? Welche Möglichkeiten hast du?

2 Schau dir die Abbildung **M2** an. Versuche zu erklären, warum so viele Lebensmittel weggeworfen werden. Mache Vorschläge zur Verbesserung.

3 Wofür steht der Begriff Awaruli? Erkläre mit deinen eigenen Worten, warum Awaruli-Kochen sinnvoll ist.

4 An wen richten sich die Ratschläge im Abschnitt „Kennst du diese Ratschläge"? Was soll damit erreicht werden? Wie denkst du darüber?

5 Ein Apfel mehr oder weniger im Abfall — was macht das schon? Was meinst du zu der Aussage?

6 Mache Vorschläge, was aus folgenden vorhandenen Lebensmitteln zubereitet werden könnte: Pellkartoffeln vom Vortag, ein halber Blumenkohl, Milch, Magerquark, sehr reife Bananen, Zitrone, etwas Reibekäse und eine Salatgurke. Du musst nicht alles verwenden, aber je mehr desto besser!

7 👥 Wandelt ein Grundrezept Rührteig so ab, dass du 100 g Nüsse, eine Banane und eine halbe Tafel Schokolade verwenden kannst.

8 👥👥 Schaut einmal nach einer großen Pause in die Mülleimer eurer Schule. Listet auf, was für Lebensmittel darin zu sehen sind.

9 👥👥 Recherchiert im Internet, weshalb schon auf dem Weg von der Ernte bis zum Supermarkt so viele Lebensmittel vernichtet werden. Macht Vorschläge, wie man das ändern könnte (Webcode).

Supermarkt: Wie kaufe ich gezielt ein?

M1 Ben und Julian im Supermarkt

Ben und Julian haben heute früher Schule aus. Deshalb haben die beiden versprochen, auf dem Rückweg einzukaufen. Ihr Vater hat ihnen dafür einen Einkaufszettel geschrieben. Die beiden wollen das schnell erledigen, weil sie am Nachmittag noch eine Radtour vorhaben.

Ben und Julian kennen sich aus und wissen, dass jeder Supermarkt seine Waren nach Warengruppen geordnet hat. In ihrem Supermarkt werden sie wie auf dem Wochenmarkt mit Obst und Gemüse begrüßt, an der Seite ist eine Theke mit frischen Backwaren, hinten rechts sind die Milchprodukte usw. Sie müssen einfach links herum durch die Gänge gehen, dann können sie eigentlich nichts vergessen.

Nach ihrem Einkauf haben sie einige Dinge mehr gekauft als die, die auf dem Einkaufszettel standen: Ein Körbchen mit Erdbeeren, die es am Obststand zum Probieren gab, Ben hat zwei Packungen Chips, die im Angebot waren, eingepackt, Julian wollte noch einen Becher Schokoladenpudding. Der Einkaufswagen sah ja noch so leer aus und an das Dessert hatten sie bislang wirklich nicht gedacht.

Außerdem hat jeder der beiden an der Kasse noch einen Schokoriegel aufs Band gelegt.

Beim Warten fiel Julian die Milch ein, die sie noch mitbringen sollten. Zurück zum Kühlregal – durch die engen Gänge bis ganz hinten, hoffentlich schafft er es, bevor sie drankommen. An der Kasse haben die beiden noch bei einem Gewinnspiel mitgemacht, bei dem der erste Preis ein Fahrrad ist. Beim Blick auf die Uhr erschrickt Ben, weil sie doch sehr viel mehr Zeit als geplant zum Einkaufen gebraucht haben.

Supermärkte – Kundenbeeinflussung mit Marketingstrategien

Wie ein Supermarkt aufgebaut ist, hat nichts mit Zufall zu tun. Marketingexpertinnen wollen, dass Kundinnen sich lange im Laden aufhalten (siehe S. 109). Oft führt der längere Aufenthalt zu mehr Einkäufen.

Dabei werden alle Sinne der Kundinnen gezielt beeinflusst: Die Bäckerei im Eingang, die ständig neue Ware aufbackt – der Geruch nach frischem Brot regt den Appetit an; die Obst- und Gemüsetheken, die farblich so geordnet sind, dass alles frisch und gut aussieht; die Schilder, die die Kunden auf Angebote und Sonderaktionen aufmerksam machen; die Beschallung, die jahreszeitlich passende Musik abspielt und auf Sonderangebote aufmerksam macht; die Beleuchtung, die Fleisch und Wurst besonders frisch aussehen lässt und vieles mehr.

Tipps zum Einkaufen

- Geh nie hungrig einkaufen.
- Schreibe vor dem Einkauf einen Einkaufszettel und kaufe nur das, was auf dem Zettel steht.
- Benutze Einkaufskörbe, die du in den Einkaufswagen stellen kannst. So kannst du sehen, wenn der Korb voll ist, auch wenn die Warenmenge im Einkaufswagen noch nach wenig aussieht.
- Kaufe nur das, was du wirklich brauchst.

1 Erkundung: Geh in einen Supermarkt und fertige eine Skizze an, auf der man sehen kann, wie die Warengruppen im Supermarkt angeordnet sind.

2 Markiere Stellen, an denen der Kunde gezwungen wird, langsam zu gehen, z. B. durch Aufsteller, die den Gang enger machen.

3 Notiere, wo du Werbung finden kannst bzw. auf Angebote aufmerksam gemacht wirst.

4 👥 Schau dir ein Regal, z. B. die Konserven oder Nudeln, einmal genauer an. Was fällt dir auf? Was steht oben, was in der Mitte und was unten? Vergleiche hierzu Marken, Preise und Aussehen der Packungen.

5 Die Kassenzone (der Bereich kurz vor den Kassen) wird auch gerne Quengelzone genannt. Überlege dir, warum das so ist.

6 👥 Zeichne den Weg auf, den du ablaufen müsstest, wenn du folgende Artikel einkaufen würdest: 1 kg Kartoffeln, 2 Äpfel, Kaffee, Olivenöl, Eier, Milch, 100 g Aufschnitt, eine Packung Kekse, 1 Liter Apfelsaft, Shampoo und Taschentücher. Was fällt dir hierbei auf?

7 Ist es dir auch schon einmal so gegangen wie Julian und Ben? Hast du schon einmal Dinge gekauft, die du gar nicht brauchst? Überlege dir, warum du die Waren gekauft hast.

8 Wie kannst du verhindern, dass du Spontankäufe machst?

9 👥 Erweitert die Liste der Einkaufstipps um hilfreiche Anregungen. Bezieht dabei den Gedanken des Umweltschutzes mit ein (Wie kann ich Verpackungen einsparen?).

10 👥 Recherchiert genauer, mit welchen Tricks die Supermärkte arbeiten, um Kunden zu mehr Käufen anzuregen.

11 Schreibt einen Artikel für die Homepage eurer Schule oder für die Schülerzeitung, in dem ihr die Ergebnisse eurer Supermarkterkundung zusammenfasst.

M1 Lisa und Manuel vor dem Kühlschrank

Wohin mit den verderblichen Lebensmitteln?

Lisa und Manuel fahren übermorgen in einen 14-tägigen Campingurlaub. Die anderen Familienmitglieder sind auch schon verreist. Der Kühlschrank ist immer noch voll. Milchprodukte, Käse und jede Menge Obst und Gemüse. Alle Lebensmittel sind noch gut, aber in 14 Tagen nicht mehr zu genießen.

M2 Am 17. April 2016 schrieb die Süddeutsche Zeitung:

Sechs Paletten voller Brot schichtet Gerard Roscoe am Hintereingang des Bio-Supermarkts in seine Fahrradtaschen um. Danach stöbert er durch drei Kisten Obst und Gemüse. Er reißt einen Beutel Mandarinen auf, schmeißt zwei schimmelige weg und packt die anderen in eine Tüte. Auch Topinambur, Tomaten, Fenchel und Sellerie verstaut er in seinen Taschen. All diese Lebensmittel würden ansonsten im Müll landen, dabei sind sie nicht verdorben, sondern einwandfrei.

Roscoe bringt sie in einen Hinterhof im Berliner Stadtteil Prenzlauer Berg. Dort stehen zwei sogenannte „Fairteiler": Kühlschränke, aus denen sich die Nachbarn bedienen und in die sie auch selbst Lebensmittel legen können, die sie sonst wegwerfen würden. „Foodsharing" heißt dieses Konzept, das es außer in Berlin auch in anderen Städten gibt. „Wir finden es falsch, dass so viele Lebensmittel im Müll landen", sagt er.

„Fairteiler" für eine einfache Übergabe

Über Facebook und andere soziale Medien bietet Foodsharing vielerorts Lebensmittel an. Außerdem gibt es in ganz Deutschland mittlerweile auch sogenannte „Fairteiler" und vergleichebare Initiativen: Das sind Orte mit Kühlschrank und Regal, zum Beispiel in Räumlichkeiten der Nachbarschaftshilfe, in Eine-Welt-Läden, Jugendzentren oder auf Privatgrundstücken, zu denen überschüssige Lebensmittel gebracht oder dort auch abgeholt werden können – ganz anonym.

M2 Unterstützer der Foodsharing-Bewegung bringen Lebensmittel zu einer Tauschstation in einer Markthalle. Die Lebensmittel können hier einfach kostenlos mitgenommen werden (Berlin, 2013).

1 Erkläre, welche Vorteile es für Nutzer von Foodsharing hat, Lebensmittel anderer aufzubrauchen.

2 Finde Argumente dafür, dass manche Leute oder auch Läden nicht mehr benötigte Lebensmittel an eine Verteilerstelle bringen, wo sie kostenlos abgegeben werden.

3 Wie geht ihr in eurer Familie mit verderblichen Lebensmitteln um, wenn ihr für ein paar Tage oder Wochen wegfahren wollt?

4 Was würdest du Lisa und Manuel raten? Fallen dir Lösungen für die sinnvolle Verwendung oder Verwertung der Lebensmittel ein?

5 👥 Findet heraus, ob es bei euch in der Nähe schon einen Fairteiler gibt.

6 Welche Lebensmittel kommen für das Foodsharing in Frage?

7 Welche Lebensmittel werden bei Foodsharing nicht angenommen und warum?

8 👥👥 Erstellt ein Informationsplakat über Foodsharing, das ihr in eurer Schule aushängen könnt oder entwerft einen Podcast bzw. Tweed für die Homepage eurer Schule, um andere über dieses Thema zu informieren.

9 Foodsharing ist sicher ein tolles Konzept, aber besser wäre es natürlich, wenn Foodsharing gar nicht nötig wäre. Erstelle Regeln für den täglichen Umgang mit Lebensmitteln, die dir helfen zu verhindern, dass man Lebensmittel „entsorgen" muss. Informiere dich im Internet zu der Aktion „Zu gut für die Tonne" (Webcode).

10 👥👥 Ist es denkbar, an einer Schule eine Foodsaving-Aktion ins Leben zu rufen? Überlegt euch ein Umsetzungskonzept für eure Schule. Vergleicht euer Ergebnis mit den anderen Gruppen eurer Lerngruppe und einigt euch auf ein Konzept, das ihr dann umsetzen könnt.

Schau dich um, was du im Supermarkt, im Feinkostladen oder auf dem Wochenmarkt findest! Welche Obst- und Gemüsesorten haben wann bei uns Saison? Das kannst du meist nicht am Angebot erkennen. Die Kilopreise können ein Hinweis sein, aber auch das ist nicht eindeutig. Kein Wunder also, wenn heute die meisten Menschen nicht mehr wissen, was im eigenen Land angebaut wird und wann es geerntet wird bzw. aus einheimischem Anbau angeboten wird. Trotzdem spricht einiges dafür, den eigenen Einkauf an der Saison heimischer Produkte auszurichten. Die wichtigsten Gründen sind:

Für weitere Informationen siehe auch die Webseite der Verbraucherzentrale (Webcode)

- Durch weiten Transport von Obst und Gemüse müssen diese zum Teil unreif geerntet werden.
- Beim Transport entstehen klimabelastende Treibhausgase.
- Beachte: Beim Anbau unter Folien oder in Treibhäusern und bei Lagerobst und Lagergemüse entstehen ebenfalls Treibhausgase, auch in der heimischen Region.
- Kürzere Transporte können Energie sparen. In jedem Fall vermindern sie Lärm und Verkehr auf unseren Straßen.
- Obst und Gemüse aus Deutschland und der EU werden auf zugelassene Rückstände von Pflanzenschutzmitteln kontrolliert. Obst und Gemüse aus ökologischem Anbau sind hier kaum belastet, weil die Vorgaben streng sind.
- Der Einkauf auf dem Wochenmarkt unterstützt in der Regel heimische Betriebe, erhält Arbeitsplätze und kann Verpackungen einsparen.
- ...

Heimisches Obst und Gemüse: Wann gibt es was?

Der Saisonkalender hilft dir herauszufinden, welche heimischen Obst- bzw. Gemüsesorten wann in Baden-Württemberg Saison haben.

	Jan.	Feb.	März	April	Mai	Juni	Juli	Aug.	Sept.	Okt.	Nov.	Dez.
Äpfel								X	X	X	X	X
Birnen								X	X	X	X	X
Erdbeeren					X	X	X	X	X			
Heidelbeeren							X	X				
Himbeeren						X	X	X	X			
Johannisbeeren						X	X					
Kirschen							X					
Pfirsiche							X	X				
Pflaumen								X	X	X		
Trauben								X	X	X		

M1 Saisonkalender für heimisches Obst

	Jan.	Feb.	März	April	Mai	Juni	Juli	Aug.	Sept.	Okt.	Nov.	Dez.
Blumenkohl												
Grüne Bohnen												
Brokkoli												
Eisbergsalat												
Endiviensalat												
Erbsen												
Feldsalat												
Fenchel												
Kartoffeln												
Kohlrabi												
Kopfsalat												
Kürbis												
Möhren												
Lauch												
Radieschen												
Rettich												
Rhabarber												
Rosenkohl												
Rot-/Weißkohl												
Sellerie												
Spargel												
Spinat												
Tomaten												
Zwiebeln												

M2 Saisonkalender für heimisches Gemüse.

Legende:

Obst und Gemüse aus Freilandanbau

Obst und Gemüse aus heimischen Anbau * unter Folie bzw. in Gewächshäusern oder Lagerware

* Nur Obst und Gemüse aus dem Freilandanbau ist im engeren Sinne saisonal.

KAPITEL 3

Körper-
geschichten

Überlege:
- *Was ist dir wichtig, damit du dich in deiner Haut wohlfühlst?*
- *Welcher Teil von deinem Körper gefällt dir besonders gut?*
- *Was hat Essen mit deinem Körper zu tun?*

… (Schreibe deine Meinung auf!)

Jeans und T-Shirt passen immer!

Mir ist am wichtigsten, dass ich mich in meiner Kleidung wohlfühle.

… es kommt immer darauf an, was ich an dem Tag vor habe.

Ich weiß, was mir steht.

Ich möchte mit meinen Klamotten nicht gerne auffallen. Am liebsten trage ich das, was meine Freunde auch tragen.

Schlabberlook geht gar nicht. So eng wie möglich sollte es sitzen.

Ich probiere gerne mal etwas Neues aus und mache jeden Trend mit.

Bei mir muss das Outfit immer genau abgestimmt sein.

M1 Mein Style – dein Style

* **Accessoire**
Damit ist das Zubehör zur Kleidung wie zum Beispiel Schmuck, Haarspange, Baseball Cap oder eine Tasche gemeint.

* **No-Go**
Etwas, das nach allgemeiner Auffassung unbedingt zu vermeiden ist, anders gesagt: „Das geht gar nicht!"

Meine Lieblingsjacke

Oh nein, jetzt habe ich mein Smartphone in der Umkleide liegen lassen. Ich will schnell zurück, und da ist es auch schon passiert: Ratsch, ich bleibe am Zaun hängen – ausgerechnet mit meiner Lieblingsjacke! Geflickt sieht sie nur noch halb so gut aus. Sie war mein Markenzeichen – ganz mein Style (oder auch Stil).

Dein Outfit

Was dir gefällt, du gerne anziehst und vielleicht typisch für dich ist, macht deinen Style aus. Hierzu gehören deine Kleidung, deine Accessoires*, deine Frisur, dein ganzes Aussehen zusammen mit deinem Auftreten. Ob bewusst oder unbewusst greifen wir nach bestimmten Kleidungsstücken einfach lieber als nach anderen. Jeder hat seinen individuellen, ganz eigenen Style. Was dem einen gefällt, kann für den anderen ein absolutes No-Go* sein.

Einflüsse

Dein Stil verändert sich im Laufe der Zeit immer wieder. Was dir heute noch gefällt, findest du morgen vielleicht schon langweilig, weil du es nicht mehr magst oder weil es dann „out" ist. Durch Freunde oder durch Stars in Film, Fernsehen oder Internet bekommen wir täglich neue Anregungen, was gerade „in" und „out" ist. Auch die eigene Kultur, Religion, Familie, Herkunft und Geschichte prägen deinen Kleidungsstil.

Dein Outfit spricht Bände

Viele Einflüsse tragen also dazu bei, wie wir uns kleiden, welchen Style wir mögen und welches Outfit wir tragen. Umgekehrt kann man vom Outfit aber auch auf die Person dahinter schließen. Die Jogginghose könnte auf einen lockeren Typen hinweisen oder lässt erahnen, dass die Person sportbegeistert ist. Doch Vorsicht: Nicht immer liegt man mit diesen Vermutungen richtig. Es kann auch zu einem Problem werden, wenn dir jemand aufgrund deines Outfits bestimmte Eigenschaften zuordnet. Ein zerknittertes T-Shirt bedeutet nicht gleich, dass du ein unordentlicher Mensch bist.

M2 ... gleich ein ganz anderer Typ

1 Erkläre den Begriff Style.
2 Welche Faktoren prägen den Style einer Person?
3 Schau dir die Fotos von **M1** an. Erfindet einen Steckbrief für die Personen: Was mögen sie gerne? Was für Hobbys haben sie? Was ist ihnen im Leben wichtig? Vergleiche mit deinem Partner bzw. deiner Partnerin.
4 Stelle dein Wunschoutfit als Collage aus Zeitschriften zusammen.
5 Schau dir die Aussagen von **M1** an. Was meinst du dazu?
6 Beschreibe dein Lieblingsoutfit für folgende Anlässe: Schule, Shopping in der Stadt, Geburtstagsparty bei Freunden, Hochzeitsfeier in der Verwandtschaft.
7 Was beeinflusst dich bei deiner Kleiderauswahl?
8 Führt eine Umfrage zum Thema „Mein Style – dein Style" an eurer Schule durch.

M1 Dress to impress

Die Qual der Wahl

Du stehst vor deinem Kleiderschrank. Obwohl er fast überquillt, hast du das Gefühl, nicht das Richtige zum Anziehen finden zu können. Eigentlich wolltest du dich nach der Schule nur kurz umziehen und dann weitergehen in die Eisdiele mit Freundinnen. Besonders der einen Person in deiner Clique möchtest du gefallen. „Dress to impress" ist angesagt – das richtige Outfit, um zu beeindrucken. Overdressed möchtest du aber auch nicht sein. Doch was passt hierfür am besten? Und welche Schuhe ziehst du an?

Warum kleiden wir uns?

Kleidung ist nicht nur dazu da, den Körper zu bedecken (**Schamfunktion**), um ihn vor Umwelteinflüssen wie Kälte oder Verletzungen zu schützen (**Schutzfunktion**). Wir möchten auch, dass sie uns gefällt: Wir schmücken uns mit ihr und passenden Accessoires (**Schmuckfunktion**).

Die Sprache der Kleidung

Gleichzeitig erzählt jedes Outfit auch etwas über die Person. Es verrät, was sie gerne mag oder was sie gerade vorhat (**Kommunikationsfunktion**). Mit Kleidung können also Mitteilungen und Signale gesendet werden: Eine Uniform zeigt z. B. die Zugehörigkeit zu einer bestimmten Berufsgruppe, etwa zur Polizei oder Feuerwehr an. Kleidung kann aber auch abgrenzen: Seht her, ich bin etwas Besseres, ich möchte nicht zu euch dazugehören.

Dresscode

Für das Treffen in der Eisdiele musst du auch eine Entscheidung treffen: Möchtest du dich mit deinem Outfit abheben von den anderen oder signalisieren, dass du „dazugehörst"? Zu besonderen Anlässen steht auf der Einladungs- oder Eintrittskarte manchmal: „Um Abendgarderobe wird gebeten". Damit ist besonders festliche Kleidung gemeint.

In vielen gesellschaftlichen Bereichen gibt es konkrete Kleidervorschriften – den sogenannten Dresscode. Manchmal wird dieser genau beschrieben, wenn zum Beispiel auf der Einladungskarte zu einer Hochzeitsfeier steht „Dresscode: black tie * ". Es gibt aber auch unausgesprochene Kleidervorschriften. Es wäre zum Beispiel unpassend, im Discooutfit zum Bewerbungsgespräch oder zu Prüfungen zu gehen.

---

* **black tie**
Wenn zu einem offiziellen, festlichen Anlass für die Dame ein langes Abendkleid und für den Herrn ein Smoking gewünscht ist, wird das auch „black tie" genannt. Die wörtliche Übersetzung „schwarze Krawatte" ist aber nicht gemeint, denn zum Smoking trägt der Mann eine Fliege.

Andere Kulturen

Jede Kultur hat ihre eigenen Kleidervorschriften. Diese können religiös geprägt sein und sind häufig mit der Geschichte des Landes verbunden, wie zum Beispiel der Ganzkörperschleier „Burka" in Afghanistan.

Kleiderordnung früher und heute

Kleiderordnungen unterliegen auch einem geschichtlichen Wandel: Was früher verpönt war, kann heute der letzte Schrei sein und umgekehrt. Beispielsweise trugen Mädchen und Frauen früher ausschließlich Röcke und Kleider, eine Hose zu tragen wäre für sie noch vor sechzig Jahren fast undenkbar gewesen.

M2 Kleidervorschriften vor dem Petersdom in Rom

M3 Junge Muslima mit Kopftuch

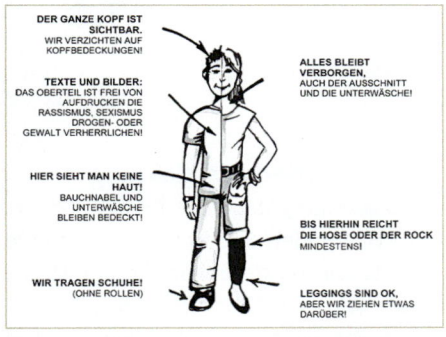

M4 Diese Kleidervorschriften haben sich die Schülerinnen und Schüler einer Schule in Luxemburg selbst gegeben.

1 Fasse in eigenen Worten zusammen: Warum tragen wir Kleidung?
2 Was ist ein Dresscode? Nenne Beispiele aus deinem Leben. Tipp: Macht eine Liste in der Klasse für Jugenddresscodes.
3 Schau dir M1 an: Welche Schuhe passen zu welchem Anlass?
4 Erkläre mit eigenen Beispielen den Unterschied zwischen Schutzfunktion, Schamfunktion, Schmuckfunktion und Kommunikationsfunktion von Kleidung.
8 Diskutiert ob M4 für eure Schule passend wäre. Erstellt selbst eine Kleidervorschrift für eure Schule.
6 Eine Freundin hat ihr erstes Date mit einem Jungen aus der Schule. Welche Outfittipps gibst du ihr?
7 Recherchiert Kleiderordnungen von verschiedenen Ländern (Webcode).
8 Startet eine Pro- und Contra-Diskussion über Kleidervorschriften an eurer Schule.

M1 Berufskleidung

Mein Traumberuf

Eric wollte schon als kleiner Junge Feuerwehrmann werden. Den Feuerwehrhelm von seinem Opa hat er ständig aufgesetzt. Mit ihm auf dem Kopf hat er sich richtig stark gefühlt.

Es gibt viele Berufe, die man mit einem bestimmten Kleidungsstück, einer Farbe oder einer ganzen Uniform verbindet. Berufskleidung hat sich im Laufe der Zeit entwickelt. Sie symbolisiert zum einen die Zugehörigkeit zu einer Berufsgruppe, z.B. erkennst du Polizistinnen an ihrer Uniform. Zum anderen werden mit der Berufskleidung bestimmte Eigenschaften verbunden, z.B. signalisiert der Anzug des Rechtsanwaltes Seriösität, die weiße Kleidung der Krankenpflegekraft Sauberkeit oder der Schutzanzug des Feuerwehrmanns Sicherheit.

Schutzfunktion von Kleidung

Berufskleidung dient häufig dem Schutz der Arbeitenden. So sorgt das leuchtende Orange der Berufsbekleidung der Mitarbeiter bei der Müllabfuhr dafür, dass sie schon von Weitem gesehen werden und vorbeifahrende Autofahrer Acht geben. Bestimmte Kleidungsstücke und Accessoires dienen auch direkt dem Schutz vor Schmutz, Krankheit und Verletzungen.

In Deutschland müssen Arbeitgeber die nötige Schutzkleidung von Arbeitnehmern kostenlos zur Verfügung stellen. Dazu gehören z.B. Handschuhe für Produktionsmitarbeiter, die scharfkantige Metallteile anfassen müssen, oder Helme und Gehörschutz für Bauarbeiter.

Gebotszeichen nach ASR 1.3 & ISO 7010 (weltweite Norm)

M 2 Gebotszeichen zur Arbeitssicherheit im Beruf

BERUFSKLEIDUNG

M 3 Laden für Berufsbekleidung

1 Schau dir die Personen von **M 1** an. Welchen Beruf haben diese Personen? Woran hast du den Beruf erkannt? Welche Unstimmigkeiten gibt es? An welche Berufe denkst du bei den Farben weiß, rot, blau, grün?

2 Weshalb haben diese Berufe aus **M 1** genau diese Berufskleidung? Tipps: Warum gibt es eine typische Farbe? Gibt es Uniformen? Gibt es Sicherheitskleidung?

3 Erkläre die Gebotszeichen zur Arbeitssicherheit von **M 2** mit eigenen Worten, die für einen Fachraum in der Schule relevant sind. Erstellt dafür ein Plakat!

4 Wähle einen Beruf aus und erstelle einen Gefahrensteckbrief: Welche Gefahren können hier auf dich zukommen? Welche Schutzkleidung ist zu empfehlen? Welche Gebotszeichen sind sinnvoll? Wo schützt sich die Person selbst und wo werden andere geschützt? 👥 Stellt euer Ergenis aus. Tipp: Schaut auf der Homepage der Arbeitsagentur nach.

5 In welchen Bereichen außerhalb der Erwerbsarbeit kann Schutzkleidung eine Rolle spielen?

6 Weshalb tragen Menschen Berufskleidung? Tipp: Schau dir hierzu auch nochmals die Funktionen von Kleidung auf S. 68 an.

7 Führt eine Erkundung zum Thema durch, z. B. in einem Laden für Berufsbekleidung oder bei der Freiwilligen Feuerwehr.

8 Vergleiche die kommunikative und schmückende Funktion von Kleidung mit der Schutzfunktion.

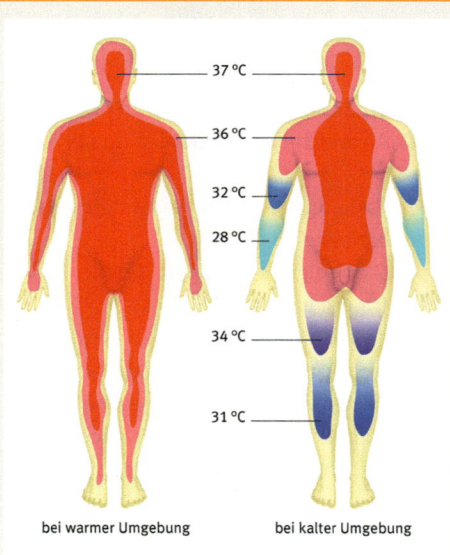

M 1 Hilfe – ich schwitze in meiner Kleidung

M 2 Info Körpertemperatur

Die normale Körpertemperatur beträgt beim Menschen 37 °C. In kalter Umgebung ist diese Temperatur aber nur noch im Körperinneren vorhanden, Arme und Beine kühlen ab. Warme Kleidung bewahrt dann den Körper vor Unterkühlung. Natürlich kann man auch in kalter Umgebung ins Schwitzen geraten, aber dazu muss man sich schon intensiv bewegen oder sehr warme Kleidung tragen.

37 °C
36 °C
32 °C
28 °C
34 °C
31 °C

bei warmer Umgebung   bei kalter Umgebung

Immer dann ...

Nele geht mit ihrer besten Freundin aus. Einer der Jungs aus der Schule ist auch im Club. Ihn möchte sie auf der Tanzfläche gerne beeindrucken. Mitten im Tanzen sieht sie, worüber sie sich keine Gedanken gemacht hatte: Riesige Schweißflecken auf ihrem T-Shirt unter den Achseln. Wie peinlich. Immer dann, wenn man es am wenigsten brauchen kann ...

Warum schwitzen wir?

Dein Körper gibt ständig Wärme über die Haut und damit durch die Kleidung ab. Wenn du dich intensiv bewegst, entsteht dadurch viel Wärme. Deine Haut produziert dann vermehrt Schweiß, durch dessen Verdunstung dein Körper abgekühlt wird. Bei hohem Fieber kann diese zu viel produzierte Wärme im Extremfall sogar lebensgefährlich werden.

Warum frieren wir?

Niedrige Temperaturen und Wind hingegen sorgen dafür, dass wir frieren. Unser Körper schafft es nicht mehr, verlorengegangene Wärme nachzuproduzieren. Deshalb beginnt der Körper zu zittern: Er versucht, durch die Zitterbewegung Wärme zu erzeugen. Nicht alle Menschen schwitzen und frieren gleichermaßen. Du kannst Unterschiede z.B. zwischen Kindern und Jugendlichen sowie zwischen Männern und Frauen beobachten. Schuld daran sind die Hormone.

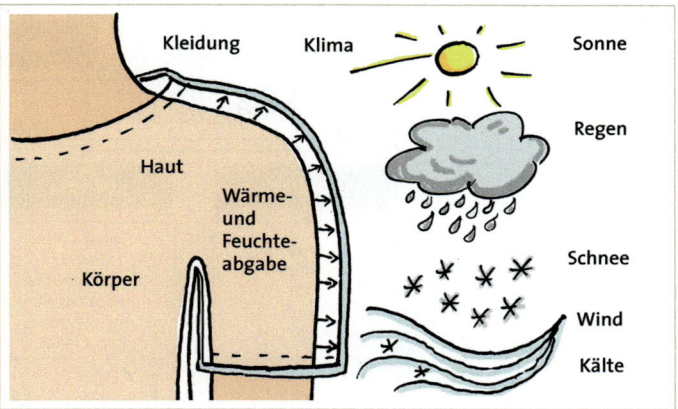

M 3 Aufgaben der Kleidung

Wie kann unsere Kleidung helfen?

Wenn wir uns auch bei kühlem Wetter wohlfühlen wollen, muss die Kleidung unsere **Wärme erhalten**. Da Luft ein guter Wärmeisolator ist, ist es wichtig, möglichst viel Luft in unserer Kleidung einzuschließen, um nicht zu frieren. Dies gelingt zum Beispiel durch das Tragen mehrerer Kleidungsschichten locker übereinander (Zwiebelprinzip).

Außerdem möchten wir, dass **Schweiß schnell abgeleitet** wird und die Kleidung nicht nass auf unserer Haut klebt. Profisportlerinnen, und inzwischen auch manche Freizeitsportler, tragen daher Sportbekleidung aus sogenannten Funktionstextilien. Sie bestehen aus Chemiefasern, die entsprechend verarbeitet und ausgerüstet werden, damit sie Schweiß schnell nach außen transportieren.

Damit wir uns in unserer Kleidung wohlfühlen, sollte sie auch **luftdurchlässig** sein. Bei Plastikregencapes in Freizeitparks hast du vielleicht schon einmal das Gegenteil erlebt: Die Plastikfolie lässt zwar keinen Regen durch, aber es kann auch keine Feuchtigkeit nach außen entweichen. Du beginnst zu schwitzen. Damit viel Luft an die Haut kommt, tragen wir daher im Sommer gern lockere Kleidung ohne enge Bünde und mit weiten Schnitten.

Im Winter brauchen wir dagegen Kleidungsstücke, die uns vor Kälte, Nässe und Wind **schützen**: Möglichst alle Körperteile bedecken wir dann mit wärmenden Kleidungsstücken, oft in mehreren Schichten, z.B. am Körper Hemd, Pullover, Jacke oder Mantel übereinander.

1 In welchen Situation hast du schon gefroren oder geschwitzt? Erkläre.

2 Überlegt euch ein Experiment zum Thema Kleidung und Sport.

3 Untersuche deine Sportkleidung und Sportschuhe: Was hilft dabei, dass du dich darin wohlfühlst?

4 Welche Kleidungsstücke werden aus welchem Grund getragen? Erstelle eine Tabelle.
Tipp: Denke dabei an die verschiedenen Funktionen von Kleidung von S. 68.

5 👥 Schreibt einen kleinen Ratgeber für das perfekte Sportoutfit.

6 👥 Recherchiert gemeinsam im Internet die verschiedenen Wege, auf denen Feuchtigkeit durch die Textilien dringt: Textilporen, Adsorption, Absorption, Kapillartransport, Belüftung und erkläre anhand von **M 3**.

7 Recherchiere im Internet den Aufbau von Funktionstextilien.

WISSENSSPEICHER

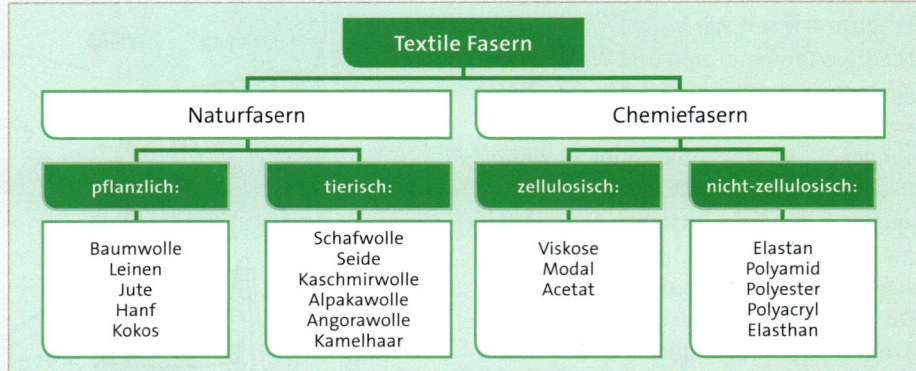

		Textile Fasern		

Naturfasern			Chemiefasern	

pflanzlich:	tierisch:	zellulosisch:	nicht-zellulosisch:
Baumwolle Leinen Jute Hanf Kokos	Schafwolle Seide Kaschmirwolle Alpakawolle Angorawolle Kamelhaar	Viskose Modal Acetat	Elastan Polyamid Polyester Polyacryl Elasthan

M1 Textile Fasern. Bei Youtube findest du zwei Filme, die genauer erklären, wie aus einer Faser schließlich Stoff wird (Webcode).

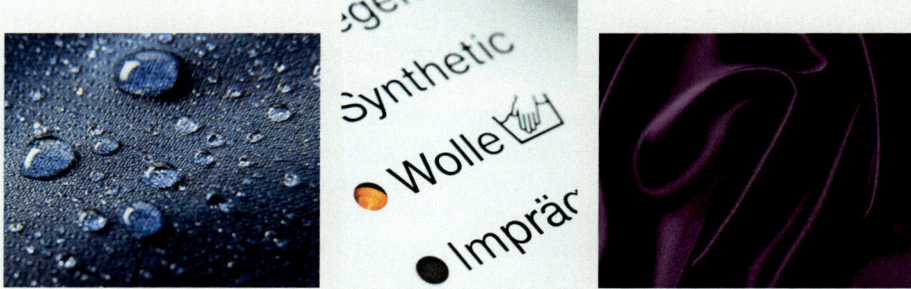

M2 Textile Ausrüstungen: wasserabweisend, waschbar mit der Waschmaschine und knitterarm

Textile Ausrüstungen: Textilien können bei der Herstellung mit verschiedenen Eigenschaften ausgestattet werden, der Fachbrgriff dafür lautet „ausrüsten". Die Ausrüstungen können mechanisch oder chemisch erfolgen. Beispiele für Ausrüstungen sind, dass eine eigentlich saugfähige Baumwollfaser plötzlich Wasser abweist oder empfindliche Wolle doch waschmaschinenfest wird.

Manchmal hält die Ausrüstung aber auch nicht lange: Durch das sogenannte Mercerisieren glänzen Kleidungsstücke im Laden noch schön. Zu Hause ist von dem Glanz nach ein paar Waschmaschinenwäschen nichts mehr übrig. Durch Mischen der Fasern (Mischgewebe) können ähnliche Effekte erreicht werden wie durch das Ausrüsten. Bei ausgerüsteten Fasern und Mischgeweben ist in vielen Fällen die Entsorgung problematisch.

M3 Marktschreier

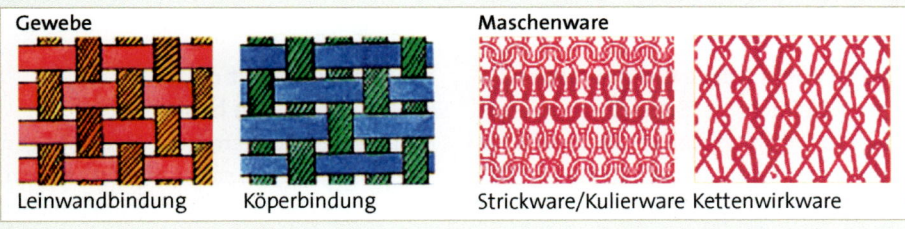

Gewebe		Maschenware	
Leinwandbindung	Köperbindung	Strickware/Kulierware	Kettenwirkware

M4 Gewebe (Webware)

M5 Bekleidungsphysiologie dient dazu, Kleidung optimal den Funktionen in verschiedenen Situationen anzupassen, um so das körperliche Wohlbefinden zu steigern.

 **Deine Kleidung hält dich warm**

Luft in unserer Kleidung bildet eine isolierende Schicht, die dafür sorgt, dass unser Körper nicht abkühlt.
- Maschenware
- flauschige Fasern, wie z. B. Wolle
- Zwiebelprinzip (mehrere Kleiderschichten übereinander)

 **Deine Kleidung soll kühlend sein.**

Unsere Kleidung soll Feuchtigkeit ableiten, damit sie beim Schwitzen nicht auf der Haut klebt.
- locker sitzende Kleidung
- luftige Kleidung, zum Beispiel T-Shirt
- Funktionstextilien aus speziellen Chemiefasern, die Feuchtigkeit schnell nach außen transportieren
- luftdurchlässige Kleidung

 **Deine Kleidung soll vor Wind und Regen schützen.**

Spezielle Funktionstextilien ermöglichen es, dass Schweiß in Form von Dampf nach außen transportiert wird, Regentropfen jedoch nicht nach innen können und auch Wind abweisen.
- Jacke
- spiezielle Chemiefasern
- Funktionstextilien (Regenjacken)

M1 Du bist, was du isst

Zum Essen gehören auch die Getränke dazu!

* **Fettpölsterchen** schützen dich vor u. a. vor Kälte und Stößen. Zum Beispiel sind deine Augen in gepolsterten Augenhöhlen, deine inneren Organe liegen unter einer dünnen Polsterschicht im Bauch. Die Fettreserven helfen dir in Situationen, in denen du nur wenig essen kannst, z. B. bei einem Magen-Darm-Infekt.

Wie ist mein Körper so geworden?

Wenn du dich im Spiegel betrachtest, fragst du dich vielleicht auch: Wie ist mein Körper so geworden? Was gefällt mir daran? Gibt es etwas, was mir nicht so gut gefällt? Und wenn ja, was kann ich daran ändern?

Hier spielen verschiedene Dinge eine Rolle: Mit welchen genetischen Voraussetzungen wurdest du geboren? Wieviel bewegst du dich? Wie sehr pflegst du deinen Körper? Und auch: Wie ernährst du dich?

Natürlich gibt es Teile des Körpers, die von Natur aus so sind, wie zum Beispiel die Nase oder die Lippen. Daran lässt sich nicht so einfach etwas ändern. Andere Dinge wie zum Beispiel die Haare sind sehr schnell durch einen Besuch beim Friseur oder Haargel oder Tönungen zu ändern.

Dein Körper zeigt dir, was du gegessen hast

Körperfülle und damit die Figur hängen stark mit deiner Ernährung zusammen. Dein Körper zeigt dir durch ein Zuviel an Fettpölsterchen*, wenn du ihm zu viel Nahrung zumutest, um genau zu sein: zu viel Energie. Genauso zeigt er dir an, wenn du zu wenig isst. Wenn du tatsächlich zu dünn oder zu dick bist, solltest du an deiner Ernährung etwas ändern.

Auch brüchige Fingernägel, picklige Haut und dünne Haare können durch die Ernährung verursacht sein. Hier ist entscheidend, welche Lebensmittel du zu dir nimmst: Sind darin genügend von bestimmten Stoffen für gesunde Fingernägel, Haut und Haare enthalten?

Dein Körper besteht aus dem, was du isst

Warum wirkt sich Nahrung so auf deinen Körper aus? Der Körper besteht aus dem, was wir essen. Für jede Körperzelle, die aufgebaut wird, wird Nahrung benötigt. Unser Körper hat aber dafür nun einmal genau das zur Verfügung, was wir ihm durch die Nahrung geben. Deshalb müssen wir selbst darauf achten, dass wir ihm täglich das richtige „Baumaterial" liefern.

> Mir gefällt zwar nicht alles an meinem Körper, aber doch sehr vieles.

> Meine Wimpern, meine Stupsnase und meine Füße gefallen mir eigentlich ganz gut.

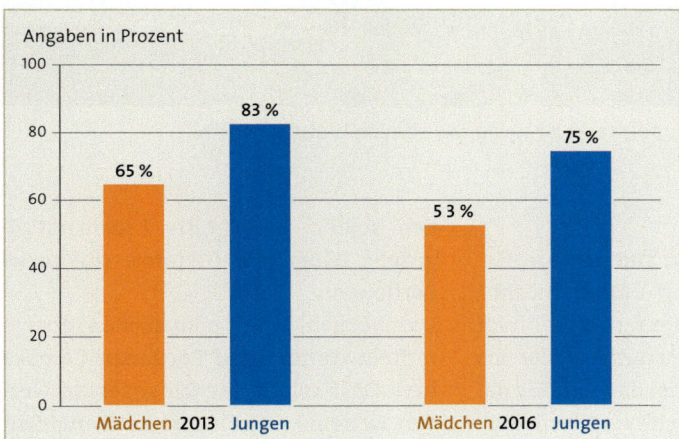

M 2 Schulumfrage zur Zufriedenheit mit dem eigenen Aussehen

1 Was hat dein Essen mit deinem Körper zu tun? Was bestimmt außerdem dein körperliches Aussehen?

2 Welche Aussehensmerkmale kannst du durch das Essen beeinflussen?

3 Erstelle eine Liste von Dingen, die dir an deinem Körper gefallen.

4 „Gegen Pickel kann man doch nichts machen!" Was meinst du zu dieser Aussage?

5 Deine beste Freundin oder dein bester Freund berichtet dir: „Ich bin mit gar nichts an meinem Körper zufrieden". Schreibe ihr oder ihm eine E-Mail, der ihr oder ihm weiterhilft.

6 Umfrage: Führt eine Umfrage durch, was Jugendlichen an ihrem eigenen Körper gefällt. Wertet die Ergebnisse als Diagramme aus.

7 Vergleiche die Zahlen im Diagramm **M 2**. Was hat sich zwischen 2013 und 2016 verändert? Welchen Unterschied gibt es zwischen Mädchen und Jungen?

Was davon brauchen wir wirklich?

Was davon wollen wir haben?

M1 Das Angebot im Supermarkt ist riesig, was davon brauchen wir?

Was soll ich essen?

Emanuel ist zufrieden mit seinem Gewicht und seiner Haut und er möchte, dass das so bleibt. Beim Einkaufen fragt er sich: Welche Lebensmittel sollte ich dann essen und wie viel davon? Was davon brauche ich wirklich? Was davon will ich haben?

Vielleicht hast du dir auch schon einmal ähnliche Fragen gestellt?

Die Ernährungspyramide

Die Ernährungspyramide bietet dir eine Orientierung bei der Auswahl von Lebensmitteln. Unten an der breiten Basis stehen Lebensmittel, die häufig verzehrt werden sollten. Je schmaler die Pyramide nach oben hin wird, desto geringer sollte die Menge der jeweiligen Lebensmittelgruppe ausfallen.

Was bedeuten die Bausteine?

Die Bausteine neben der Pyramide geben an, wie viele Portionen von der jeweiligen Lebensmittelgruppe gegessen werden sollten. Die größte Lebensmittelgruppe bilden die Getränke mit sechs Portionen.

Darüber geht es mit pflanzlichen Lebensmitteln weiter: Fünf Portionen Gemüse bzw. Obst sollten täglich gegessen werden. Getreide, Getreideprodukte und Beilagen werden mit vier Portionen angegeben.

Zu tierischen Lebensmitteln werden folgende Empfehlungen gegeben: Drei Portionen Milch- und Milchprodukte sollten pro Tag verzehrt werden. Hinzu kommt eine Portion Fleisch, Wurst, Fisch oder Ei. Bei Fetten und Ölen sollten zwei Portionen nicht überschritten werden.

Die kleinste Lebensmittelgruppe können die Extras sein: Hierzu gehören Knabbereien, Süßes und fette Snacks, wie zum Beispiel Croissants.

Es gibt bei der Ernährungspyramide dabei keine verbotenen Lebensmittel, wichtig ist nur, dass die Mengenangaben zu den jeweiligen Lebensmittelgruppen eingehalten werden.

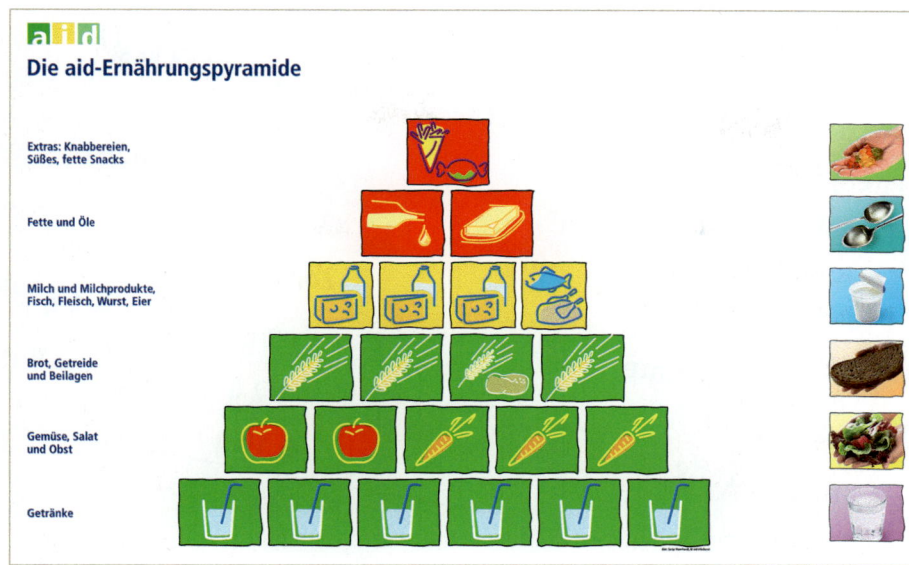

Die Farben der Ernährungspyramide zeigen dir, wie häufig diese Lebensmittelgruppe gegessen werden sollte.

rot = sparsam
gelb = mäßig
grün = reichlich

Die Portionsgröße

Doch wie groß soll deine Portion sein? Dazu geben die kleinen Bilder rechts neben der Pyramide Hinweise: Häufig entspricht eine Portion einer Hand voll. Kinderhände und somit auch die Kinderportionen sind dabei sinnvollerweise kleiner, da Kinder geringere Mengen benötigen als Erwachsene.

Es gibt aber ein paar Ausnahmen: Zum Beispiel werden bei Salat zwei Hände voll angegeben, Öle hingegen werden mit einem Esslöffel je Portion bemessen. Mit der Zeit bekommst du ein Gespür für die Größe der Lebensmittelportionen.

Meine Ernährungspyramide

Die Ernährungspyramide kannst du weitgehend nach deinem Geschmack füllen: Du kannst von jeder Lebensmittelgruppe die Lebensmittel auswählen. Die Ernährungspyramide kann dir helfen zu überprüfen, ob du Produkte aus der jeweiligen Lebensmittelgruppe in der richtigen Menge isst.

1 Beschreibe die einzelnen Stufen der Ernährungspyramide.
2 Erkläre die folgenden Besonderheiten der Ernährungspyramide: Portionsgröße, Bausteine, Farben
3 👥 Erkläre einem Partner die Ernährungspyramide.
4 Erstelle deine eigene Ernährungspyramide mit Lebensmitteln, die du gerne isst. Tipp: Du kannst hierzu auch Bilder aus Werbeprospekten ausschneiden.
5 Sortiere die Lebensmittel der Ernährungspyramide den einzelnen Mahlzeiten zu: Frühstück, Snack, Mittagessen, Snack, Abendessen …
6 Dokumentiere mit Hilfe der Ernährungspyramiden-App (siehe S. 95) dein Essverhalten über eine Woche. Du kannst stattdessen auch Fotos von deinem Essen mitbringen. Welches Ziel könntest du dir für die Zukunft vornehmen?
7 Ein Freund berichtet dir, dass er in der Schule von der Ernährungspyramide gehört hat und meint zu dir: „Das schaffe ich ja nie, die Ernährungspyramide einzuhalten. Ich mag keine Karotten und Süßigkeiten sind ja auch verboten." Was könntest du ihm empfehlen?
8 Schreibe eine „Gebrauchsanleitung" für die Ernährungspyramide auf Englisch.

Durchschnittliche Nährwerte	pro 100 g	1 Stück (8,5 g)
Energiewert	2149 kJ/514 kcal	178 kJ/43 kcal
Eiweiß	5,9 g	0,5 g
Kohlenhydrate	58,5 g	4,9 g
davon Zucker	48,6 g	4,0 g
Fett	28,6 g	2,4 g
davon gesättigte Fettsäuren	12,7 g	1,1 g
Ballaststoffe	2,2 g	0,2 g
	0,10 g	0,01 g

M1 Nährwertbezogene Angaben auf Lebensmittelverpackungen

> Was hat Zucker mit Kohlenhydraten zu tun? Süßer Zucker gehört genauso wie Stärke auch zu den Kohlenhydraten.

Nährstoffe und ihre Wirkung

Auf der Verpackung sieht Lukas immer wieder diese Tabelle mit Worten wie „Kohlenhydrate" oder „Eiweiß". Was ist das? Und brauche ich das überhaupt?

Brennstoffe

Kohlenhydrate und Fette benötigt der Körper, um Kraft und Körperwärme zu erzeugen. Sie werden auch Brennstoffe genannt, da sie zur Energiegewinnung im Körper „verbrannt" werden.

Fett ist einer der wichtigsten Energieträger und bildet z.B. den Hauptbestandteil von Öl oder Butter. Viele Lebensmittel enthalten sehr viel Fett, ohne dass man es ihnen gleich anmerkt: die sogenannten „versteckten Fette", z.B. in Wurst oder Knabbereien. Der Körper braucht dringend Fette, da diese viele essenzielle Fettsäuren enthalten und Träger fettlöslicher Vitamine sind. Du solltest pflanzliche Fette bevorzugen und auf versteckte Fette achten.

Kohlenhydrate sollten jedoch bevorzugt werden: Sie enthalten nur halb so viel Energie wie Fett, du kannst also mehr davon essen. Aber Vorsicht: Kohlenhydrate kommen in allen süßen Lebensmitteln wie Honig oder Süßigkeiten, aber auch in stärkehaltigen Lebensmitteln wie zum Beispiel Getreideprodukten oder Kartoffeln vor. Stärkehaltige Kohlenhydrate machen länger satt und enthalten meist noch weitere wichtige Nährstoffe.

Baustoffe

Eiweiß benötigt der Körper als Baustoff für die Körperzellen, z.B. für die Organe, Muskeln und Knochen.

Eiweiß (auch Proteine genannt) liefert dem Körper auch noch zusätzlich Energie. Eiweiß gibt es in pflanzlicher Form, etwa in Kartoffeln und Hülsenfrüchten (z.B. Linsen, Bohnen). Außerdem gibt es auch tierisches Eiweiß, zum Beispiel in Milchprodukten und im Fleisch. Eiweiß enthält lebensnotwendige Aminosäuren, die dein Körper nicht selbst herstellen kann. Du solltest mehr pflanzliches als tierisches Eiweiß zu dir nehmen, da in tierischen Produkten meist auch mehr Fett enthalten ist.

Schutz- und Reglerstoffe

Vitamine und Mineralstoffe sind lebensnotwendige Schutz- und Reglerstoffe: Sie schützen uns vor Krankheiten und regulieren Körpervorgänge. Manche Mineralstoffe sind zusätzlich auch Baustoff. Vitamine und Mineralstoffe sind in frischem Obst und Gemüse, aber auch in Fleisch, Fisch und Milch enthalten. Viele Vitamine und Mineralstoffe sind sehr empfindlich: Achte deshalb bei der Nahrungszubereitung darauf, dass Obst und Gemüse nicht zu lange gelagert, nicht zu lange gewaschen wird und nicht zu lange Wärme, Luft und Licht ausgesetzt sind.

Zu den **Vitaminen** gehören zum Beispiel das Vitamin A, das für Zellwachstum und den Aufbau von Haut und Schleimhäuten zuständig ist, oder das Vitamin D, das für die Gesundheit unserer Knochen mitverantwortlich ist.

Zu den **Mineralstoffen** gehören zum Beispiel Kalzium, Eisen oder Jod, die nicht zu den Nährstoffen zählen und auch nicht auf der Verpackung stehen. Manche von ihnen sorgen für die Stabilität unserer Knochen, andere steuern Stoffwechselvorgänge.

Weitere Stoffe

In Lebensmitteln sind aber auch noch weitere wichtige Begleitstoffe enthalten, die nicht zu den Nährstoffen gehören:

Die meisten Lebensmittel enthalten auch **Wasser**. Das benötigt dein Körper in großer Menge, da der menschliche Körper zum größten Teil aus Wasser aufgebaut ist.

Sekundäre Pflanzenstoffe sind Aroma-, Farb- und Geschmacksstoffe, die zum Beispiel in Obst und Gemüse enthalten sind. Sie sorgen nicht nur dafür, dass dir dein Essen schmeckt, sondern helfen deinem Körper auch dabei, gesund zu bleiben.

Ballaststoffe kommen in Obst und Gemüse sowie in Vollkornprodukten vor. Sie sorgen dafür, dass du länger satt bleibst und sie helfen dir bei der Verdauung. Deshalb solltest du viel davon zu dir nehmen.

1 Erstelle eine Mindmap zum Thema Nährstoffe. Folgende Begriffe müssen vorkommen: Brennstoff, Baustoff, Schutz- und Reglerstoffe, weitere Stoffe.

2 Lebensmittel sortieren: Welche Lebensmittel enthalten viel von einem Nährstoff? Tipp: Vermutet zuerst und schaut dann auf der Verpackung nach.

3 „Juhu, endlich darf ich so viele Süßigkeiten essen, wie ich will. Kohlenhydrate sind doch wichtig!" Formuliere deine eigene Meinung dazu und begründe.

4 Erstelle eine Liste mit Ernährungstipps: Was sollte man bei einer bedarfsgerechten Ernährung bei jedem einzelnen Nährstoff beachten?

5 Warum sollte man Vollkornbrot essen – Weißbrot hat doch auch Kohlenhydrate?

6 Internetrecherche: Warum machen stärkehaltige Lebensmittel länger satt als die gleiche Menge Süßigkeiten? Tipp: Suche nach den Begriffen Einfach-, Zweifach-, Vielfachzucker.

7 Internetrecherche: Was ist der Unterschied zwischen gesättigten, einfach ungesättigten und mehrfach ungesättigten Fettsäuren?

Wer zu wenig trinkt, kann sich schlechter konzentrieren, wird schneller müde und neigt zu Kopfschmerzen.

Hier unser neues Wundermittel: Wasser

Achte auf dein Durstgefühl!

M1 Durst – na und?

Richtig Trinken

Nach dem Sportunterricht schnell noch am Getränkeautomat vorbei: Ich habe Durst. Ganz verschwitzt hole ich mir einen Eistee und gleich noch eine Limonade dazu. Das tut gut. Und die Ernährungspyramide sagt doch auch, dass ich viel trinken soll, oder nicht?

Getränke stellen nicht ohne Grund die breite Basis der Ernährungspyramide dar. Denn durch sie decken wir einen Großteil unseres täglichen Wasserbedarfs. Dieser Bedarf liegt bei etwa 1,5 l täglich. Bei körperlicher Anstrengung, großer Hitze oder Erkrankungen wie Fieber oder Durchfall sogar noch höher. Dein Körper braucht reichlich Wasser, denn unser Körper besteht zu über 50 Prozent aus Wasser.

Was bewirkt Wasser im Körper?

Wasser ist Bestandteil von Zellen und Körperflüssigkeiten. Außerdem transportiert es Nährstoffe und Abbauprodukte und reguliert die Körpertemperatur. Zudem geht über die Nieren, beim Schwitzen und beim Atmen ständig Wasser verloren, das regelmäßig ersetzt werden muss. Wer also viel Sport treibt, sollte noch mehr Wasser zu sich nehmen. Außerdem kann ein Flüssigkeitsmangel zu Kopfschmerzen, Müdigkeit, Konzentrationsschwierigkeiten und Verstopfung führen.

Doch nicht jedes Getränk ist gleich gut geeignet, deinen Durst zu stillen oder deinen Wasserbedarf zu decken. Gesüßte Getränke zählen wegen ihres hohen Zuckergehalts sogar zu den „Extras" auf der Spitze der Ernährungspyramide. Du solltest deshalb überwiegend Wasser, Tees ohne Zucker oder mit Wasser verdünnte Obst- und Gemüsesäfte trinken. Säfte sollten am besten im Verhältnis 1:3 gemischt werden, das heißt 1 Teil Saft und 3 Teile Wasser. Sie enthalten zudem wichtige Vitamine und Mineralstoffe. Zuckergesüßte Getränke solltest du eher selten zu dir nehmen.

Einen Teil unseres Wasserbedarfs decken wir auch durch Lebensmittel: Obst, Gemüse oder Suppen enthalten ebenfalls viel Wasser.

Tipps:

Folgende Tipps helfen dir dabei, ausreichend zu trinken:

- Stelle dir immer ein Getränk in Sichtweite (z. B. bei den Hausaufgaben, beim Lesen oder beim Fernsehen).
- Trinke zu jeder Mahlzeit mindestens ein Glas Wasser.
- In der Schule, im Urlaub oder bei langen Fahrten solltest du immer ausreichend ungesüßte Getränke mitnehmen.
- Wer pures Wasser oder Tee etwas „aufpeppen" möchte: Eine gute Alternative zu Limonade ist Mineralwasser mit etwas frischer Zitrone oder Ingwer. In Früchte- und Kräutertee sorgt ein Schuss Saft für Abwechslung.

Schon gewusst?

- Zu viel Trinken macht deinem Körper weniger aus – zu wenig schon.
- Der Mensch kann bis zu einen Monat ohne feste Nahrung überleben. Ohne zu trinken kannst du allerdings nur zwei bis vier Tage überleben.
- Fertige Eistees und Energydrinks enthalten neben viel Zucker häufig auch Koffein und sind deshalb nicht geeignet, um den Flüssigkeitsbedarf zu decken.
- Auch Lightgetränke sind auf Dauer nicht zu empfehlen. Sie enthalten zwar wenig Energie, können aber die Gewöhnung an den „süßen Geschmack" fördern.

Wasserreiche Lebensmittel

Brokkoli 92%
Birnen 83%
Erdbeeren 90%
Weintrauben 81%
Äpfel 90%
Spargel 93%
Karotten 90%
Tomaten 94%
Gurken 96%
Wassermelone 96%

1 Welche Aufgabe hat Wasser im Körper?

2 Was bewirkt Wassermangel im Körper?

3 Schau dir die Aussagen von **M1** an. Was meinst du dazu?

4 Fasse in eigenen Worten zusammen, was „richtig Trinken" für dich bedeutet.

5 👥 Erstellt ein Werbeplakat oder einen Werbeclip für „richtiges Trinken".

6 Eva meint: „Ich brauche mehr als 1,5 Liter Wasser am Tag." Welche Gründe kann es hierfür geben?

7 Recherche: Schaut auf Getränkeverpackungen nach, welche Inhaltsstoffe außer Wasser noch enthalten sind und recherchiert im Internet die Wirkungen dieser Stoffe.

8 Umfrage: Startet eine Umfrage zum Trinkverhalten und Wissen über das Thema Trinken.

M 1 Ernährungsratschläge

Ernährungsratschläge

Im Internet, in Zeitschriften oder auch von anderen hören wir ständig kluge Weisheiten, was wir essen sollen und was nicht. Häufig widersprechen sich die Aussagen sogar. Wem kannst du da eigentlich noch glauben?

Wichtig bei jedem Ernährungsratschlag ist, dass er wirklich deinem Körper und deinem Wohlbefinden dient und dass er für dich umsetzbar ist. Hierzu solltest du beachten, woher dieser Ratschlag kommt: Es gibt nämlich auch eine Reihe von Ernährungstipps, bei deren Einhaltung der Körper nicht mehr mit allen lebensnotwendigen Stoffen versorgt wird und deren Befolgung sogar gesundheitsschädlich ist.

Außerdem ist es fraglich, ob ein Ernährungstipp, der bestimmte Lebensmittel komplett verbietet, auf Dauer umsetzbar ist – besonders wenn es um beliebte Lebensmittel wie Süßigkeiten geht.

In der Kürze liegt die Würze

Ob ein Ernährungstipp wirklich befolgt werden kann, hängt häufig auch damit zusammen, wie kompliziert dieser ausfällt. Die amerikanische Ernährungsexpertin Marion Nestle hat in ihrem Ernährungsratschlag mit wenigen Worten zusammengefasst, was für sie am wichtigsten ist:

> Eat less, move more, eat plenty of fruits and vegetables. (Marion Nestle)
>
> *Iss weniger, beweg dich mehr, iss viel Obst und Gemüse.*

M 2 10 Regeln der Deutschen Gesellschaft für Ernährung (DGE)

Vollwertig essen und trinken nach den 10 Regeln der DGE	☹	☺	😐
1. Die Lebensmittelvielfalt genießen			
2. Reichlich Getreideprodukte sowie Kartoffeln			
3. Gemüse und Obst – Nimm „5 am Tag"			
4. Milch und Milchprodukte täglich, Fisch ein- bis zweimal in der Woche, Fleisch, Wurstwaren sowie Eier in Maßen			
5. Wenig Fett und fettreiche Lebensmittel			
6. Zucker und Salz in Maßen			
7. Reichlich Flüssigkeit			
8. Schonend zubereiten			
9. Sich Zeit nehmen und genießen			
10. Auf das Gewicht achten und in Bewegung bleiben			

Warum und mit welchem Ziel essen wir?

Bei der Frage nach Ernährungstipps sollten wir uns auch selbst im Klaren darüber sein, warum und mit welchem Ziel wir eigentlich essen. Ich esse, wenn ich Hunger habe, weil ich Lust auf etwas habe, weil etwas appetitlich aussieht oder manchmal sogar aus Frust oder Langeweile. Natürlich braucht der Körper Nahrung zum Überleben. In welchen Situationen isst du und aus welchen Gründen? Welche dieser Gründe können dazu führen, dass du deine Ernährungsziele nicht erreichen kannst?

1 Erkläre die Ernährungsempfehlung von Marion Nestle. Vergleiche sie mit den Empfehlungen der Ernährungspyramide (siehe S. 79).

2 Beschreibe die zehn Regeln der DGE mit eigenen Worten und Beispielen.

3 Schau dir die Ernährungsratschläge in Abbildung 1 an. Wie bewertest du diese Tipps?

4 Welche der drei Teile von Marion Nestles Ernährungsratschlag sind für dich sinnvoll? Notiere dir eine Woche lang, an welchem Tag du welchen Ernährungstipp von Marion Nestle befolgen konntest.

5 👥 Kennzeichne mit einem Smiley, welche der zehn Regeln der DGE aus M 2 du schon gut ☺, mittelmäßig 😐 oder weniger gut ☹ umsetzt und vergleiche mit anderen aus deiner Lerngruppe. Welche Regel könntest du dir in Zukunft als Ziel vornehmen?

6 Was für Auswirkungen hat eine Eiweiß-Diät, die nur den einen Nährstoff erlaubt?

7 Ein Freund berichtet dir: „Um abzunehmen esse ich nur einmal am Tag etwas. Die anderen Mahlzeiten lasse ich weg." Was könntest du ihm antworten?

8 Vergleiche die Ernährungsratschläge von M 1, M 2 und Marion Nestle. Wo liegen Unterschiede und Gemeinsamkeiten?

Energiebedarf: Wie viel Energie brauche ich?

Was heißt kcal?

Der Energiebedarf hängt u. a. vom Alter und Geschlecht ab.

M 1 Wieviel Energie ist in diesem Lebensmittel?

Umrechnung zwischen Kilokalorien und Kilojoule: 1 kcal = 4,2 kJ

Unser Körper braucht Energie

Morgens stehst du auf, dann läufst du zur Schule und dort soll dein Gehirn auch noch Arbeit verrichten. Aber woher nimmt dein Körper die Energie dafür? Selbst im Schlaf braucht dein Körper Energie. Diese Energie nehmen wir durch unsere Nahrung auf.
Die Energie wird in Kilojoule (kJ) oder Kilokalorien (kcal) angegeben.

Grundumsatz

Eine bestimmte Menge an Energie brauchen wir, auch wenn wir gerade gar nichts tun oder schlafen. Sie wird benötigt, um die Körpertemperatur zu halten, zum Atmen und damit das Herz schlägt. Diese Energiemenge wird Grundumsatz genannt.

Leistungsumsatz

Um morgens aus dem Bett zu kommen, zum Lernen und Denken, zum Fahrradfahren und für jede Bewegung benötigt dein Körper zusätzliche Energie. Diese Energiemenge – für alle Leistungen, die ein Mensch pro Tag vollbringt – heißt Leistungsumsatz.

Gesamtenergie

Grundumsatz und Leistungsumsatz zusammen ergeben den Gesamtenergiebedarf.

Grundumsatz (ca. 60 %)	+	Leistungsumsatz (ca. 40 %)	=	Gesamtenergieumsatz

Der gesamte Energiebedarf eines Mädchens beträgt täglich ca. 2 000 kcal, also 8 400 kJ, eines Jungen etwa 2 300 kcal oder 10 000 kJ. Je nach dem, was du an diesem Tag machst, kann es etwas mehr oder weniger sein.

M 2 Energieverbrauch bei verschiedenen Sportarten				
Sportrtart (60 Min)	Gewicht 50 Kg	Gewicht 70 Kg	Gewicht 80 Kg	Gewicht 90 Kg
Aerobic	415 Kcal	581 Kcal	664 Kcal	747 Kcal
Basketball	300 Kcal	420 Kcal	480 Kcal	540 Kcal
Fussball	580 Kcal	812 Kcal	928 Kcal	1044 Kcal
Golf	250 Kcal	350 Kcal	400 Kcal	450 Kcal
Handball	430 Kcal	602 Kcal	688 Kcal	774 Kcal
Joggen	640 Kcal	896 Kcal	1024 Kcal	1152 Kcal
Nordic Walking	500 Kcal	700 Kcal	800 Kcal	900 Kcal
Radfahren	480 Kcal	672 Kcal	768 Kcal	864 Kcal
Volleyball	175 Kcal	245 Kcal	280 Kcal	315 Kcal
Yoga	140 Kcal	196 Kcal	224 Kcal	252 Kcal

M 3 Empfohlener Anteil der Nährstoffe an der Gesamtenergie

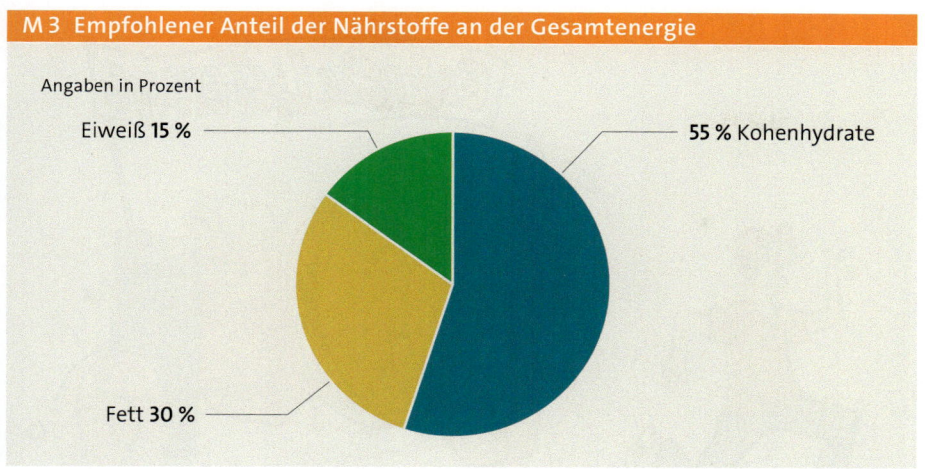

Angaben in Prozent

Eiweiß **15 %**

55 % Kohenhydrate

Fett **30 %**

Nährstoffbedarf

Kohlenhydrate, Eiweiß und Fett liefern uns die Energie, die wir benötigen. Du solltest aber darauf achten, dass Kohlenhydrate den größten Teil deiner Energie liefern (55 %). Fett hat den höchsten Energiegehalt, deshalb isst du schnell zuviel davon. Fette sind außerdem oft in Lebensmitteln versteckt.

Wie viel Energie liefert 1g eines Nährstoffs?	
Kohlenhydrate	17 kJ (4 kcal)
Fett	37 kJ (9 kcal
Protein	17 kJ (4 kcal)

BMI (Body Mass Index)

Dein Körper zeigt dir eine zu große Energiezufuhr dadurch, dass er die Energie speichert und du übergewichtig wirst. Um beurteilen zu können, ob du über- oder untergewichtig bist, kannst du deinen BMI-Wert (Body Mass Index) ausrechnen:

$$BMI = \frac{\text{Körpergewicht (kg)}}{\text{Körpergröße (m)} \cdot \text{Körpergröße (m)}}$$

Bei normalgewichtigen Erwachsenen liegt der BMI-Wert zwischen 18,5 und 25,5 – ab einem BMI von über 30 liegt meist behandlungsbedürftiges Übergewicht[*] vor. Allerdings darfst du diese Werte auch nicht überbewerten. Wichtig ist dein persönliches Wohlfühlgewicht, d.h. das Gewicht, bei dem du dich wohlfühlst und die an dich gestellten Leistungsanforderungen ohne Probleme bewältigen kannst.

[*] Bei Kindern und Jugendlichen gelten andere Werte. Frage dazu deine Lehrerin oder deinen Lehrer.

1 Erkläre mit eigenen Worten die folgenden Begriffe: Grundumsatz, Leistungsumsatz, Gesamtenergieumsatz
2 Berechne deinen täglichen Nährstoffbedarf.
3 Notiere einen Speiseplan für einen Tag, bei dem du deinen Energiebedarf einhältst.
4 ⚌ Schreibe eine Anleitung für die Errechnung des BMI. Erkläre einem anderen damit, was der BMI ist, wie man ihn berechnet und welche Auskunft dieser geben kann.
Tipp: Du kannst auch ein Erklärvideo drehen.
5 Schau dir **M 2** an und plane einen Wochenablauf mit Mahlzeiten und Sport, bei der so viel Energie aufgenommen wird, wie der Körper auch verbraucht.
6 Nimm Stellung zu der Aussage: „Ich kann meinen ganzen Energiebedarf mit Eiweiß decken."

M1 Energielieferung

Energielieferung

Was passiert eigentlich, nachdem dein belegtes Brötchen in deinem Mund verschwunden ist? Dein Körper verdaut sie und nimmt durch Resorption alle wichtigen Nährstoffe auf. Die Verdauung beginnt schon im Mund, wo erste Kohlenhydrate aufgespalten werden.

Energieliefernde Nährstoffe

Kohlenhydrate, Fett und Eiweiß werden in deinem Körper dann zu Energie umgewandelt. Deshalb ordnen wir sie den energieliefernden Nährstoffen zu. Sie werden „verbrannt", damit du Energie bekommst. Aber keine Angst: Hier wird kein echtes Feuer angezündet.

Nicht-energieliefernde Nährstoffe

Es gibt aber auch noch andere Nährstoffe, die keine Energie liefern und trotzdem überlebenswichtig (essenziell) sind. Diese nicht-energieliefernden Nährstoffe sind Mineralstoffe und Vitamine. Wasser und sekundäre Pflanzenstoffe liefern ebenfalls keine Energie und erfüllen dennoch wichtige Aufgaben im Körper.

Auf die richtige Mischung kommt es an

Der menschliche Körper benötigt sowohl energieliefernde als auch nicht-energieliefernde Nährstoffe. Du solltest darauf achten, nicht zu viele energieliefernde Nährstoffe aufzunehmen. Erhält dein Körper zu viel Energie, speichert er diese in Form von Fettreserven. Lebensmittel mit einem hohen Anteil an nicht-energieliefernden Nährstoffen eignen sich gut, um das Körpergewicht zu halten oder zu reduzieren.

★ **Verdauung**
Hier findet die Zerkleinerung von Nahrung und Zerlegung in ihre Bestandteile statt.

★ **Resorption**
Damit ist die Aufnahme von Stoffen in den Körper während der Verdauung gemeint.

★ **essenziell**
lebensnotwendig, wesentlich; essenzielle Nährstoffe müssen mit der Nahrung aufgenommen werden.

Nährstoffe		weitere Stoffe
energieliefernde Nährstoffe	nicht-energieliefernde Nährstoffe	nicht-energieliefernde Stoffe
• Kohlenhydrate • Fett • Eiweiß	• Mineralstoffe • Vitamine	• Wasser • Sekundäre Pflanzenstoffe • Ballaststoffe

M2 Übersicht über Nährstoffe

M3 Welche Nährstoffe liefern die abgebildeten Lebensmitteln hauptsächlich? Sortiere die Lebensmittel in die Übersichtstabelle M2.

1 Fasse mit eigenen Worten zusammen, was energieliefernde und nicht-energieliefernde Nährstoffe sind und nenne Beispiele.
2 Was passiert, wenn du zu viel oder zu wenig Energie aufnimmst?
3 Erkläre die Illustration in M1.
4 👥 Erstellt eine Collage aus Lebensmittelprospekten zum Thema energieliefernde und nicht-energieliefernde Nährstoffe.
5 Nimm Stellung zu der Aussage: „Warum soll ich denn überhaupt nicht-energieliefernde Nährstoffe essen. Die bringen doch nix?!"
6 Informiert euch über die Verdauung von Lebensmitteln (Webcode).
7 Ordne die Lebensmittel in M2 dem jeweiligen Nährstoff zu.

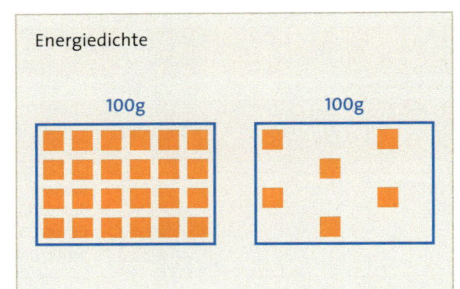

M1 Energiedichte

* **Energiedichte**
  Die Energiedichte ist der Energiegehalt pro Gewichtseinheit.

* **Nährstoffdichte**
  Die Nährstoffdichte ist der Nährstoffgehalt pro Energiegehalt.

> Bevorzuge Lebensmittel mit einer geringeren Energiedichte.

> Bevorzuge Lebensmittel mit einer hohen Nährstoffdichte.

Dicht gepackt

Alina und Serdan haben ihr Essverhalten eine Woche lang in einem Ernährugsprotokoll festgehalten. Beim Vergleich der beiden Protokolle meint Alina: „Wir haben doch beide genau gleichviel gegessen, deine Salzkartoffeln sind ja genauso Kartoffeln wie meine Pommes." Serdan meint dazu „Die Pommes machen aber schneller dick als die Salzkartoffeln. Und Salzkartoffeln sättigen besser."

Warum sorgen eigentlich manche Lebensmittel eher für Übergewicht als andere? Die Lösung ist einfach: Lebensmittel enthalten durch unterschiedliche Zubereitungstechniken unterschiedlich viel Energie. Bei manchen ist die Energie dicht gepackt, bei anderen nur weit verteilt.

Bei energiereichen Lebensmitteln ist ein größerer Anteil an enerliieliefernden Nährstoffen enthalten als bei Lebensmitteln und Speisen mit einem geringeren Energiegehalt. Oftmals ist bei den energieärmeren Produkten dafür der Wassergehalt höher.

Energiedichte

Die Energiedichte gibt an, wie viel Energie pro Gewichtseinheit enthalten ist. Diese Information findest du auf den meisten Lebensmittelverpackungen: Dort steht die Energiedichte in Kilokalorien pro 100 Gramm. Die Energiedichte gibt also an, wie viel Energie (kcal) in 100 Gramm eines Lebensmittels enthalten ist.

Die Energiedichte kannst du aber auch berechnen, wenn du den Energiegehalt für eine andere Portionsgröße kennst:

$$\frac{\text{Energiegehalt (kcal)}}{\text{Gewicht (g)}} \cdot 100 = \text{Energiedichte (kcal pro 100 g)}$$

Nährstoffdichte

Bei Lebensmitteln geht es aber nicht nur darum, wie dicht gepackt Energie enthalten ist, sondern auch, wie viele wichtige Nährstoffe enthalten sind.

Lebensmittel, die viele der wichtigen nicht-energieliefernden Nährstoffe, wie zum Beispiel Vitamine und Mineralstoffe enthalten, haben eine hohe Nährstoffdichte. Die Nährstoffdichte gibt an, wie viel von einem Nährstoff pro Energiegehalt enthalten ist. Eine hohe Nährstoffdichte besitzen Obst und Gemüse: Sie enthalten viele wichtige Vitamine und Mineralstoffe bei gleichzeitig geringer Energiedichte.

M2 Pommes frites und Salzkartoffeln haben eine sehr unterschiedliche Nährstoffdichte.

Auf was soll ich achten?

Zu einer bedarfsgerechten und ausgewogenen Ernährung gehört, dass du nur so viel Energie zu dir nimmst, wie dein Körper auch verbraucht. Dies klappt mit Hilfe von Lebensmitteln mit einer geringeren Energiedichte leichter: Sie ermöglichen, dass man genügend essen kann, um gesättigt zu sein, und dabei trotzdem nicht zu viel Energie aufzunehmen.

Lebensmittel mit einer niedrigeren Energiedichte sind meist naturbelassene Lebensmittel, die häufig auch viel Wasser und Ballaststoffe enthalten, wie Obst und Gemüse. Lebensmittel mit einer hohen Energiedichte enthalten meist viel Fett und Zucker, wie zum Beispiel frittierte Lebensmittel und Süßwaren.

So ist zum Beispiel die Energiedichte eines Croissants so hoch, dass du stattdessen 12 Karotten essen könntest. Auf Lebensmittel mit hoher Energiedichte muss jedoch nicht ganz verzichtet werden. Manche sind sogar sehr wichtig, da auch sie wichtige Nährstoffe liefern, wie das zum Beispiel bei manchen pflanzlichen Ölen und Nüssen der Fall ist.

M 2 Gegen Übergewicht: Strafsteuer auf Kalorienbomben

(aid) Der Staat Mexiko will ab 2014 eine „Strafsteuer" auf kalorienreiche Lebensmittel wie Fastfood, Süßigkeiten und Softdrinks erheben, als Mittel gegen Übergewicht. Die Abgabe richtet sich laut der Nachrichtenagentur Associated Press nach der Energiedichte des Produkts: Auf Lebensmittel, die mehr als 275 Kilokalorien pro 100 Gramm enthalten, soll eine Steuer von acht Prozent erhoben werden. Für Softdrinks müssten künftig umgerechnet acht Cent pro Liter mehr gezahlt werden ... Der Regierung geht es darum, das Ernährungsbewusstsein der Mexikaner zu schärfen. Produkte mit einer niedrigen Energiedichte und einem hohen Ballaststoffanteil sollen mit einem Qualitätssiegel ausgezeichnet werden. [...]

Anstelle von ...	... probieren
Croissant, Gebäck	Vollkornprodukt, Gemüse, Obst
Pralinen	Obst mit dunkler Schokolade überzogen
1 Portion Sahneeiscreme	½ Portion Eiscreme mit Obst-Topping
Milch, Käse, Naturjoghurt und andere Milchprodukte mit vollem Fettgehalt	Milch, Käse, Naturjoghurt und andere Milchprodukte fettarme Variante
Cremesuppe, Kartoffelsuppe	Klare Suppe, Karotten-, Linsensuppe
Salami	Lachsschinken
Pommes frites	Salzkartoffeln, Backkartoffeln
Frittierter Fisch	Gebackener Fisch und Gemüse
Schinken-Käse-Sandwich	Hähnchen-Gemüse-Sandwich

Tabelle 1 Austausch von Lebensmitteln mit hoher Energiedichte

1 Erkläre den Unterschied zwischen Energiedichte und Nährstoffdichte mithilfe von M 1.
2 Begründe, warum du auf eine geringe Energiedichte und eine hohe Nährstoffdichte bei Lebensmitteln achten solltest.
3 In Tabelle 1 wurden Lebensmittel mit hoher Energiedichte durch Lebensmittel mit geringerer Energiedichte ersetzt. Ergänze die Tabelle. Tipp: Schau in einer Nährwerttabelle nach.
4 Lies den Artikel M 2 und notiere deine Meinung: Sollte so eine Steuer in Deutschland eingeführt werden? Wie wäre es mit einer Zuckersteuer?
5 „Die Schokocreme für mein Frühstücksbrötchen hat eine geringe Nährstoffdichte, also esse ich doppelt so viel." Was meinst du zu dieser Aussage?
6 In welchen Situationen kann eine hohe Energiedichte sinnvoll sein?
7 Erstelle eine Fotodokumentation (siehe S. 22) mit verschiedenen Lebensmitteln: Wie viel davon darf ich davon essen, wenn ich 100 kcal zu mir nehmen möchte?
8 Warum werden bei Festessen häufig „Kalorienbomben" aufgetischt? Welche kulturelle Bedeutung hat das?

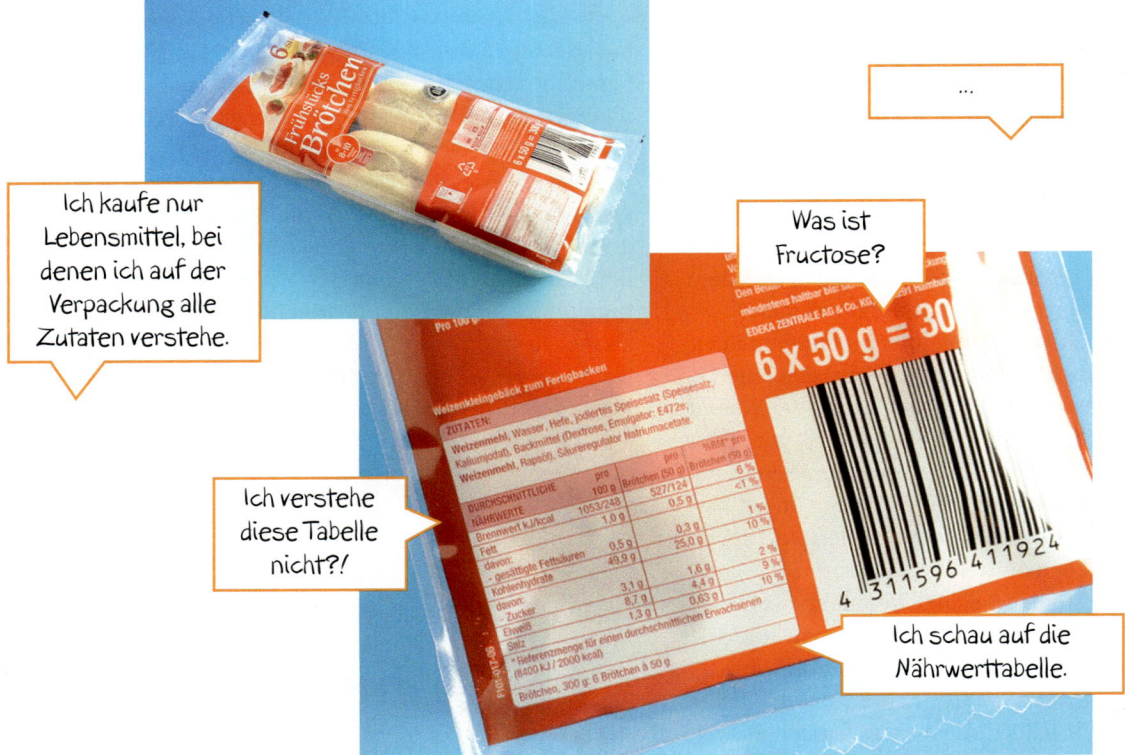

Ich kaufe nur Lebensmittel, bei denen ich auf der Verpackung alle Zutaten verstehe.

Was ist Fructose?

…

Ich verstehe diese Tabelle nicht?!

Ich schau auf die Nährwerttabelle.

M 1 Die nährstoffbezogenen Angaben auf der Brötchenverpackung sehen ganz anders aus als die Zutatenliste im Rezept für selbstgebackene Brötchen.

Verpackungsangaben

Wenn du selber Brötchen backen möchtest, benötigst du mehrere Zutaten: Mehl, Wasser, Hefe, Salz. So ähnliche Zutaten stehen auch auf der Lebensmittelverpackung von fertigen Brötchen drauf. Aber daneben findest du auch noch eine Tabelle mit Wörtern wie Kohlenhydrate, Eiweiß, Fett … Sie sagt dir, was „chemisch" an einzelnen Nährstoffen drinsteckt. Butter zum Beispiel ist eine Zutat, die eine gewisse Menge der Nährstoffe Fett und Eiweiß liefert. In allen Lebensmitteln, die wir täglich zu uns nehmen, sind verschiedene solcher Nährstoffe enthalten. Damit wir gesund bleiben und leistungsstark sind, müssen wir diese Nährstoffe in angemessener Menge aufnehmen.

Zutaten und Nährstoffe sind nicht das gleiche

Häufig werden **Zutaten** und Nährstoffe durcheinandergebracht. Es handelt sich aber um verschiedene Dinge:

Zutaten sagen dir, welche Lebensmittel zur Herstellung verwendet wurden. Wenn du selbst Schokokekse backst, stehen die nötigen Zutaten in deinem Rezept. Bei fertigen Schokokeksen stehen die Zutaten auf der Verpackung. Die Zutaten sind dabei in einer bestimmten Reihenfolge aufgelistet: Zutaten mit dem höchsten Gewichtsanteil werden zuerst genannt. Fettgedruckte Zutaten können für Allergiker problematisch sein.

In der Nährwerttabelle auf der Verpackung findest du die chemischen Bestandteile der Schokokekse. Sie sagt dir, wie viel von einem **Nährstoff** enthalten ist. Das weißt du bei selbstgebackenen Schokokeksen nicht so genau.

Je nachdem, welche Informationen ich über ein Lebensmittel haben möchte, muss ich entweder auf die Zutatenliste oder auf die Nährwerttabelle schauen: Allergikerinnen interessiert zum Beispiel, ob Nüsse enthalten sind. Das steht in der Zutatenliste. Wenn ich Wert auf eine fettärmere Ernährung lege, schaue ich in die Nährwerttabelle.

Die „Big 7"

Die Nährwerttabelle muss auf allen vorverpackten Lebensmitteln abgedruckt werden. Sie enthält Angaben über die Menge der sogenannten „Big 7" in Gramm oder Milliliter: Energiegehalt, Fett, gesättigte Fettsäuren, Kohlenhydrate, Zucker, Eiweiß und Salz.
Es kann auch angegeben werden, wie viel von den Big 7 in einer Scheibe oder einer Portion enthalten sind.

Tipps

> - Kaufe nur Lebensmittel, die höchstens sechs Zutaten haben!
> - Kaufe nur Lebensmittel, bei denen du die Zutaten alle kennst.

Zuckerchaos:

Alle diese Wörter können in einer Zutatenliste auftauchen. Hier ist überall Zucker versteckt:
- Saccharose
- Dextrose
- Raffinose
- Glukose
- Fruktosesirup oder Fruktose-Glukose-Sirup
- Glukosesirup, Glukose-Fructose-Sirup oder Stärkesirup
- Karamellsirup
- Laktose
- Maltose oder Malzextrakt
- Maltodextrin, Dextrin oder Weizendextrin
- Süßmolkenpulver
- Gerstenmalz/Gerstenmalzextrakt

1 Erkläre den Unterschied zwischen Zutat und Nährstoff.
2 Was sind die Big 7 und wofür brauchst du diese Information?
3 Finde Beispiele, wann du in der Zutatenliste und wann du in der Nährstofftabelle einer Verpackung nachschauen würdest.
4 Schau auf verschiedenen Lebensmittelverpackungen nach den Zutaten und erstelle Strichlisten: Wie viele werden genannt? Wie oft kommt eine Zutat vor, die du nicht kennst? Wie oft kommt eine Formulierung für Zucker vor? Tipp: Schau im Kasten „Zuckerchaos" nach, hinter welchen Begriffen sich Zucker versteckt. Vergleicht eure Ergebnisse.
5 Erkläre, was mit den beiden Tipps gemeint ist. Was meinst du dazu? Welche Tipps findest du sinnvoll?
6 Rechercheauftrag: Finde heraus, was bei den Zutatenlisten erlaubt und nicht erlaubt ist (Webcode).
7 Rechercheauftrag: Was sind gesättigte Fettsäuren?
8 Schau dir die Zutatenliste auf einer Lebensmittelverpackung an und erstelle dazu ein Rezept, wie dieses Lebensmittel hergestellt werden kann.

Trink- und Essprotokoll: Was trinke und esse ich wie oft?

Was willst du über dein Essverhalten wissen? Überlege dir genau, was du herausfinden willst. Dokumentiere über ein bis zwei Wochen täglich, was, wann oder wie du isst und trinkst. Finde für dich eine geeignete Dokumentationsform, z.B. Trinkprotokoll, Essprotokoll, Esstagebuch oder eine entsprechende App.

Planung:

- Was möchtest du herausfinden?
- Welche Form (App, Tagebuch, Tabelle) ist am besten für dich zum Protokollieren geeignet?
- Wie muss dein Protokoll aussehen, damit du daran ablesen kannst, was du herausfinden willst?

Durchführung:

- Wie gelingt es dir, das Aufschreiben nicht zu vergessen?

Auswertung:

Zum Beispiel:
- Welche Unterschiede gibt es zwischen den verschiedenen Wochentagen?
- Was stellst du fest, wenn du dein Essprotokoll mit der Ernährungspyramide vergleichst?
- Welche Lebensmittelgruppen kommen häufig, welche selten vor?
- Welche Nährstoffe kommen häufig und welche selten vor?
- Wie hoch war die Energiezufuhr an den jeweiligen Tagen?
- Wie hoch ist der Anteil der energieliefernden/nicht-energieliefernden Nährstoffe?
- Wie hoch ist der Anteil der Lebensmittel mit geringer/hoher Energiedichte?
- In welchen Situationen gelingt es dir besser/schlechter, dich bedarfsgerecht zu ernähren?
- Welche Lebensmittel/Mahlzeiten könntest du wie ersetzen?
- Welche Ernährungsziele kannst du dir für die Zukunft setzen?

Tipps:

- Nimm dir für den Anfang nicht zu viel vor.
- Es ist hilfreich, eine Tabelle schon zu Anfang für den ganzen Zeitraum von zwei Wochen anzulegen, so dass du anschließend nur noch die Felder ausfüllen musst.
- Lege eine bestimmte Tageszeit fest, zu der du deine Notizen machst.
- Überlege dir vorher genau, was du herausfinden möchtest, sonst vergisst du vielleicht, wichtige Informationen aufzuschreiben.
- Versuche trotzdem „normal" zu essen und nicht immer daran zu denken, dass du ja zurzeit Protokoll führst. Sonst könnte es passieren, dass du eben wegen des Protokolls anders isst als sonst. Das würde ein verfälschtes Bild entstehen lassen.
- Sei nicht zu kritisch mit dir selbst: Das Essprotokoll soll dir helfen, dir deine Ernährungsgewohnheiten bewusst zu machen, damit du etwas verbessern kannst. Es ist völlig normal, dass man an manchen Tagen besser und an anderen Tagen schlechter die eigenen Ernährungsziele erreicht.

METHODE

Keine Lust zum Schreiben?
Dann mache Fotos von deinem
Essen oder verwende die
Ernährungspyramiden-App.

Ich habe mit der Ernährungspyramiden-
App herausgefunden, dass ich zu
wenig Obst und Gemüse esse.
Das will ich ändern.

Erics Essprotokoll

„Ich möchte herausfinden, warum ich immer zunehme. Also schaue ich nach den energieliefernden und nicht-energieliefernden Nährstoffen."

	Montag	Dienstag	Mittwoch	Donnerstag	Freitag	Samstag	Sonntag
Frühstück	1 Wurstbrötchen 1 Glas Milch						
Zwischen-mahlzeit	Schokoriegel						
Mittag-essen	Spaghetti Bolognese 2 Gläser Limo						
Zwischen-mahlzeit	Eisbecher mit Sahne						
Abend-essen	Pommes mit Currywurst und Ketchup 1 Glas Eistee						

Amelies Trinkprotokoll

„Ich möchte herausfinden, ob ich genug trinke."

	Montag	Dienstag	Mittwoch
Morgens	1 Glas Kakao	1 Glas Kakao	–
Vor-mittags	1 Glas Wasser	–	1 Glas Wasser
Mittags	1 Glas Limo	1 Glas Limo	1 Glas Limo
Nach-mittags	–	1 Tasse Tee	–
Abends	1 Glas Cola	1 Glas Cola	1 Glas Cola

Zaras Esstagebuch

„Ich möchte nicht nur aufschreiben, was ich esse, sondern auch wie es mir dabei ging. Ich möchte nämlich herausfinden, ob ich anders esse, wenn ich gestresst bin."

Liebes Tagebuch,
heute habe ich verschlafen, weil mein Wecker falsch gestellt war. Ich hatte also keine Zeit mehr für das Frühstück und habe mir dann eine Zimtschnecke beim Bäcker in der Schule gekauft ...
Zum Mittagessen hat Mama mein Lieblingsessen gemacht.

WISSENSSPEICHER

Inhaltsstoffe unserer Nahrung und ihre Aufgaben

Kohlenhydrate	Fette	Eiweiß	Wasser
Getreide, Getreideprodukte, Kartoffeln, Nudeln, Reis, Obst und Gemüse, Zucker, Honig	Butter, Schmalz, Margarine, Pflanzenöle	Milch, Milchprodukte, Fleisch, Fisch, Eier, Hülsenfrüchte	Getränke wie Säfte oder Tee

Hauptaufgaben im Körper	Hauptaufgaben im Körper
Brennstoffe zur Energiegewinnung Erzeugung von Kraft und Körperwärme	**Baustoffe für die Körperzellen** z. B. für die Organe, Blut, Muskeln, Haut, Haare und die Knochen
Energiewert je Gramm: 17,2 kJ/4,196 kcal – 38,9 kJ/9,3 kcal	Eiweiß ist zusätzlich Energielieferant. Energiewert je Gramm: 17,2 kJ/4,1 kcal

Mineralstoffe	Vitamine	Sekundäre Pflanzenstoffe	Ballaststoffe
Gemüse, Obst, Milch	Gemüse, Obst	(Aroma-, Farb- und Geschmacksstoffe) Obst und Gemüse	Vollkornprodukte, Obst, Gemüse

Aufgaben im Körper	Aufgaben im Körper
Schutz- und Reglerstoffe: Sie schützen vor Krankheiten, regulieren wichtige Körperfunktionen, manche Mineralstoffe wie Kalzium dienen auch als **Baustoffe**. Beispiele für Mineralstoffe: Kalzium, Eisen, Natrium Beispiele für Vitamine: A, D, C, B	**Begleitstoffe:** Anregung der Darmtätigkeit, Anregung des Appetits, Schutz vor Krankheiten

M1 Übersicht über die Nährstoffe und ihre Wirkungen

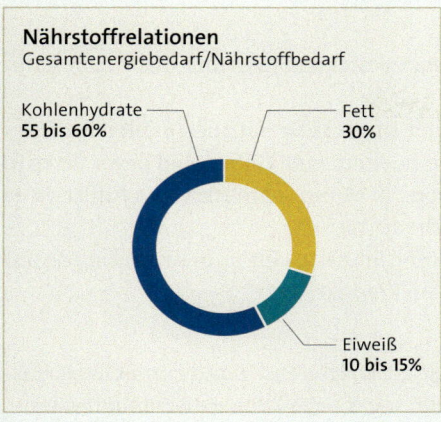

Nährstoffrelationen
Gesamtenergiebedarf/Nährstoffbedarf

Kohlenhydrate
55 bis 60%

Fett
30%

Eiweiß
10 bis 15%

M2 Empfohlene Nährstoffrelation

Die Deutsche Gesellschaft für Ernährung empfiehlt, vom Gesamtenergieumsatz 30%
als Fett, 10 bis 15% als Protein (Eiweiß) und 55–60% als Kohlenhydrate zu essen.
Du kannst die empfohlene Menge der energieliefernden Nährstoffe für dich selbst
ausrechnen:

Kohlenhydrate: 4 bis 6 Gramm mal Kilogramm Körpergewicht
Protein (Eiweiß): 0,8 bis 1 Gramm mal Kilogramm Körpergewicht
Fett: 0,7 bis 0,8 Gramm mal Kilogramm Körpergewicht

Die Zusammensetzung des menschlichen Körpers

Erwachsener	Baby
60 % Wasser	69 % Wasser
17 % Fett	16 % Fett
17 % Eiweiß	12 % Eiweiß
6 % Mineralstoffe	3 % Mineralstoffe

Die Körperzusammensetzung einer Frau
unterscheidet sich von der eines Mannes,
weil Männer vergleichsweise mehr Mus-
kelmasse und Frauen vergleichsweise
mehr Fettmasse haben. Sogenannte Ge-
schlechtshormone bewirken diese ge-
schlechtstypischen Unterschiede. Die
Körperzusammensetzung hängt neben
dem Geschlecht auch vom Alter, vom Gewicht und vom Trainingszustand ab.

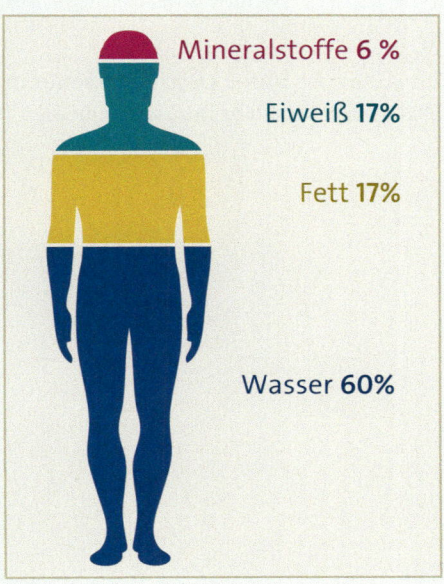

Mineralstoffe **6 %**

Eiweiß **17%**

Fett **17%**

Wasser **60%**

M3 Körperzusammen-
setzung eines nor-
malgewichtigen
Erwachsenen

Die Sinne

Sina beißt genüsslich in ihre Schokocookies. Marco sitzt daneben und meint: „Ich kann hören, dass die Kekse gut schmecken!"

Jedes Lebensmittel, das auf deinem Teller landet, nimmst du mit allen deinen fünf Sinnen wahr. Du siehst es, nimmst es in die Hand oder auf eine Gabel. Und bevor du es in den Mund steckst, riechst du noch etwas davon. Im Mund schmeckst und fühlst du es auch. Spätestens beim Kauen hörst du vielleicht auch etwas.

Du kannst Lebensmittel bewusst mit allen deinen Sinnen wahrnehmen und entdeckst vielleicht ganz neue Seiten an einem bekannten Produkt.

Sehen: Mit deinen Augen siehst du, welche Farbe und Form ein Lebensmittel hat. Vielleicht erkennst du sogar noch kleinere Besonderheiten.

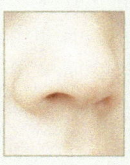

Riechen: Deine Nase kann dir oft schon einen kleinen Vorgeschmack geben, wie etwas schmecken wird: Du riechst vielleicht schon, ob etwas süßlich oder würzig ist. Manche Lebensmittel riechen dabei intensiver als andere. Außerdem kannst du am Geruch auch merken, ob etwas verdorben ist: Verdorbenes Fleisch zum Beispiel riecht häufig säuerlich.

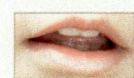

Schmecken: Mit deiner Zunge schmeckst du die verschiedenen Geschmacksrichtungen: süß, sauer, salzig, bitter, umami.*

Fühlen: Schon bevor du ein Lebensmittel isst, kannst du mit den Händen seine Beschaffenheit oder auch das Gewicht erfühlen. Im Mund fühlst du dann nochmals, welche Konsistenz das Lebensmittel hat oder wie es sich im Mund anfühlt.

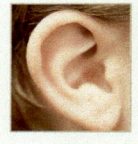

Hören: Auch mithilfe deiner Ohren kannst du ein Lebensmittel beurteilen. Schon das Öffnen der Verpackung erzeugt bestimmte Geräusche, das Hineinbeinbeißen oder Kauen eines Lebensmittels ebenfalls. Oder du stellst den Reifegrad einer Melone daran fest, wie es klingt, wenn du darauf klopfst. Eine Nuss, die geknackt wird oder ein Keks, der zerkaut wird, können häufig schon allein durch das Geräusch erkannt werden.

Im Alltag ist unser Geschmacksempfinden hauptsächlich vom Riechen bestimmt. Das merkst du am besten, wenn du erkältet bist und die Nase verstopft ist.

* Der Begriff „umami" kommt aus dem Japanischen und bedeutet „köstlich, fleischig".

METHODE

M 2 Lebensmittel mit allen Sinnen testen

Ideen:

- – 👥 Wählt ein Lebensmittel aus und beschreibt zunächst nur, was einer eurer fünf
  Sinne dabei wahrnimmt. Beschreibt dann Schritt für Schritt die weiteren Sinne.
  Vergleicht eure Ergebnisse.
- – Vergleicht ähnliche Produkte, zum Beispiel verschiedene Apfelsorten. Hinweis:
  Es genügt nicht zu sagen, ob sie euch gut oder schlecht schmecken. Beschreibt
  die Unterschiede möglichst genau.
- – Beschreibe deine Sinneseindrücke, die du bei einem bestimmten Lieblingslebens-
  mittel hast und vergleiche sie mit den Sinneseindrücken eines von dir ungeliebten
  Lebensmittels.
- – Internetrecherche: Was beeinflusst unseren Geschmack? (Webcode)

Tipps:

- Testet die einzelnen Sinne getrennt voneinander, damit ihr nichts vermischt.
- Überlegt euch zuvor gut, wie ihr sicher sein könnt, dass ihr nicht von der Marke
  oder der Verpackung beeinflusst werdet. Soll „blind" getestet werden? Muss etwas
  umgefüllt werden, damit es nicht an der Verpackung erkannt wird?

Welches „Beste" meinst du?

Was ist eigentlich das Beste?

M1 Das Beste für mich

* **Qualität**
Unter der Qualität von Lebensmitteln ist die Summe ihrer sämtlichen bewertbaren Eigenschaften zu verstehen.

Lebensmittelqualität

Ich weiß genau, was ich will: Ich möchte ein Schokoladeneis – und zwar das beste. In welchen Supermarkt soll ich gehen? Oder lieber in die Eisdiele? Mit oder ohne Stücken? Was für eine Packung? Und woher kommt überhaupt das Eis, das da in der Tiefkühltruhe liegt?

Bei Lebensmitteln wollen wir häufig, dass immer nur das Beste auf unserem Teller landet: das Lebensmittel mit der besten Qualität.

Woran erkennt man Qualität?

Die häufigste Antwort auf diese Frage ist: „Wenn es mir gut schmeckt." Die Qualität von Lebensmitteln ist aber mehr als nur Geschmackssache: Es können verschiedene Werte angeschaut werden, um die Qualität eines Lebensmittels zu bewerten.

Die acht Qualitätswerte

Zum einen kann wird die Qualität eines Lebensmittels über den **Gesundheitswert** bewertet werden. Hierzu gehört, welche Nährstoffe, Zutaten oder Zusatzstoffe das Lebensmittel enthält.

Ob ein Lebensmittel für mich „geeignet" ist (**Eignungswert**) kann von Haltbarkeit, Lagerungsmöglichkeit und der Zubereitung abhängig sein.

Der **Genusswert** umfasst die Sinne: Aussehen, Geräusche, Geschmack, Geruch Mundgefühl und Konsistenz (siehe S. 15).

M 2 Qualitätsfächer für Lebensmittel

Zum **ökonomischen Wert** gehört, wie ein Lebensmittel hergestellt wird (Produktion), wie es verkauft wird (Handel) und was danach beim Käufer zu Hause damit passiert (Verbrauch).

Der **soziale Wert** eines Lebensmittels ist abhängig davon, ob die Menschen, die das Produkt herstellen, unter fairen Bedingungen arbeiten dürfen, ob das Lebensmittel in der Nähe produziert wurde und mit welcher Wertschätzung mit dem Lebensmittel umgegangen wird.

Zum **ökologischen Wert** gehören Biosiegel, Umweltbelastungen bei der Produktion, die Verpackungsabfälle, aber auch die artgerechte Tierhaltung sowie die saisonale Produktion.

Hinter dem Begriff **soziokultureller Wert** verbergen sich Prestige und Lifestyle, Geschichte und Kultur sowie die Essatmosphäre.

Der emotionale Wert eines Lebensmittels kann für jede Person ganz unterschiedlich sein: Verpackungsdesign, Werbung, Erinnerungen und Gefühle.

1 Beschreibe die acht Qualitätswerte mit eigenen Worten und Beispielen.
2 Warum ist es so schwierig, Qualität zu bewerten?
3 Schau dir die Abbildung **M 1** an. Was meinst du dazu?
4 👥 Stelle eine Top-10-Liste auf, was dir bei der Lebensmittelqualität am wichtigsten ist. Diskutiere deine Top-10-Liste mit deinem Partner.
5 Nimm ein Lebensmittel deiner Wahl und notiere zu einem Wert alles, was du über dieses Produkt herausfinden kannst.
👥👥 Tipp: Ihr könnt diese Aufgabe auch als Gruppenarbeit machen. Jede Gruppe untersucht einen anderen Wert.
6 Nimm Stellung zu der Aussage: „Die teuersten Lebensmittel sind die besten."
7 Deine Meinung ist gefragt: Was ist für dich Lebensmittelqualität?
8 Bewerte ein Lebensmittel mit allen acht Qualitätswerten.

Auf der Suche nach dem perfekten Produkt: Mit dem Schülerwarentest könnt ihr Lebensmittel auf ihre verschiedenen Qualitäten überprüfen. Hier geht es um mehr als nur Geschmack und Aussehen. Ihr selbst entscheidet, welches Produkt euch interessiert, welche Qualitäten ihr fair bewerten wollt, und am Schluss kürt ihr euren Testsieger.

Informationsphase

Themenwahl
- Welches Lebensmittel interessiert euch?
- Warum interessiert euch dieses Produkt?
- Welcher Frage möchtet ihr bei diesem Lebensmittel nachgehen?
- Wo kann man dieses Produkt kaufen?
- Was wisst ihr bereits?
- Was könnt ihr im Internet oder in Büchern noch herausfinden?

Produktwahl
- Welches Lebensmittel wollt ihr testen?
- Welche Marken wollt ihr untersuchen?

Vorbereitung der Testdurchführung
- Was für Kriterien wollt ihr bewerten?
- Wie sieht die Bewertungsskala aus (Strichliste, Punkte, Note,...)?
- Wie muss das Produkt sein, damit es die beste/schlechteste Bewertung bekommt?
- Wie soll getestet werden?

Testphase

Testdurchführung
- Zu welchen einzelnen Testergebnissen kommt ihr?

Bewertungphase

Auswertung und Reflexion
- Wie könnt ihr eure Testergebnisse auswerten?
- Wie wollt ihr euer Ergebnis darstellen (Plakat, Folie, Powerpoint, Clip,...)?

Veröffentlichung
- Wollt ihr eure Ergebnisse veröffentlichen (in der Klasse, im Schulhaus, im Internet, ...)?

Abschluss
- Was habt ihr neu gelernt?
- Was war für euch besonders interessant?

METHODE

M1 Verschiedene Produkte zum Testen

Tipps:

- Es macht wenig Sinn, Erdbeereis mit Vanilleeis zu vergleichen. Vergleicht das gleiche Produkt von verschiedenen Anbietern.
- Schaut auf der Seite zur Lebensmittelqualität (siehe S. 100) nach, welche Bereiche ihr testen könntet.
- Schaut auf der Seite zu den sensorischen Tests (s. Seite 108) nach, wie man mit den Sinnen testet, ohne sich von der Marke beeinflussen zu lassen.
- Schaut auf der Seite zum Thema Labels (siehe S. 98) nach, wofür welches Label steht.

KAPITEL 4

Konsum-geschichten

- Schaut die Kommentare in den Sprechblasen genauer an. Welche Aspekte des Konsums sprechen die Jugendlichen an? Was meint ihr dazu?
- Warum kaufst du wann warum welche Dinge?
- Weißt du, was du kaufst, wer dafür gearbeitet hat, woher es kommt und welche Spuren es dort hinterlässt?
- Dein heutiges Einkaufsverhalten hat Folgen für dich, für andere heute und in Zukunft. Tragt mögliche Folgen zusammen und diskutiert, wie ihr damit umgeht!

M1 Einkaufen mit Liste

Jan und Lena sind am Wochenende alleine zu Hause. Die Eltern haben ihnen Geld fürs Essen gegeben. Sie sind sich bald einig: Am Samstagabend gibt es Spaghetti mit Tomatensoße. Damit sie keine Zutaten vergessen, schreiben sie eine Einkaufsliste. Den Einkauf erledigen sie schnell gemeinsam, damit sie sich wieder mit ihren Freunden treffen können.

Vanessa hat sich mit ihren Freundinnen in der Stadt verabredet. Sie möchten zusammen den Samstagnachmittag verbringen. Sie liebt es, mit den Mädels durch die Geschäfte zu bummeln, sich vorzustellen, was sie alles gern kaufen würde. Manchmal probieren sie Kleidungsstücke einfach so zum Spaß. Kaufen muss niemand wirklich etwas, aber am Ende der Shoppingtour sind die Taschen dennoch nicht leer.

Was du brauchst ...

Von Luft und Liebe alleine kannst du nicht leben. Du brauchst ausreichend Nahrung, schützende Kleider, ein Zuhause. Das ist überlebenswichtig. Dazu brauchst du Menschen, auf die du dich verlassen kannst und die dich lieben. Du möchtest Anerkennung spüren. Diese Bedürfnisse haben alle Menschen.

Tim, 14, Torwart im Hockeyteam:
„Das Turnier haben wir gewonnen. Vier Spiele an einem Nachmittag. Nun habe ich einen Bärenhunger." Tim stillt seinen Hunger mit einem großen Teller Spaghetti Bolognese – und du? Was würdest du essen?

Menschen stillen ihre Bedürfnisse ganz unterschiedlich. So ist nicht nur das Essen „Geschmackssache" (siehe S. 14), sondern auch, wie du dich kleidest, welche Musik du hörst oder wie du deine Freizeit verbringst. Daraus folgt ein unterschiedlicher Bedarf. Der eine kauft eine Jeans und fünf T-Shirts, die andere kauft zehn Kleider und passend zehn Paar Schuhe und ... Das ist abhängig von persönlichen Vorstellungen und Werten. Das hängt ab von persönlichen Vorstellungen, vom Alter und Geschlecht, finanziellen Mitteln, dem Familien- und Freundeskreis, der Kultur und der Gesellschaft, in der man lebt.

Marin, 13: „Am schulfreien Nachmittag würde ich auch lieber mit meinen Freundinnen ins Schwimmbad gehen. Aber ich muss Zeitungen austragen. Mit dem Geld, das ich dabei verdiene, kann ich an der Klassenfahrt im nächsten Monat teilnehmen – meine Eltern könnten es nicht bezahlen."

Arten des Einkaufs

Das Angebot in unseren Kaufhäusern und Geschäften ist riesig. Die Ware wird verführerisch präsentiert. Je nach Situation kaufst du unterschiedlich ein:

- **Spontaner Kauf:** Du wählst etwas aus, ohne groß darüber nachzudenken.
- **Gewohnheitskauf:** Du kaufst das, was du schon mehrfach gekauft hast und entsprechend kennst.
- **Limitierter Kauf:** Du kaufst etwas, weil du es mit etwas Ähnlichem oder dir Bekanntem vergleichen kannst, z.B. die Marke, der Preis.
- **Extensiver Kauf:** Du machst dir vor dem Kauf ausführliche Gedanken, vergleichst Preise der verschiedenen Anbieter, liest Testberichte, fragst andere, wägst ab und lässt dir Zeit für den Kauf.

M2 Shoppen mit Freundinnen

1 Gibt es für dich Unterschiede zwischen Einkaufen und Shopping? Welche? 👥👥 Tausche dich in der Lerngruppe aus.

2 Kaufst du im Internet ein? Was ist anders als im Laden?

3 Stell dir vor, du willst zwei Wochen verreisen und du kannst auf diese Reise nur maximal zehn Kilogramm Gepäck mitnehmen. Was nimmst du mit? 👥👥 Vergleiche deine Liste mit anderen. Habt ihr das gleiche eingepackt? Was ist unterschiedlich? Wie erklärt ihr euch die Unterschiede? (Eine Hilfe kann auch der Wissensspeicher S. 114 sein)

4 Marin kann nicht ins Schwimmbad, möchte aber gerne. Warum muss sie arbeiten? Wie wird ihr wohl zumute sein?

5 Notiere eine Woche lang, was du gekauft hast, vom Getränk über die Hose bis zu Batterien. Warum hast du diese Dinge jeweils gekauft? Welche Bedürfnisse stecken dahinter? Hat die Aufgabe deine Entscheidungen beeinflusst? Wenn ja, wie?

6 Wie würde die Liste deiner Mutter oder deines Vaters aussehen? Welche Unterschiede stellst du zu deiner Liste fest? 👥👥 Was kauft ihr, was kaufen die Eltern für euch ein?

7 👥👥 Nennt zu den vier Arten „Wie du einkaufst" Beispiele, die ihr selber erlebt oder beobachtet habt. Vergleicht sie mit einer anderen Gruppe. Welche Vor- und Nachteile könnten die verschiedenen Einkaufsverhalten in welchen Situationen haben?

8 Untersuche deine Einkaufsliste nach den vier „Arten des Einkaufs". Würdest du das nächste Mal anders handeln? Wie?

Trägst du gerne Jeans? Viele aus deiner Lerngruppe werden die Frage bejahen, denn Jeans gehören zu den beliebtesten Kleidungsstücken. Was ursprünglich von Levi Strauss als robuste Arbeitskleidung für Goldgräber im 19. Jahrhundert in den USA erfunden wurde, ist längst zum Modeartikel geworden. Prominente, Models, Musikerinnen, alle tragen sie. Von sehr günstig bis äußerst teuer werden zahllose Varianten zum Kauf angeboten. Wie viele hast du? Warum hast du die letzte gekauft?

Eigentlich glauben wir, selber zu entscheiden, was wir kaufen. Das stimmt aber nicht ganz. Studien belegen, dass unser Kaufverhalten vielfach beeinflusst wird. Es fängt damit an, dass ein Wunsch geweckt wird. Danach entscheiden viele Faktoren mit, was wir wirklich kaufen. Je nach dem, was gekauft wird, z.B. eine Jeans oder ein Getränk, wird der eine oder andere Aspekt wichtiger für die Wahl.

momentane Stimmung

Was ist gerade „in" auf dem Schulhof, in der TV-Serie, bei Idolen

Gegenwart anderer Personen bei der Kaufentscheidung

Wissen über das Produkt: Herstellung, Arbeitsbedingungen, Herkunft

verfügbares Geld

Gewohnheiten in der Familie, Kultur

Vorgaben der Eltern

Stimmung im Geschäft: Musik, Licht, Präsentation der Ware

Verzicht: kein Kauf

M1 Welche Aspekte spielen bei meiner Kaufentscheidung eine Rolle?

Haltbarkeit

Bedürfnis, sich mit Kleidern zu schützen oder zu schmücken

...

Einkaufslabyrinth

Einkaufen gehört zu deinem Leben. Du brauchst täglich etwas zu essen, Duschmittel, Kleidung und vieles mehr. Selbstversorger, die alles Notwendige für sich anpflanzen und herstellen können, sind heutzutage eine Ausnahme.

Neben dem Einkaufen für den täglichen Bedarf ist das Shoppen für viele zu einem Freizeiterlebnis geworden. Die Geschäfte sind voll von Waren und im Internet wird weltweit, rund um die Uhr eine unüberschaubare Anzahl von Produkten angeboten.

Ein ganzer Forschungszweig beschäftigt sich mit der Frage, warum etwas bzw. warum etwas nicht gekauft wird und im Regal liegen bleibt. Dazu werden Kundinnen und Kunden befragt oder ihr Verhalten im Laden genau beobachtet.

Die Einkaufsläden entwickeln aus den Studienergebnissen Marketingstrategien*.

Marketing hat das Ziel, dass wir
- in das Geschäft eintreten,
- möglichst lange darin verweilen,
- in guter Stimmung sind,
- wir mehr kaufen, als wir wirklich brauchen,
- lieber das teure als das günstige Produkt kaufen,
- und dass wir bald wiederkommen und dass ...

* **Strategie**
genau geplantes Vorgehen zur Erreichung eines Ziels

* **Marketing**
verschiedene Maßnahmen, um auf ein Produkt aufmerksam zu machen und zum Kauf anzuregen

M2 Ein Geschäft ist oft wie ein Flipperautomat aufgebaut. Ziel ist, dass Kunden möglichst lange im Geschäft bleiben, an möglichst vielen Regalen vorbeikommen und von möglichst vielen Produkten angelockt werden.

1 Denke an deinen letzten Kleidereinkauf. Versuche herauszufinden, welche der Stichworte aus **M1** dich beeinflusst haben. 👥 Tauscht euch in der Lerngruppe aus und erstellt eine Hitliste, welche Faktoren am meisten genannt werden. Was schließt du daraus?

2 Du bist hungrig oder durstig. Welche Faktoren leiten deine Wahl? Warum gibt es Unterschiede, ob du etwas zum Anziehen oder zum Essen kaufst?

3 Marco will unbedingt die Markenturnschuhe. Sein Vater findet, dass die günstigen „No-Names" ihren Zweck erfüllen. Die Stimmung ist gereizt. Kennst du das? Listet Argumente beider auf. Welche Bedürfnisse stehen jeweils dahinter? Wie könnte der Konflikt gelöst werden? Präsentiert eure Ergebnisse in einem Rollenspiel.

4 👥 Sucht zu zweit Beispiele, wie die genannten Marketingstrategien umgesetzt werden. Dokumentiert sie mit Fotos (siehe S. 22). 👥 Tauscht eure Ergebnisse in der Lerngruppe aus. Was denkt ihr darüber?

5 👥 Sechs Ziele der Marketingstrategen sind aufgeführt. Fallen euch noch weitere ein? Denkt dabei auch an verschiedene Situationen, Internet, Sportveranstaltungen usw.

6 In Blogs gibt es Jugendliche, die ihre Einkäufe präsentieren, zum Beispiel ihre neuesten Klamotten. Was denkt ihr darüber?

7 Hast du schon einmal einen Fehlkauf gemacht? Was hat dich dazu verleitet? 👥 Erstellt aus euren Erkenntnissen einen Ratgeber für den Einkauf. Die besten Tipps könnten in der Schülerzeitung veröffentlicht werden.

8 Nicht immer brauchen wir wirklich das, was wir kaufen. Welche Vorteile und Nachteile hat es, unabhängiger von anderen zu entscheiden? Wie könntest du unabhängiger entscheiden? 👥 Diskutiert eure Gedanken.

Wo immer wir sind, Werbung ist nicht weit weg. Manchmal nehmen wir sie direkt wahr, wenn Fernsehsendungen oder Filme unterbrochen werden (sog. „Werbepause"). Auch bei Sportveranstaltungen oder im Internet sind sie meist sichtbar platziert. Manchmal ist die Werbung weniger klar erkennbar. Bekannte Sportlerinnen tragen z.B. eine bestimmte Sportmarke und bekommen Geld dafür. Schwieriger ist es, wenn z.B. Getränke, Autos, Uhren usw. einer Marke in Spielfilmen genutzt werden. Fachleute sprechen dabei von Produktplatzierung (sog. Product Placement). Und auch das ist Werbung: Eine Modebloggerin erzählt, was sie für tolle Kleider in „ihrem" Geschäft gekauft hat.

M1 Zwischen der Welt der Werbung und der Welt der Nachrichten liegen oft Welten

Du kennst die folgende Situation: Du schaust dir eine Sendung im Fernsehen an. Danach folgt etwas Werbung.

Werbespot:
Das Smartphone, auf das du gewartet hast!
bigger than big

Das xy-Handy steht mit neuem Design und wertigem Metall für ein selbstbestimmtes Lebensgefühl. Trotz schlanker Linie (67 mm) bietet es alles, was du brauchst: HDR-Kamera, superschneller Autofokus, Fingerabdruckscanner und S Health samt Herzfrequenzsensor.

Es geht weiter mit Nachrichten aus aller Welt:

Nachrichten:
Kongo. Die Verwendung von Gold in vielen Elektronikgeräten und Mobiltelefonen führt zu erhöhter Nachfrage. Doch der Goldabbau verursacht starke Umweltbelastungen. Um das Gold aus dem Gestein zu lösen, wird u. a. Zyanid verwendet, das für Tiere und Menschen in kleinen Mengen tödlich sein kann. Immer wieder kommt es zu Lecks und das Gift gelangt in die Flüsse.

Welcher Teil spricht dich mehr an, die Werbung oder die Nachrichten? Wo bist du aufmerksamer? Warum?

Vorsicht Kaufanreize

Niklas fühlt sich nicht richtig wohl in seiner Haut. Die Pickel im Gesicht stören ihn. Dazu hätte er gerne einen „Body" wie Luca. Er ist unzufrieden: „So kann ich doch nie ein Mädchen beeindrucken. Ob ich doch einmal das Deo kaufen soll, von dem ich neulich diese coole Werbung gesehen habe? Das finden die Mädchen unwiderstehlich, da fliegen sie drauf."

Vor dem Kauf mach dich schlau!

Gekauft ist schnell etwas. Doch entspricht der Inhalt nicht deinen Erwartungen, kannst du es kaum zurückgeben. Neutrale Informationen für Verbraucher und Verbraucherinnen können dir helfen, Fehlkäufe zu verhindern:

- Verbraucherzentralen
- Stiftung Warentest
- Ökotest
- Verbraucherministerien der Länder und des Bundes
- Nichtregierungsorganisationen (NGOs)
- ...

Das Bundesamt für Verbraucherschutz und Lebensmittelsicherheit (BVL) informiert über
Werbeversprechen – Wirkaussagen zu kosmetischen Produkten
In der Werbung für Kosmetik, auf der Verpackung oder auf dem Produkt selbst dürfen keine Aussagen gemacht werden, die in die Irre führen können. Die Aussagen dürfen also keine Merkmale oder Funktionen vortäuschen, die das Kosmetikprodukt nicht besitzt. Dabei ist es egal, ob die Aussage als Text oder als Abbildung im Internet, im Radio oder im Fernsehen erfolgt. (Webcode)

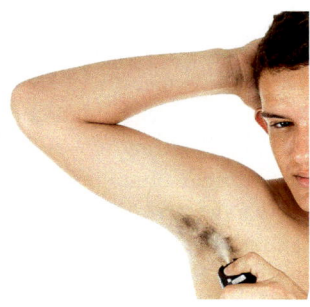

M 2 Das Werbeversprechen eines Deodorants für Männer: Mit diesem Duft wirst du unwiderstehlich.

1 Welche Werbung hat dich in letzter Zeit besonders angesprochen? Warum? Wie findest du die Aussage von Niklas? 👥👥 Erstellt eine Liste der Mittel oder Mechanismen, die in der Werbung eingesetzt werden, um zu gefallen und zu wirken.

2 Dokumentiere mit Fotos die unterschiedlichen Arten von Werbung, die dir z. B. auf deinem Schulweg oder zu Hause begegnet. Denke dabei an alle Wege der Werbung vom Plakat bis zur Werbung auf Anzeigetafeln usw. (siehe S. 22).

3 Warum gibt es überhaupt Werbung? 👥 Sucht nach Gründen für die Firma, die Werbung für ihre Produkte macht, für den Werbeträger (Zeitschriften, Fernsehen, Webseiten) und für euch selber. Tauscht euch aus und ergänzt die Liste. Wie lautet das Fazit? (Hilfe kann auch der Wissensspeicher S. 114 sein)

4 👥 Was verspricht die Werbung für das Smartphone? Welche Versprechen stimmen aus deiner Sicht, welche nicht? 👥👥 Analysiert das Bild und die Texte in Gruppen. Präsentiert euch gegenseitig eure Resultate.

5 👥 Lest verschiedene Werbetexte. An wen richten sie sich? Gibt es Unterschiede, ob Frauen oder Männer angesprochen werden sollen? Welche?

6 👥👥 Teilt euch auf, wer über welche neutrale Informationsquelle recherchiert. Wo ist die nächstgelegene? Welche Ziele haben sie? Wann können sie nützlich sein?

7 Wie wirkt die Nachricht über den Goldabbau nach der Werbung auf dich? Bringst du sie in Verbindung mit der Werbung? Warum oder warum nicht? Hat diese Nachricht Folgen auf dein Einkaufsverhalten?

8 Wählt in der Lerngruppe einen Gegenstand, für den ihr selber eine Werbung realisieren wollt (Tipp: Ladenhüter vom Pausenkiosk).

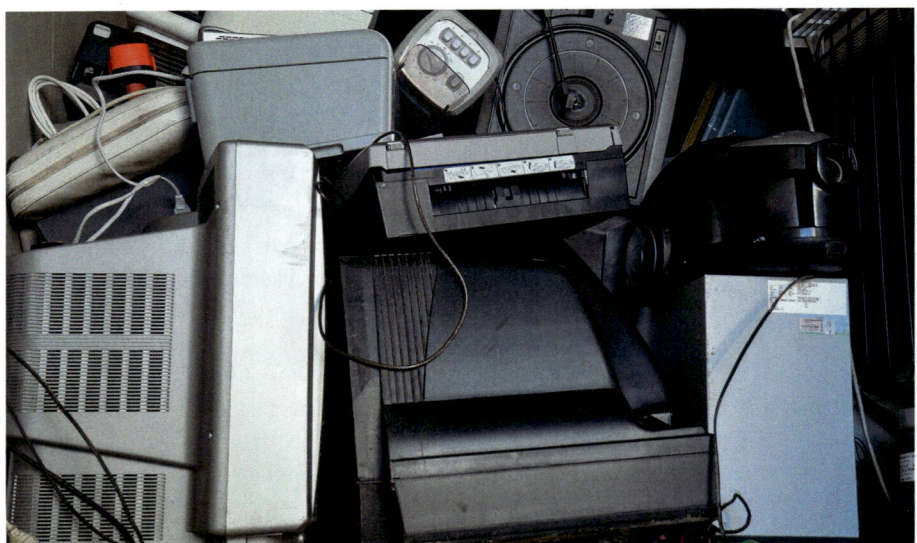

M 1 Elektroschrott

★ kompatibel bedeutet bezo-
gen auf Geräte, dass sie miteinander verwendbar sind

Wie sieht es bei dir zu Hause aus? Habt ihr auch eine Schublade oder eine Ecke im Abstellraum, wo sich solche Teile ansammeln, ohne dass sie noch jemand verwendet? Warum sind sie dort gelandet?

In vielen Haushalten liegen Elektrogeräte und Zubehör herum, die nicht mehr gebraucht werden. Im Jahr 2012 wurden TV-Flachbildschirme nach rund 5,5 Jahren ersetzt (ihre Vorgänger, die Röhrenfernseher waren etwa zwölf Jahre im Gebrauch), Waschmaschinen nach etwa 11,5 Jahren. Gemäß einer Umfrage von Stiftung Warentest tauschen 42 Prozent der Deutschen ihr Mobiltelefon innerhalb von zwei Jahren aus. Und du?

M 2 Beispiel TV-Flachbildschirm: Gründe für eine Neuanschaffung

- Einzelteile defekt
- Kosten und Aufwand für die Reparatur im Vergleich zu einer Neuanschaffung erscheint zu hoch
- technische Anforderungen genügen nicht mehr
- Zusatzgeräte sind nicht kompatibel★
- neue Übertragungsstandards, das Gerät kann die Sendung nicht mehr in gewünschter Qualität wiedergeben
- größerer Bildschirm, bessere Bildqualität, Schnäppchenangebot, schöneres Design
- …

Mein Lieblingsstück

Nicht nur elektronische Geräte, auch Kleidung, Geschirr, Möbel und anderes werden in Deutschland immer schneller ersetzt. Diese Entwicklung wird von vielen Herstellern und Anbietern gefördert, denn so können sie mehr verkaufen. Weil das Gerät nicht mehr so lange halten muss, braucht es weniger robustes Material. Und weil das Produkt möglichst schnell auf den Markt kommen soll, wird weniger lange an Prototypen getestet. So kann der Preis oft niedriger gehalten werden. Nicht selten wird ein Produkt absichtlich so gebaut, dass es nicht lange hält, das nennt man dann geplante Obsoleszenz*.

Um uns die Kaufentscheidung zu erleichtern, werden Assoziationen geweckt: „Das Produkt ist die Lösung" – „Mit dem Produkt kommen wir bei anderen besser an" – „Glück" – „Ein besseres Leben". Stimmt das für dich, dass es zum Glücklichsein immer das Neueste braucht? Mach dich dazu auf eine Fantasiereise an einen extremen Ort. Sieh Dir das Bild **M2**

an, welche Fragen hättest du an diese Kinder? Was hat dieses Zimmer mit deinem gemeinsam, was ist unterschiedlich?

M3 Ein Slum in Manila: Die sogenannten Fledermausmenschen sind Zuwanderer vom Land, die wie hunderttausende anderer auf der Suche nach Arbeit nach Manila kamen. Die Wohnungen sind sehr klein (ca. 5 qm), oft kann man darin kaum stehen und sind provisorisch unter einer Brücke gebaut. Es ist normal, daß die Geschwister sich gegenseitig umeinander kümmern, wenn die Eltern unterwegs sind.

* **Obsoleszenz**
bezeichnet die Alterung eines Produkts, das dadurch veraltet oder unbrauchbar wird
Es gibt ganz unterschiedliche „Alterserscheinungen" bei Produkten. Wer mehr wissen will: Webcode

1 Wo hast du dein altes Mobiltelefon, deine Spielkonsole oder deinen MP3-Player? Suche sie und überlege, warum du sie damals weggelegt hast. Als Hilfe kann dir das Beispiel des Flachbildschirms (**M2**) dienen.

2 Hast du ein neues Gerät erhalten oder gekauft? Hat es dir das gebracht, was du dir versprochen hast? Würdest du das neue Gerät gegen das Geld für den Kauf jetzt tauschen? 👥 Tauscht eure Erfahrungen aus.

3 Was macht dich glücklich? Schreibe es auf und markiere die drei Dinge, die für dich am wichtigsten sind (siehe S. 148). Vergleicht eure Auswahl. Was davon kann man kaufen und was nicht?

4 Recherchiere in deinem Zimmer: Welche Gegenstände sind älter als fünf Jahre? Was bedeuten sie dir?

5 Frage deine Großeltern oder ältere Menschen, wie lange sie ihre Kleider trugen, wie lange das Radio, der Plattenspieler funktionierte? Was bedeutete ihnen ein Kauf solcher Gegenstände? Kannst du das nachvollziehen? 👥👥 Tauscht eure Erfahrungen aus. Welche Vor- und Nachteile hatte ihr Lebensstil im Vergleich zum heutigen?

6 👥👥 Bring das Gerät, das zu Hause nicht mehr gebraucht wird, mit in die Schule und überlegt gemeinsam, was man damit tun kann, statt es nur herumliegen zu lassen (z. B. Repair-Café oder Tauschbörse).

7 👥 Untersucht nicht mehr funktionierende Elektrogeräte. Warum können sie nicht mehr repariert werden? Stellt eine Liste zusammen, auf was man beim nächsten Einkauf achten kann.

Bedürfnispyramide nach Abraham Maslow

- Selbstverwirklichungsbedürfnisse — Entfaltung der Persönlichkeit, Wahrhaftigkeit, Schönheit, Güte, Lebendigkeit, Individualität, Gerechtigkeit, Sinnhaftigkeit
- Bedürfnisse nach Wertschätzung — Wertschätzung und Anerkennung durch andere, Selbstschätzung, Selbstachtung
- Bedürfnisse nach Zugehörigkeit und Liebe — Kontakt, Freundschaft, Aufnahme durch seinesgleichen
- Bedürfnisse nach Sicherheit — Schutz vor Bedrohung, Krankheit und Schmerz, Wohnung, Absicherung im Alter, Arbeitslosigkeit etc.
- Physiologische Bedürfnisse — Hunger, Durst, sexuelle Bedürfnisse, körperliches Wohlbefinden, Entspannung, lustvolle und sinnliche Erfahrungen

Damit wir leistungsfähig sind, müssen wir ausreichend essen, trinken und schlafen. Diese **Bedürfnisse** haben alle Menschen, deshalb stehen sie an der Basis der Pyramide. Die Idee der Pyramide ist, dass bei Hunger ein Stück Brot meist wichtiger ist als irgendetwas anderes.

Das Bedürfnis nach Nahrung, Sicherheit oder Freundschaft äußert sich im konkreten **Bedarf**. Was gewählt wird, um das Bedürfnis zu stillen, kann von Person zu Person ganz unterschiedlich sein. Es wird durch das familiäre Umfeld, die Kultur und die persönlichen Vorlieben und Möglichkeiten geprägt.

Beispiel: Viele sind morgens hungrig, spätestens in der ersten Pause in der Schule (Bedürfnis nach Nahrung). Der konkrete Bedarf unterscheidet sich: Die einen essen Weißbrot oder Vollkornbrot mit Butter und Marmelade am häuslichen Familientisch, die anderen naschen in der Schule das angebotene Obst vom EU-Schulobstprogramm oder kaufen sich auf dem Weg einen Hamburger. Noch größer werden die Unterschiede, wenn man in andere Länder schaut. So isst man in England zum Frühstück gern Würstchen, Speck und Bohnen, in Japan Fisch und Reis und in China Suppe.

Um einige unserer Bedürfnisse befriedigen zu können, müssen wir Geld ausgeben. Andere hingegen lassen sich mit Geld nicht erfüllen.

Marketing

Bedürfnisse und der daraus resultierende Bedarf sind Antriebsenergien der Menschen, sich etwas Bestimmtes zu wünschen und zu erwerben. Das wissen auch die Marketingfachleute. Unter **Marketingstrategien** werden alle gezielten Maßnahmen verstanden, mit denen Anbieter von Waren (Laden, Online-Shop, Firmen, Händler) ihre Verkaufszahlen steigern wollen.

Dabei wird nichts dem Zufall überlassen: Passend zur Zielgruppe und zum Ziel werden die Maßnahmen festgelegt und miteinander kombiniert. Das kann alles betreffen: Farbe und Schriftzug des Geschäftes; Musik, Licht und Düfte im Raum; Aufbau des Ladens und Platzierung der Ware (auf Augenhöhe, im Gang, ganz unten im Regal, vor der Kasse); Gestaltung der Verpackung; Aktionen; Newsletter u. v. a. m.

Werbung

Eine Firma muss ihre Produkte verkaufen, um existieren zu können. Das geht aber nur, wenn jemand diese Produkte kennt. Also macht die Firma Werbung, um sie bekanntzumachen. Werbung ist ein Teil des Marketings.

Aufgaben der Werbung:

- Informieren über Waren und Dienstleistungen, Neuerungen usw.
- Motivieren, sich mit Produkten, Angeboten etc. auseinanderzusetzen
- Sozialisieren, u. a. um Wertigkeiten zu beeinflussen und bestimmte Lifestyleprodukte zu platzieren
- Verstärken, zum Beispiel Kunden in ihren Kaufentscheidungen zu bestärken oder zum Wiederkauf anregen
- Unterhalten, um z. B. die Aufmerksamketi für eine Produkt oder eine Dienstleistung zu erhalten, positive Emotionen zu wecken

Mittel der Werbung:

Ein Hauptziel von Werbung ist, die Verkaufszahlen zu steigern. Die dazu eingesetzten Mittel und Strategien sind vielfältig. So werden Gefühle oder Träume angesprochen. Trägt man z. B. die gleichen Schuhe wie der Sportstar, der dafür Werbung macht, hat man das Gefühl, auch etwas von seinem Talent und seiner Ausstrahlung mitzubekommen. Je genauer die Zielgruppe der Werbung bekannt ist, desto gezielter kann die Werbung gestaltet werden.

Die **AIDA-Formel** fasst zusammen, wie Werbung uns zum Kaufen bringen will:

A	Attention (Aufmerksamkeit erzeugen)
I	Interest (Interesse am Produkt wecken)
D	Desire (Wunsch, das Produkt zu besitzen)
A	Action (Dazu bewegen, dieses Produkt zu kaufen)

Werbung ist für eine Firma überlebenswichtig. Deshalb sind viele Firmen bereit, sehr viel Geld in Werbung zu stecken.

Die Werbegelder können auch dir und anderen zugutekommen. So können Eintrittspreise zu Sportveranstaltungen und Konzerten günstiger angeboten werden, weil die Bannerwerbung dem Veranstalter Geld bringt. Die Besucher und Teilnehmerinnen ihrerseits können die Werbung nicht umgehen. Sie können sie nicht umschalten oder weiterblättern, wie das z. B. im Fernsehen oder in Zeitschriften möglich ist.

Die meisten Internetseiten können gratis genutzt werden, weil sie Werbung platzieren und dadurch ihr Geld verdienen. Einige der großen Internetfirmen können genau verfolgen, welche Webseiten jeder einzelne Nutzer besucht. Daraus leiten sie ab, für was du dich interessierst. So können sie ganz gezielt Werbung für dich aussuchen, die du beim nächsten Besuch der entsprechenden Webseite zu sehen bekommst. Das nennt man **personalisierte Werbung**. Je mehr diese Internetfirmen über dich wissen, je mehr Daten sie über dich haben – auch aus deinen Profilen in den Sozialen Netzwerken – desto genauer kann die Werbung auf dich zugeschnitten werden.

Wertschöpfungskette: Wie kommt das Obst in mein Glas?

Orangensaft ist in Deutschland ein sehr beliebtes Getränk. Im Durchschnitt trinken wir 7,8 Liter pro Jahr. Wie viel trinkst du in einem Jahr? Hast du dir schon mal überlegt, wie er in dein Glas kommt?

Von den meisten Konsumgütern wie Nahrungsmittel oder Kleider sehen wir nur einen kleinen Ausschnitt ihrer Lebensgeschichte. Meist haben die Produkte eine lange Reise hinter sich und wurden vielfach be- und verarbeitet, bis wir sie bequem zu Hause genießen können.

Mach dich auf die Reise: Die Wertschöpfungskette von Orangensaft

Entlang der Wertschöpfungskette kannst du die Geschichte der Konsumgüter von der Produktion über den Vertrieb und die Nutzung bis zur Entsorgung etwas näher kennenlernen.

In Deutschland ist es zu kalt und zu nass für Orangenbäume. Die Orangen werden daher aus Spanien, Marokko oder aus Brasilien importiert. Wir begleiten die Reise eines Orangensaftes aus Brasilien:

M1 Im brasilianischen Bundesstaat São Paulo stehen etwa 200 Millionen Orangenbäume. Dies ergibt rund die Hälfte der weltweiten Orangenernte, die auf Plantagen und von Kleinbauern oft in Handarbeit gepflückt wird.

M2 Die meisten dieser Früchte werden zu Saft gepresst. Dieser wird zu Konzentrat (eine Art Sirup) eingedickt und tiefgefroren. Rund zwei Drittel dieses Saftes ist für die EU bestimmt. Mit dem Schiff gelangt die Fracht nach Holland.

M3 Von dort geht es weiter zu Abfüllanlagen in Deutschland. Das Konzentrat wird mit Wasser verdünnt und trinkfertig in PET-Flaschen, Glasflaschen oder Tetrapacks abgefüllt.

M4 Auf LKWs gelangt der Orangensaft zu Zwischenhändlern und an die Verkaufsstellen, wo du deinen Saft kaufen kannst, um ihn zu Hause in dein Glas zu füllen. Zurück bleibt die Verpackung, die eine eigene Geschichte hat. Mit dem richtigen Entsorgen beginnt für sie eine neue Reise.

Kurze oder lange Wertschöpfungskette

Nur von wenigen Produkten kannst du die Wertschöpfungskette genau nachvollziehen. Meist ist das kaum möglich, da Produkte aus vielen Rohstoffen und Einzelteilen bestehen, die wiederum jeweils eine eigene Geschichte und einen weiten Weg hinter sich haben. Komplexer wird es zudem, wenn das Produkt viele Verarbeitungsschritte durchläuft. In einem Smartphone beispielsweise sind ca. 60 Rohstoffe enthalten, die weltweit abgebaut werden, dazu gehören Kunststoffe, Metalle, Glas und Keramik.

Bei dem Versuch, die Wertschöpfungskette eines solch komplexen Produktes zu verfolgen, wirst du vielleicht nicht alles recherchieren können, aber du wirst spannende Hintergründe entdecken.

Viele Menschen führen an unterschiedlichen Orten auf der ganzen Welt einzelne Verarbeitungsschritte bis zur Fertigstellung eines Produktes aus. Bis du es nutzen kannst, braucht es oft viele Transporte und Händler.

All dies wirkt sich auf die Umwelt und damit auch auf die Menschen aus. Unter anderem benötigt jede Herstellung Rohstoffe und Energie. Entlang der ganzen Wertschöpfungskette werden Menschen, aber auch Boden, Wasser und Luft beansprucht bzw. belastet.

> Verschiedene Arten von Saft
> **Direktsaft:** Fruchtsaft wird im Ernteland nach dem Pressen durch Pasteurisation haltbar gemacht und im Zielland von den Fruchtsaftherstellern abgefüllt.
> **Saftkonzentrat:** Dem Fruchtsaft werden zuerst die Aromen und anschließend das Wasser entzogen. Konzentrat und Aroma werden gekühlt ins Zielland transportiert. Hier wird so viel Wasser zugegeben, bis die ursprüngliche Konzentration wiederhergestellt ist.
> **Nektar** und **Saftgetränke** sind verdünnte Zubereitungen, die aus Anteilen von Fruchtsaft, Wasser und zum Teil weiteren Zutaten wie Zucker bestehen.

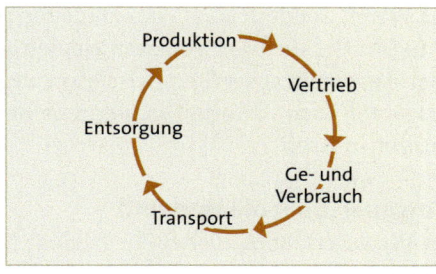

M 5 Fünf Stationen der Wertschöpfungskette

1 Häufig wird zum Frühstück Orangensaft angeboten. Hast du dafür eine Erklärung? Wie ist es bei dir? Wann trinkst du Orangensaft? 👥 Tauscht eure Erfahrungen aus.

2 👥 Schaut auf der Verpackung nach, ob die Herkunft des Orangensaftes aufgedruckt ist. (Falls nicht, nehmt die Herkunft Brasilien). Schätzt die Kilometer, die der Orangensaft bis zu euch zurücklegt. Was denkt ihr beim Ergebnis?

3 👥 Sieh dir **M 1**–**M 4** an. Ordnet den Inhalt den Stationen der Wertschöpfungskette zu (**M 5**).

4 👥 Was könntet ihr anstelle von Orangensaft trinken, das weniger weit her transportiert werden muss? Erkundet dazu die Wertschöpfungskette und vergleicht sie mit der von Orangensaft.

5 👥 Wann und warum kann es dir nützlich sein, die Wertschöpfungskette der Ware zu kennen? 👥 Tauscht eure Ergebnisse in der Lerngruppe aus.

6 👥 Orangensaft ist überall bei uns erhältlich. Welche Vor- und Nachteile sind damit verbunden?

7 👥 Teilt euch in Gruppen auf und recherchiert zu einer der Etappen der Wertschöpfungskette eines von euch gewählten Produkts und macht eine vereinfache Produktlinienanalyse*. Stellt die Ergebnisse in der Lerngruppe vor.

* **Produktlinienanalyse** (PLA) ist eine Methode, die 1987 am Ökoinstitut in Freiburg entwickelt wurde. Dazu werden entlang der Wertschöpfungskette ökologische, soziale und ökonomische Voraussetzungen und Auswirkungen von Produkt(-alternativ)en systematisch erfasst, verglichen und bewertet.

M1 Die Herkunft einer Ware herauszufinden, braucht etwas detektivische Fähigkeiten.

Die Welt in den Einkaufsläden

In unseren Geschäften liegen Waren aus aller Welt. Obwohl Bananen nicht in Deutschland wachsen, Baumwolle für die Jeansherstellung hier nicht angebaut werden kann, können wir sie doch kaufen. Dies verdanken wir der Globalisierung*. Es findet ein weltweiter Handel statt, der zunehmend komplizierter wird. So werden nicht nur fertige Waren, sondern auch Warenteile hin und her transportiert. Dadurch können Nahrungsmittel auch dort gegessen werden, wo sie nicht wachsen. Arbeitsschritte werden dort bevorzugt ausgeführt, wo sie am wenigsten kosten. Nicht selten sehen es die Produzenten auch als Vorteil an, wenn sie weniger auf die Umwelt oder den Arbeitsschutz achten müssen.

Angaben über die Herkunft

Willst du erfahren, woher ein Produkt kommt, brauchst du „detektivische Fähigkeiten". Das bedeutet auch, dass du genau hinschauen und gezielt nachfragen musst.

Tipps, die dich auf die richtige Spur bringen können:
Bei offener Ware, wie Obst und Gemüse, kann die Herkunft auf der Kiste oder am Preisschild stehen.
Bei zusammengesetzten Nahrungsmitteln (wie bei Fertigpizza oder Müslimischung) stehen eventuell Herkunftsangaben auf der Zutatenliste. Eine verpflichtende Herkunftsangabe für Milch, Fleisch und Eier in Fertiggerichten existiert bisher nicht, das zu beschließen wäre die Aufgabe des EU-Parlaments.
Die Adresse des Herstellers stimmt nicht in jedem Fall mit dem Herkunftsort überein. Andere Konsumgüter wie Textilen können, müssen aber nicht das Herkunftsland angeben. Schau doch mal auf die Etiketten bei deiner Kleidung.

* **Globalisierung** Darunter versteht man den Prozess der zunehmenden Handelsverflechtung zwischen den Ländern. Dies macht sich in Politik, Wirtschaft, Kommunikation, Kultur (Musik, Filme, Essen usw.), aber auch in den Umweltproblemen bemerkbar.

METHODE

Auf Entdeckungsreise

Zwei Beispiele

Pizza: Lisas Erkundungsteam will eine Pizza aus Zutaten backen, die ausschließlich aus Deutschland stammen. Bei ihrer Erkundung finden sie im Supermarkt Tomaten aus Spanien und Holland, aus Deutschland kommen die Bio-Tomaten. Tomaten in Dosen, in Öl eingelegte Tomaten und Tomatenmark sind in Italien hergestellt. Auch die jeweiligen Preise notieren sie sich. In der Schule markieren sie die Herkunftsländer auf einer Weltkarte mit Stecknadeln. Lisas Gruppe staunt, dass auf der ganzen Welt Tomaten angebaut werden.

M 2 Lisas Erkundungsteam markiert mit Stecknadeln die verschiedenen Herkunftsländer

Sportausrüstung: Alexanders Erkundungsteam interessiert sich für die Herkunft der Sportausrüstung eines Fußballteams. Das ist nicht so einfach, wie sie gedacht haben. Sie müssen beim Verkaufspersonal nachfragen, im Internet recherchieren, die Herstellerfirma anschreiben. Ihre Recherche haben sie auf Video dokumentiert, das sie bei Youtube hochladen wollen. Alexanders Gruppe weiß jetzt, dass ihr Markenfußball wahrscheinlich in der südchinesischen Stadt Dongguan zusammengenäht wurde.

Die einzelnen Schritte der Erkundung

1. Schritt: Erkundung vorbereiten und planen

Was interessiert euch? Welchem Produkt möchte euer Erkundungsteam auf die Spur kommen? Sammelt dazu im Team Fragen und überlegt genau, wie ihr was am besten herausfindet, z. B. im Laden, im Internet, beim Hersteller. Plant auch, wie ihr eure Eindrücke am besten festhalten könnt, etwa durch Fotos, Video, Notizen usw.

2. Schritt: Erkundung durchführen

Wenn ihr einen Laden besucht, meldet euch zuerst beim Verkaufspersonal an und erklärt euer Vorhaben. Haltet eure Beobachtungen wie geplant fest.

3. Schritt: Ergebnisse auswerten

Schaut euch die Informationen an, die ihr bei der Erkundung gewonnen habt und auch das, was ihr nicht herausfinden konntet. Überlegt, wie ihr die Ergebnisse auswerten könnt. Stellt sie sinnvoll zusammen. Was war für euch entscheidend? Welche Erkenntnisse habt ihr daraus gewonnen?

4. Schritt: Präsentation der Ergebnisse

Tragt eure Ergebnisse vor und hört den anderen Erkundungsteams aufmerksam zu. Haben sie ähnliche Ergebnisse erhalten und Erfahrungen gemacht? Warum haben Alexanders und Lisas Erkundungsteam unterschiedliche Dokumentationsmethoden gewählt?

5. Schritt: Erkenntnisse festhalten

Zum Abschluss könnt ihr euch noch folgende Fragen in der Lerngruppe besprechen: Warum können wir Waren aus der ganzen Welt bei uns kaufen? Welche Vor- und Nachteile hat das für uns? Welche für die Herkunftsländer? Welche Einkaufstipps kannst du aus dieser Arbeit ableiten? Sammelt einige Empfehlungen, die ihr anderen geben könntet.

Cool, eine ganze Tasche voller neuer Kleider, und das für nicht mal 20 Euro!

Ja, klar. Nur frage ich mich gerade, wie das eigentlich geht, ein neues T-Shirt für 2,99 Euro? Da steckt doch eine Menge Material und Arbeit drin.

Eine Jeans ist eine Weltenbummlerin. Sie reist bis zu 50 000 Kilometer. Dabei macht sie in vielen Ländern Halt und geht durch viele arbeitende Hände, bis sie im Geschäft in Deutschland liegt.

Mögliche Reisestationen deiner Jeans

– Kasachstan: Baumwollanbau
– Türkei: Baumwolle wird zu Garn gesponnen
– Taiwan: Weben des Jeansstoffes
– Polen: Produktion des Farbstoffes Indigoblau für die Färbung des Stoffes
– Tunesien: Färben des Stoffes
– Bulgarien: Veredelung des Stoffes (weich, knitterarm ...)
– China: Zusammennähen der Jeans mit Knöpfen und Nieten aus Italien, Futterstoff aus Frankreich
– Griechenland: Bearbeitung mit Bimsstein für den „Stone-washed-Look"

M2 Auf dieser Karte sind einige Stationen eingezeichnet, die eine Jeans hinter sich haben kann.

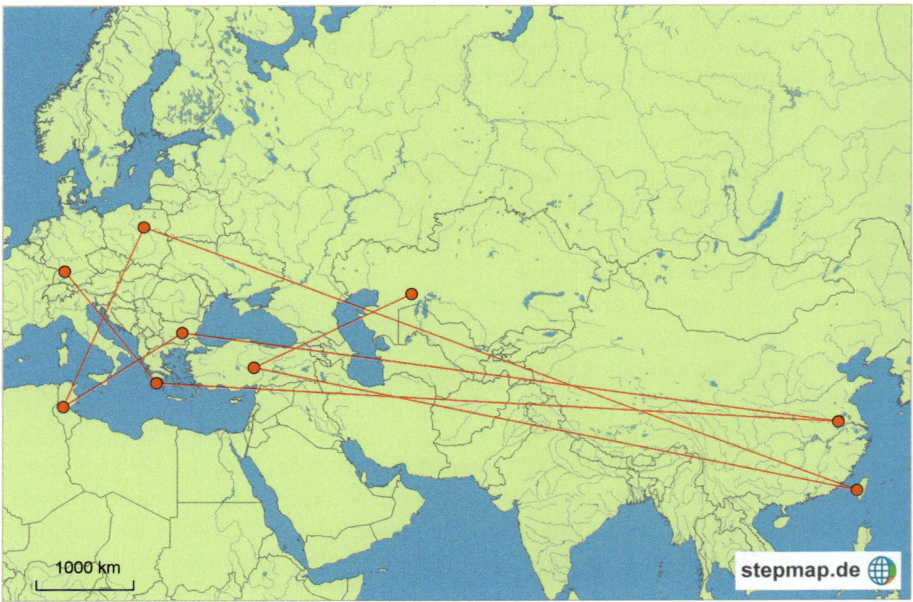

1000 km

stepmap.de

Menschen, die für deine Jeans arbeiten

Viele Verarbeitungsschritte in der Textilbranche werden von Hand ausgeführt. Bei einem T-Shirt werden mindestens 15 Nähte genäht. Für Jeans sind es entsprechend mehr.

Zwei Beispiele:

Anna, Bulgarien: „Ich verdiene 179 Euro im Monat. Das Geld reicht nicht einmal, um das Essen für meine Familie zu kaufen. Für das Besticken einer Bluse braucht meine Freundin eine Stunde. Dafür erhält sie 45 Cent."

Abdul, Türkei: „Ich habe Jeans mit Sand bestrahlt. Dadurch erhalten die Hosen den modischen ‚Used-Look'. Doch innerhalb eines halben Jahres habe ich durch das Einatmen von quarzhaltigem Staub meine Lunge unheilbar geschädigt. Seit 2009 ist nun Sandstrahlen in der Türkei verboten. Doch was nützt das Arbeitern in Bangladesch, China, Indien oder Mexiko, die keine Ahnung über diese tödliche Gefahr haben?"

Wie Firmen die Frage „2,99 €" beantworten

Ein Textildiscounter erklärte dazu im Juni 2016:

„Unser Verhaltenskodex fordert, dass jeder Lieferant seinen Arbeitskräften wenigstens einen Mindestlohn zahlen muss, der mindestens den nationalen gesetzlichen Vorgaben ... entspricht."

Das liest sich gut, oder? Was das für Angestellte heißt, sieht anders aus:

Der staatlich festgelegte gesetzliche Mindestlohn liegt häufig in den Ländern, die Kleider herstellen, viel niedriger als der Existenzlohn. Solche sogenannten Billiglohnländer gibt es in Osteuropa, Südostasien, Afrika und Lateinamerika.

Dagegen ist der Existenzlohn so berechnet, dass die Arbeitenden davon leben könnten (Nahrung, Wohnung, Bildung, Gesundheit), falls sie ihn bekommen würden. Denn der Existenzlohn ist nur eine rechnerische Größe. Er liegt z.B. in Bulgarien bei 867 Euro pro Monat.

M 2 Wer mehr wissen will: WissensWerte: Teure Schnäppchen

---

1 Sieh dir das Etikett in deiner Jeans an: Welches Land steht hinter „Made in..."?

2 👥 Beantworte die Frage aus der Sprechblase zu **M1** zuerst für dich, bevor du dich mit jemandem austauschst. Notiert eure Antworten. Es dürfen auch Vermutungen sein.

3 👥 Schaut euch den Weg der Jeans im Atlas an. Warum werden Jeans und andere Kleidungsstücke nicht nur in einem Land hergestellt? Recherchiert dazu im Internet. 👥 Tauscht euch in der Lerngruppe aus.

4 Unter welchen Arbeitsbedingungen möchtest du arbeiten? Wie sieht es dagegen bei Anna und Abdul aus? Berechne auch den Lohn, den die Näherin für eine 30-Euro-Jeans erhält (M 2). 👥 Tauscht euch über eure Erkenntnisse und Meinungen dazu aus.

5 Wer zahlt die Reise meiner Kleider? Prüfe deine Vermutungen aus Aufgabe 2, ergänze und korrigiere. 👥 Tauscht die Antworten aus und klärt die offenen Fragen.

6 👥 Wie beantworten Firmen die Frage nach „billiger" Ware? Sucht nach Antworten auf deren Internetseiten, fragt per E-Mail nach. 👥 Tauscht euch aus, auch darüber, was schwierig bei der Recherche war.

7 👥 Warum bezahlen viele Textilproduzenten kaum existenzsichernde Löhne? Diskutiert, welche Einflüsse der höhere Lohn auf den Endpreis hätte.

8 👥 👥 Welchen Beitrag könnte jede und jeder von euch leisten, um die Arbeitsbedingungen in der Textilindustrie zu verbessern?

M1 Baumwollplantage

M2 Aralsee

Schau dir die beiden Fotos an. Was siehst du? Was erstaunt dich? Welche Zusammenhänge vermutest du zwischen den Bildern?

Auf den ersten Blick haben sie tatsächlich nichts Gemeinsames. Da brauchst du einiges an Hintergrundwissen, um Verbindungen erkennen zu können.

Eine Spur führt in deinen Wäscheschrank. Schau mal nach, wie viele T-Shirts, Jeans und andere Kleidungsstücke in deinem Schrank liegen? Welche Textilfaser kommt dabei am meisten vor?

Übrigens: Die Deutschen verbrauchen pro Jahr ca. 24 Kilogramm Bekleidungs-, Haus- und Heimtextilien, Schuhe und Accessoires. Dabei machen die Kleider rund die Hälfte, also 12 Kilogramm, aus.

Hintergründe des Baumwollanbaus

Baumwolle hat angenehme Trageeigenschaften. Das macht sie zum beliebtesten Rohstoff in der Textilindustrie. Jeans zum Beispiel bestehen fast zu hundert Prozent aus dieser pflanzlichen Faser.

Obwohl die Baumwolle ursprünglich aus den Tropen stammt, wird sie heute hauptsächlich in Trockengebieten angebaut. Die anspruchsvolle Pflanze benötigt frostfreies, warmes Wetter, viel Sonne und vor allem viel Wasser. 60 Prozent der weltweiten Baumwollanbaufläche werden künstlich bewässert, so auch in Usbekistan und Kasachstan, wo ein trockenes Wüsten- und Steppenklima herrscht. Das Wasser stammt aus dem Aralsee. Die Pflanze ist anfällig gegen Krankheiten und Schädlinge. 25 Prozent aller weltweit eingesetzten Pestizide und Insektizide werden im konventionellen Baumwollanbau eingesetzt.

Für die Produktion nur eines T-Shirts werden 2 300 Liter Wasser benötigt, das entspricht 16 vollen Badewannen. Rund 85 Prozent davon werden für die Bewässerung der Baumwolle, der Rest für die Produktion (Spinnen, Waschen, Färben etc.) des T-Shirts verbraucht.

M3 Im Durchschnitt besitzt jede Person in Deutschland rund 80 Teile von Oberbekleidung, d. h. Kleidungsstücke, ohne Unterwäsche, Socken, Strümpfe und Schuhe.

Das Schicksal des Aralsees

Der Aralsee im Grenzgebiet von Kasachstan und Usbekistan war 1969 der viertgrößte See der Erde. Heute ist er nur noch halb so groß. Die UNO spricht von der größten durch den Menschen verursachten Umweltkatastrophe des letzten Jahrhunderts. Ein Hauptgrund ist die intensive Landwirtschaft. Ab Mitte des 20. Jahrhunderts wurden Bewässerungsflächen für Baumwolle und Reis im Einzugsgebiet des Aralsees von zwei auf acht Millionen Hektar vervierfacht. Zuflüsse des Sees wurden angezapft, Wasserkanäle gebaut, Wasser für die Bewässerungen umgeleitet.

Die Folge davon ist, dass der Salzgehalt im verbleibenden Wasser stark angestiegen ist. Daraufhin brach die einst florierende Fischereiindustrie zusammen. Der bewässerte Boden versalzt. Dadurch sinkt der Ertrag auf den Feldern. Erde, Grundwasser und Luft sind wegen des hohen Gifteinsatzes verschmutzt. Bei den Menschen führt dies vermehrt zu Krankheiten, wie Übelkeit, Hautausschlägen, Herzrhythmusstörungen bis hin zum Tod. Die Arbeitslosigkeit ist hoch, es kommt zu Abwanderungen.

Auf dem Etikett eines T-Shirts steht «Bio-Baumwolle»

Hast du ein solches T-Shirt (oder ein anderes Kleidungsstück) schon einmal gesehen oder gekauft? Schau mal im Laden oder im Internet nach, wo du gerne einkaufst: Findest du Bio-Baumwolle oder Kleider mit einem Label darauf? Welche Unterschiede findest du im Vergleich zu Bekleidung ohne ein Label (Stil, Qualität, Preis usw.)

Was nicht auf dem Schildchen in der Kleidung steht: Zur Bewässerung von Bio-Baumwolle wird häufig auf die Tröpfchenmethode gesetzt. Das heißt: Das Wasser fließt nicht über die ganze Erdoberfläche der Plantage, sondern wird direkt – und somit mit minimaler Verdunstung – zu den Pflanzenwurzeln geleitet. So wird deutlich weniger Wasser verbraucht. Bei der Produktion von Bio-Baumwolle wird weitgehend auf chemische Pflanzenschutz- und Düngemittel verzichtet. So werden das Grundwasser, der Boden und die Luft weniger mit Giftstoffen belastet.

M 4 Unterschiedliche Öko-Label

1 👪 Tauscht euch über eure Gedanken und Fragen zu **M 1** und **M 2** aus.

2 Zähle deine Kleidungsstücke zu Hause. Wiege sie. 👪 Erstellt eine Liste mit den Resultaten und vergleicht sie mit dem Durchschnitt der deutschen Bevölkerung.

3 Wie viele T-Shirts hast du? Wie viele davon trägst du regelmäßig, selten oder nie? Warum hast du sie gekauft?

4 👥 Erstellt eine Liste, was beim Baumwollanbau alles auf der „Strecke" bleibt. Besprecht sie mit anderen Gruppen. Ergänze deine Liste aus Aufgabe 1.

5 Wie soll Mode für dich sein? Tausche deine Stichworte mit jemandem aus.
👪 Haben eure Ansprüche etwas mit den Problemen in der Textilindustrie zu tun?

6 👪 Was können Konsumenten dazu beitragen, dass die Umwelt und Menschen durch die Textilproduktion weniger belastet werden? (Webcode)

7 👥 Für was stehen die abgebildeten Labels? Nutzt für die Recherche auch das Internet. Vergleicht die Resultate mit dem konventionellen Baumwollanbau. Welche Unterschiede stellt ihr fest? Diskutiert eure Liste mit anderen Gruppen und ergänzt sie.

8 Was denkst du über Öko- und Biolabels bei Kleidern? Schreibe deine Gedanken auf.
👥 Sucht in Katalogen, im Internet, in Geschäften nach Kleidern mit entsprechenden Labels. Vergleicht eure Informationen mit dem, was ihr erwartet hattet. Was wird bestätigt? Was ist neu?

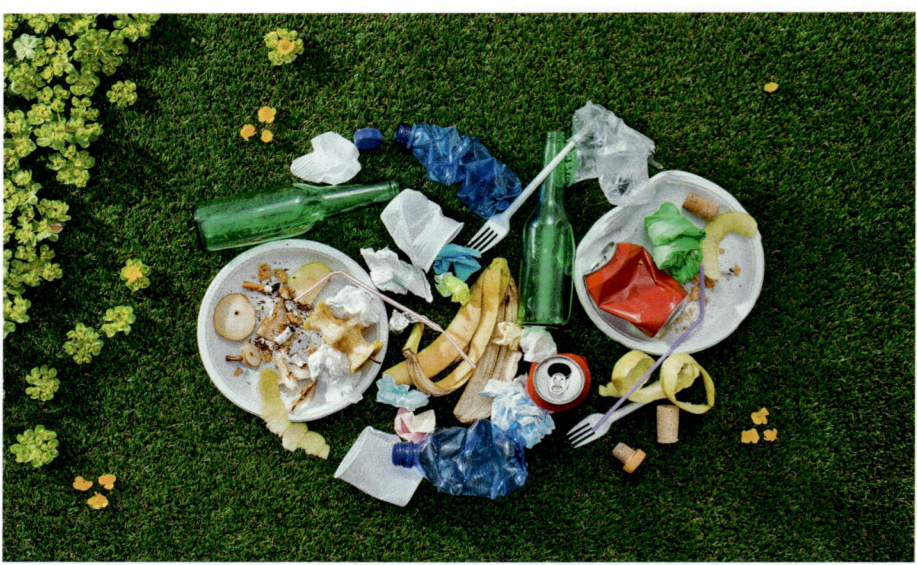

M1 Nach der Party im Park

„Schade, müssen wir schon nach Hause", meint Bastian zu Mario, „jetzt, wo die Party so richtig los geht". „Ja klar", stimmt Lena zu, „aber es hat echt Spaß gemacht, mit euch draußen zusammenzusitzen, zu essen, Musik zu hören." „Bis bald!", und sie sind weg, nicht aber ihr Abfall. „Und, wo ist das Problem?", würde wohl Mia aus der Clique fragen.

M2 Das lange Leben von Abfällen in der Natur

Das lange Leben der Abfälle in der Natur

Abfälle, die in die Natur geworfen oder liegengelassen werden, brauchen unterschiedlich lange, um zu verrotten. Oran-genschalen brauchen circa drei Jahre, Plastiktüten etwa 120 Jahre, Duschmittelflaschen bis zu 450 Jahre.

Plastik ist dank seiner Eigenschaften (u.a. leicht, gegenüber Wetter und Bakterien beständig) bei uns allgegenwärtig. Doch diese Qualitäten werden nach dem Wegwerfen zum Problem. Plastik verrottet nur äußerst langsam. Es wird weggeweht, schwimmt im Wasser, sammelt sich in den Weltmeeren an. Fische verfangen sich in Knäueln aus Plastiktüten und sterben. Seevögel, Fische und andere Lebewesen verwechseln Plastikteile mit Nahrung und fressen sie. Ihr Magen ist so zwar gefüllt, da sie den Kunststoff aber nicht verdauen können und Plastik keinen Nährwert hat, drohen die Tiere zu verhungern. Allein im Nordpazifik sterben jährlich etwa 100 000 Meeressäuger am Plastikmüll. Nicht nur an den Stränden werden Plastikreste zurück zu den Menschen gespült. An den Plastikteilen sammeln sich auch Gifte an. Frisst sie ein Tier, lagern sich diese Stoffe im Gewebe ab. Über die Nahrungskette hinweg reichern sie sich an und landen schließlich bei uns auf dem Teller.

Gut sortiert für ein neues Leben

Wann wird etwas zu Abfall? Dann, wenn du die Ware nicht mehr brauchst oder nicht mehr brauchen kannst oder willst. Für dich hat es keinen Wert mehr. Abfall ist aber nicht wertlos. Entsorgst du ihn richtig, wird der meiste Abfall zu einem Wertstoff. So kann die leere Getränkedose eingeschmolzen und zu neuwertigem Aluminium gegossen werden. Aus Altpapier entstehen u.a. Faltschachteln, Haushalts- oder Zeitungspapier. Das Recycling von Papier spart im Vergleich zu Neupapier 60 Prozent Energie, 70 Prozent Wasser und Holz, das als Rohstoff für Papier verwendet wird. Nur die Abfälle, die in die graue Tonne gehören, sind „echter" Müll, der entweder verbrannt oder auf Deponien gelagert wird.

Beispiel PET-Getränkeflaschen: Der Kunststoff Polyethylenterephthalat, kurz PET, wird aus Erdöl oder Erdgas hergestellt. Beide Rohstoffe gehören zu den sog. nicht erneuerbaren Ressourcen.

Leere Flaschen, die in die gelbe Tonne geworfen wurden, gelangen zu spezialisierten Firmen. Dort werden sie zerkleinert und von Fremdstoffen wie Etiketten und Deckel getrennt. Durch ein mehrstufiges Verfahren wird das Granulat wieder lebensmitteltauglich. Es ist Ausgangsstoff für neue Getränkeflaschen, aber auch für Folien für Lebensmittelverpackungen, für Fleecepullover, Taschen oder auch Schalenkoffer, Stühle und Gleitschirme. Einsparungen durch das Recycling:
- Rohstoff: 60 Prozent
- Energie: 50 Prozent
- Kohlendioxid (CO_2): 50 Prozent

Recycling kann unterschiedlich aussehen: Beim **Downcyling** werden Produkt(-teile) weiterverwendet und zu einem qualitativ schlechteren Endprodukt umgewandelt, z.B. wird aus einem alten T-Shirt ein Putzlappen.

Das **Upcyling** zu einer Aufwertung des Produkts, z.B. aus einer alten LKW-Plane wird eine strapazierfähige Tasche.

M 3 PET-Plastikflaschen werden gesammelt und zerkleinert. Aus dem zerkleinerten Material können neue PET-Flaschen hergestellt werden.

1 Tauscht euch über eure Gedanken, Meinungen und Fragen zum Verhalten der Gruppe zu **M 1** aus.

2 Was ist Abfall für dich? Was ist Abfall für die Abfallwirtschaft*? Sprecht in der Lerngruppe über die Unterschiede.

3 Dem Müll auf der Spur: Macht Fotos von Müllansammlungen in eurer Umgebung und bringt sie mit in die Schule. Wo und warum lässt man Abfall liegen? Welche Auswirkungen kann das haben? Wie könnte dieses achtlose Wegwerfen verhindert werden?

4 Organisiert euch in Teams. Nehmt Handschuhe und Abfallsäcke mit und geht auf Abfalltour. Wer sammelt innerhalb einer vereinbarten Zeit am meisten Abfälle, die irgendwo herumliegen? Nach dem Wiegen trennt den Müll nach Verpackungen, Glas und Restmüll. Was hat jede und jeder von euch davon, wenn der Abfall richtig getrennt wird?

5 Führe eine Woche lang ein Abfalltagebuch und notiere alles, was du wegwirfst (vom Kaugummi über Getränkeverpackung, vom Essensrest bis zu Kleidungsstücken). Vergleicht eure Resultate: Welche Mengen an Abfälle wurden produziert? Wie hätte der Abfall auch verhindert werden können?

6 Abfall, der gar nicht erst entsteht, macht am wenigsten Probleme. Wer findet die meisten Möglichkeiten, Müll zu vermeiden? Tragt verschiedene Möglichkeiten zusammen. Leitet daraus Merkpunkte für euren Alltag ab.

7 Wählt ein Konsumgut aus und recherchiert, was mit ihm geschieht, wenn es nicht mehr gebraucht wird (z. B. Mobiltelefon, Essensreste, Elektroschrott, Glas usw.) Zeichnet jeweils einen optimalen und einen problematischeren Weg auf. Stellt die Plakate in der Lerngruppe vor. Welche Erkenntnisse im Umgang mit „Abfall" leitet ihr daraus ab?.

* **Abfallwirtschaft**
Tätigkeiten und Aufgaben, die mit dem Vermeiden, Verringern, Verwerten und Beseitigen von Abfällen zusammenhängen.

Ökologischer Fußabdruck: Lebe ich auf zu großem Fuß?

Camping in Deutschland oder Flugreise ans Mittelmeer?

Auto, Zug, Bus, Fahrrad oder zu Fuß zur Schule?

Mehrere Stunden online, gamen und Musik oder offline und Strom ganz abschalten?

Zwei Mal am Tag Fleisch oder vegetarisch? Orangensaft oder Leitungswasser?

M1 Je nach Verhalten verbrauchen wir mehr oder weniger Ressourcen und Energie.

Welche der obigen Aussagen trifft am ehesten auf dich zu? Wie sieht dein Alltag aus?

Oder anders gefragt: Lebst du umweltfreundlich, durchschnittlich oder verschwenderisch? Das zeigt sich daran, wie du wohnst, wie viel Strom du am Tag verbrauchst, wie du dich kleidest, was du in der Freizeit machst, wie du isst und wie du dich im Alltag fortbewegst.

Je mehr du konsumierst, desto mehr verbrauchst du Rohstoffe, Energie und Wasser. Gleichzeitig werden die Luft, das Wasser und die Erde dort, wo die Rohstoffe gewonnen und die Ware produziert wird, belastet. So wie es viel Zeit braucht, bis in einem Wald die gefällten Bäume durch nachgewachsene ersetzt sind, so braucht auch die Erde Zeit, den gesamten Konsum der Menschheit zu kompensieren. Sind Verbrauch und Belastung mit der Erneuerung im Gleichgewicht, wird das mit dem Fachwort **Nachhaltigkeit** beschrieben. Das bedeutet, so zu leben und zu handeln, dass heute und in Zukunft alle Menschen auf der ganzen Welt ihre Bedürfnisse befriedigen können.

Wenn jeder Mensch so leben würde, wie wir Europäer, bräuchten wir die Ressourcen von 2,5 Erden. Das bedeutet: Wir leben auf Kosten anderer und unserer Nachfahren. Du auch? Mit dem ökologischen Fußabdruck kannst du deinen eigenen Lebensstil daraufhin überprüfen. Lebst du auf zu großem Fuß oder passt dein Fußabdruck auf diese Erde?

Der ökologische Fußabdruck

Um zu leben, verbrauchen wir Platz: Die Häuser, die Straßen, die Orte für die Freizeit benötigen Landfläche, der Anbau der Lebensmittel, die wir essen, verbraucht Ackerland. Die Kraftwerke zur Stromerzeugung und Gewinnung von Transportenergie nehmen ebenfalls Flächen in Anspruch. Und schließlich verbraucht auch unser Müll Flächen, etwa auf Mülldeponien.

Wissenschaftlerinnen haben einmal die ganze Fläche zusammengerechnet, die ein Mensch braucht, und dies in „globale Hektar" (gha) umgerechnet. Dein ökologischer Fußabdruck bemisst sich also danach, wie viele gha du brauchst.

Der Fußabdruck teilt sich in vier Bereiche auf. In Deutschland beansprucht die Ernährung am meisten Platz:

35 %	Ernährung, Getränke
25 %	Wohnen und Energie
18 %	Konsum, Freizeit, Reisen
22 %	Mobilität im Alltag

Der Fußabdruck von Deutschland

Für den durchschnittlichen Lebensstil eines in Deutschland lebenden Menschen werden 4,5 gha gebraucht. Oder anders gesagt: mehr als sechs Fußballfelder für jede und jeden von uns. Auf der Erde leben knapp acht Milliarden Menschen. Würden alle Menschen so leben wie wir in Deutschland, wären 2,5 Erden für alle notwendig.

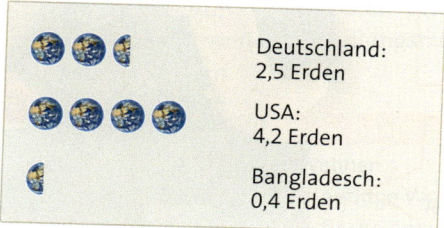

Deutschland:
2,5 Erden

USA:
4,2 Erden

Bangladesch:
0,4 Erden

M2 So viele Erden würden benötigt, wenn alle Menschen so leben würden wie die des jeweiligen Landes.

---

1 👥 Mache eine Collage, die deinen Lebensstil ausdrückt. Hilfen: Fragen aus **M1**, ergänzt mit weiteren Angaben zu deinem Alltag. Tauscht euch aus. Vergleicht die Lebensstile und benennt Unterschiede.

2 👥 Warum belastet unser alltägliches Verhalten die Erde unterschiedlich? (z. B. Orangensaft oder Leitungswasser) 👥 Welche Aspekte eures Lebensstils belasten die Erde mehr, welche weniger?

3 👥 Erklärt euch gegenseitig den Begriff „ökologischer Fußabdruck". Was bedeutet er für dich?

4 Schätze die Größe deines ökologischen Fußabdrucks. Begründe deine Vermutung. Prüfe es mit dem Footprint-Rechner im Internet (Webcode). Dazu brauchst du vielleicht die Hilfe deiner Eltern.

5 Stellt euch eine Person in Amerika, eine in Bangladesch vor. 👥 Überlegt euch, wie deren Alltag jeweils aussehen könnte. Warum sind ihre Fußabdrücke so unterschiedlich? Findet ihr das gerecht?

6 In welchen Bereichen des Fußabdruckes verbrauchst du im Vergleich mit dem Durchschnitt der Deutschen mehr bzw. weniger? Was kannst du ändern? 👥 Mache Vorschläge und diskutiere in einer Partnerarbeit, ob sie hilfreich sind.

7 Manche Reiseunternehmen bieten eine CO_2-Kompensation für die Flugreisen an. Was ist damit gemeint? Recherchiert und diskutiert Vor- und Nachteile.

8 Suche in Zeitungen oder im Internet nach Beispielen, wo die Erde überbeansprucht wird. 👥 Stellt die Resultate vor. Sucht nach Gründen, warum das geschieht. Welche Lösungen gibt es? Welchen Beitrag könntest du dafür leisten? 👥 Präsentiert eure Ergebnis-

Konsumkritischer Stadtrundgang

M1 Mögliche Stationen eines konsumkritischen Stadtrundgangs

Global denken – lokal handeln

Konsumgüter kommen aus vielen Teilen der Welt zu uns und gleichzeitig wirkt sich unser Konsumverhalten weltweit auf Mensch und Umwelt aus. Bei einer konsumkritischen Stadtführung folgt ihr alltäglichen Konsumgütern auf ihrer Reise um die Welt. Ihr entdeckt kritische Auswirkungen des Konsums und findet Alternativen in eurer Stadt. Ihr könnt also mit dabei sein, die nachhaltige Entwicklung in eurer Stadt voranzubringen! Sicher geht ihr danach mit anderen Augen durch eure Stadt! Neben nachhaltigen Produkten werden auch lokale Projekte vorgestellt. Die Idee ist, dass jeder vor Ort einen kleinen Beitrag zur Nachhaltigkeit leistet, um gemeinsam eine zukunftsfähige Welt zu schaffen. Mit einem afrikanischen Sprichwort ausgedrückt: „Wenn viele kleine Leute an vielen kleinen Orten viele kleine Dinge tun, können sie das Gesicht der Welt verändern!"

Bucht einen Stadtrundgang

In vielen Städten gibt es ehrenamtliche Gruppen, die konsumkritische Stadtrundgänge für Schulen anbieten. Schaut im Internet, ob es auch für eure Stadt eine Führung gibt und bucht diese auf Webseite der Organisation BUNDjugend weltbewusst.org (Webcode).

Werdet selbst aktiv!

Ihr könnt auch euren eigenen konsumkritischen Stadtrundgang organisieren.

1. Schritt: Rahmenbedingungen analysieren

Überlegt euch, wann ihr eine konsumkritische Stadtführung durchführen könnt und wie ihr in die Stadt gelangt. Legt den zeitlichen Rahmen eurer Stadtführung fest.

2. Schritt: Station auswählen

Einigt euch in der Lerngruppe auf Stationen, die ihr anlaufen möchtet. Legt die dazugehörigen Schwerpunkte fest. Welche Themen interessieren euch besonders? Welche Stationen gibt es in eurer Stadt? Können die Stationen im gegebenen Zeitumfang angelaufen werden?

METHODE

Mögliche Stationen sind zum Beispiel:

Station	Schwerpunkt
Supermarkt	Schokolade, Banane …
Bekleidungsgeschäft	Kleidung, Schuhe …
Elektrofachgeschäft	Handy, PC …
Metzgerei	Fleisch
Drogerie	Kosmetika
Weltladen	Faire Produkte
Bioladen	Biologische Produkte
Hofladen, Wochenmarkt	Regionale Produkte
Repaircafé	Nutzen statt Entsorgen
…	…

3. Schritt: Gruppenbildung

Legt Gruppen fest, die jeweils eine Station vorbereiten und bei der späteren Stadtführung vorstellen.

4. Schritt: Recherche

Recherchiert zu eurem Schwerpunkt. Folgende Leitfragen können euch dabei helfen:
- Welche Produkte gibt es an unserer Station?
- Welche lokalen und weltweiten (kritischen) Auswirkungen entstehen durch den Konsum der Produkte? Die Analyse der Wertschöpfungskette (siehe S. 116) kann euch helfen, diese Frage zu beantworten.
- Welche positiven Beispiele gibt es und was zeichnet diese aus?
- Wie kann ich lokal nachhaltig handeln und so einen Beitrag zu einer zukunftsfähigen Welt leisten?

5. Schritt: Station vorbereiten

Bereit eure Station vor! Ziel ist, dass ihr euren Mitschülern eine Problematik vorstellt oder die dazugehörige nachhaltige Alternative. Gestaltet eure Station so, dass eure Mitschüler sich aktiv beteiligen können und nicht nur zuhören müssen.
Wenn ihr bei eurer Station zum Beispiel einen Weltladen besuchen möchtet, solltet ihr euren Besuch ankündigen und absprechen.

6. Schritt: Stadtrundgang

Führt euren konsumkritischen Stadtrundgang durch. Fotografiert eure Aktion.

7. Schritt: Reflexion

Reflektiert, wie euch die konsumkritische Stadtführung gefallen hat. Was hat gut funktioniert, was weniger? Welche Erkenntnisse waren für euch neu?

8. Schritt: Projekt

Eure Positivbeispiele und nachhaltigen Alternativen könnt ihr z. B. in einem nachhaltigen Einkaufsführer für eure Stadt dokumentieren

> Du hast beim Einkauf die Wahl!

M 1 Ein Ei aus Freilandhaltung kostet mehr als eines aus der Käfighaltung

Beim Einkaufen hast du oft die Wahl und kannst zwischen verschiedenen Alternativen abwägen. Würdest du das Ei aus Käfig- oder Freilandhaltung kaufen? Begründe deine Entscheidung.

Immer mehr und billiger …

Unser Wirtschaftssystem ist auf Wachstum ausgerichtet. Das heißt, es soll immer mehr produziert und konsumiert werden. Um uns Konsumenten zum Kauf anzuregen, locken Geschäfte mit günstigen Preisen und Sonderangeboten. Ziel ist, dass wir immer mehr kaufen. Dies geht nur bei günstigen Preisen, was häufig zu Lasten der Qualität von Produkten geht. Beispielsweise müssen Hühner für günstige Eier in Käfighaltung auf engstem Raum leben. Eier von Freilandhühnern sind teurer, weil unter anderem mehr Platz für die Haltung erforderlich ist.

… muss das sein?

Wachstumskritiker lehnen dieses Streben nach immer mehr und billigeren Produkten ab, weil es nicht nachhaltig ist. Hauptverursacher für viele globale Probleme, wie z.B. den Klimawandel sind die Menschen in den industrialisierten Ländern. Wir sind daher besonders aufgefordert, einen Beitrag zur Nachhaltigkeit zu leisten und unsere Konsumorientierung zu überdenken.

Die Wachstumskritiker fordern daher eine Rückkehr zum rechten Maß. Aber was ist damit gemeint?

Rückkehr zum guten Leben

Gemeint ist, dass wir uns fragen, wie viel wir wirklich für ein gutes Leben brauchen. Wie viele Hosen brauchst du? Wie oft musst du shoppen gehen? Was macht dich glücklich? Was macht für dich ein gutes Leben aus? Für viele Menschen ist das Entscheidende, dass sie zu einer Familie gehören und eine verlässliche Freundesgrupe haben. Geld oder Konsumgegenstände sind vielen wichtig, aber eben nicht das Entscheidende. Es ist daher nicht verwunderlich, dass ab einem gewissen Lebensstandard mehr Konsum nicht glücklicher macht. Je mehr Zeit wir in die Beschaffung, Pflege oder auch Entsorgung von Konsumgütern investieren, desto weniger Zeit bleibt uns zum Beispiel für Freunde.

Eine Besinnung auf das rechte Maß bedeutet, dass wir uns von der Konsumorientierung abwenden und einen genügsameren Lebensstil anstreben. Qualität statt Quantität soll dabei im Mittelpunkt stehen. Die Wertschätzung einzelner Konsumgüter kann dadurch wieder steigen.

Wer sich mit weniger zufrieden gibt und genügsamer lebt, spart nicht nur Geld, sondern leistet auch einen Beitrag zur nachhaltigen Entwicklung. Es werden weniger Ressourcen benötigt und viele Probleme entstehen erst gar nicht. Experten nennen diese Strategie Suffizienzstrategie* der Nachhaltigkeit.

---

* **Suffizienzstrategie**
Diese Strategie bezeichnet eine veränderte Lebens- und Wirtschaftsweise. Suffizienz zielt darauf ab, dass wir weniger und dafür nachhaltiger konsumieren.

Beispiel: Ernährung

Beim Essen können wir heute zwischen zahlreichen Produkten auswählen. Wer einen Beitrag zur Nachhaltigkeit leisten möchte, kann auch hier auf Qualität statt auf Quantität setzen. Muss es jeden Tag ein Frühstücksei sein? Müssen wir jeden Tag Fleisch essen?

Auch hier ist manchmal weniger mehr. Beim Eierkauf haben wir beispielsweise die Qual der Wahl. Es gibt Eier aus Käfighaltung, Bodenhaltung, Freilandhaltung und biologischer Haltung. Während bei den meisten Produzenten die männlichen Küken getötet werden, verzichten mittlerweile einzelne Betriebe darauf. Wer auf Qualität achten möchte, findet hierzu häufig Informationen auf dem Produkt bzw. der Verpackung. Beim Ei sind beispielsweise die Informationen mit einem Stempel direkt auf das Ei gedruckt (siehe S. 27).

Wer beim Landwirt aus der Region direkt kauft, kann sich die Haltungsbedingungen vor Ort anschauen. Regionale und saisonale Produkte haben zudem keinen weiten Weg hinter sich, was sich günstig auf die Qualität und Klimabilanz auswirken kann.

> Reich wird man erst durch Dinge, die man nicht begehrt.
> *Mahatma Gandhi*

> Glück bedeutet nicht, das Beste von allem zu haben, es bedeutet, das Beste aus allem zu machen.

1 Fasse mit eigenen Worten zusammen, was die Besinnung auf ein genügsameres Leben bedeutet.

2 👥 Finde Beispiele aus deinem Alltag, wo du besonders auf Qualität achtest. Begründe, warum dir hier Qualität wichtig ist.

3 Viele Freizeitbeschäftigungen sind heute mit Konsum verbunden, z.B. Shoppen gehen oder Fernsehen schauen (= Medienkonsum). Welche Freizeitbeschäftigungen ohne Konsum machen dir besonders viel Spaß?

4 👥 Informiert euch im Internet über die Slowfoodbewegung.

5 👥 Der griechische Philosoph Sokrates hat gesagt: „The secret of happiness is not found in seeking more, but in developing the capacity to enjoy less." Diskutiert, was die Aussage mit Nachhaltigkeit zu tun hat.

6 Führe mit deiner Familie, Lehrerinnen oder Freunden ein kurzes Interview durch, was sie mit einem guten Leben verbinden.

7 Recherchiert, wo ihr in eurer Gegend Eier aus Freilandhaltung und ökologischer Erzeugung kaufen könnt. Gibt es Landwirte, die ihre Eier direkt in einem Hofladen oder auf dem Markt anbieten? Welche anderen Lebensmittel werden bei euch in der Region produziert und direkt verkauft?

8 Beschreibt, wie das Leben einer Person aussieht, die genügsam lebt. Wie wohnt sie? Was macht sie in ihrer Freizeit? Was isst sie? Wo kauft sie ein? ... 👥👥 Ihr könnt die einzelnen Lebens- und Konsumbereiche auch in eurer Lerngruppe aufteilen.

M 1 Eine Mutter und ihr Kind in Südafrika leben davon, auf einer Müllhalde nach Gegenständen zu suchen, die noch verwertbar sind.

Nutzen statt Entsorgen

Wir leben heute in einer Wegwerfgesellschaft, in der viele gebrauchsfähige Gegenstände einfach entsorgt werden oder in der Ecke liegen. Wie viele Klamotten besitzt du, die du nicht mehr tragen möchtest? Wie viele alte Handys liegen in deiner Schublade?

Kaufen wir immer das Neuste, ist dies für die Umwelt problematisch, weil unter anderem Ressourcen für neue Produkte verbraucht werden und Abfall entsteht. Nachhaltiger Konsum und eine Rückkehr zum „rechten Maß" erfordern eine möglichst lange Nutzungsdauer unserer Konsumgüter. Wer in qualitativ hochwertige und faire Produkte investiert, möchte diese nicht gleich wieder wegwerfen. Hast du ein Lieblingsstück, an dem du besonders hängst? Was kannst du machen, damit es dir möglichst lange erhalten bleibt?

Bedarfsgerechte Nutzung

Nehmen wir das Beispiel eines Smartphones. Wenn du deine Elektrogeräte nur nutzt, wenn du sie benötigst, bleiben sie lange funktionsfähig. Du kannst elektronische Geräte ausschalten und vom Strom nehmen, wenn du sie nicht brauchst. Du kannst auch die voreingestellten Funktionen deines Smartphones überprüfen und ggf. ausschalten. Häufig verbrauchen im Hintergrund laufende Programme viel Energie, wodurch die Akkulebensdauer reduziert werden kann.

M 2 Tipps der Verbraucherzentrale zum nachhaltigen Konsum von Elektrogeräten

- Ausleihen, teilen oder tauschen statt neu kaufen
- Beim Kauf darauf achten, dass die Produkte möglichst fair produziert wurden und wenig Energie verbrauchen
- Überprüfen, ob alle voreingestellten Funktionen erforderlich sind
- Elektrogeräte so lange nutzen wie möglich
- Defekte Geräte nicht wegwerfen, sondern reparieren oder Einzelteile austauschen
- Funktionsfähige Geräte, die aussortiert werden, verschenken oder verkaufen
- Sorgsam mit Elektrogeräten umgehen, z. B. beim Smartphone eine Schutzhülle nutzen oder das Gerät vor starker Kälte und Hitze schützen
- Elektrogeräte ausschalten und vom Strom nehmen, wenn sie nicht benutzt werden
- Geräte, die sich nicht mehr reparieren lassen, fachgerecht entsorgen. Smartphones können beispielsweise bei Recyclinghöfen, bei Handy-Sammelstellen oder im Mobilfunkgeschäft abgegeben werden.

Reparatur und Pflege

Die Nutzungsdauer deiner Konsumgüter kannst du durch eine achtsame Behandlung und Pflege verlängern. Statt defekte Geräte direkt zu entsorgen, können diese häufig auch repariert werden. Mittlerweile gibt es viele Initiativen, die der Wegwerfkultur entgegenwirken. Bei kostenlosen Treffen in Repaircafés können Besucher und Besucherinnen beispielsweise bei Kaffee und Kuchen gemeinsam mit Fachpersonal Reparaturen durchführen. Die Materialien und Werkzeuge werden dabei meist kostenlos gestellt.

M 2 Freiwillige reparieren kostrenlos defekte Haushalts- und Elektrogeräte

Gemeinschaftsnutzung

Ausleihen und Teilen kommt durch Internetplattformen und Leihläden wieder in Mode. Diese Wirtschaftsform des Teilens wird auch „Share Economy" genannt. Die Idee ist, Gebrauchsgegenstände zu teilen, um nicht alles kaufen zu müssen. Das spart Geld und fördert soziale Kontakte. Gleichzeitig können Erfahrungen ausgetauscht, Ressourcen und die Umwelt geschont werden. Wer zum Beispiel für einige Tage eine Bohrmaschine braucht, kann sich diese in manchen Städten in Leihläden ausleihen oder über Internetplattformen buchen und persönlich abholen. Von Büchern bis Schlafplätzen auf Reisen – es gibt kaum etwas, das nicht geteilt wird.

M 3 Im Internet findest du zahlreiche Webseiten, auf denen folgende Dinge zum Teilen oder Tauschen angeboten werden:

- Autos
- Fahrräder
- Werkzeuge und Maschinen
- Mitfahrgelegenheiten
- Übernachtungen
- Campen im Garten
- Gartennutzung
- …

1 👥 Auf M1 siehst du eine Mutter mit ihrem Sohn auf einer Elektroschrotthalde. Was hat der Alltag dieser Menschen mit deinem Konsum zu tun?

2 Was teilst du im Alltag? Hast du schon einmal etwas getauscht? 👥👥 Tauscht eure Ergebnisse aus und sammelt diese in einer Liste.

3 👥 Fasst mit eigenen Worten zusammen, was Share Economy bedeutet.

4 👥 Sucht euch ein Konsumgut aus (z. B. ein Kleidungsstück, ein Elektrogerät, ein Möbelstück) und beschreibt, wie ihr dieses nachhaltig nutzen könnt. 👥👥 Stellt euch eure Beispiele gegenseitig vor.

5 👥 Erstellt eine Liste von Elektrogeräten, die ihr besitzt. Überprüft, ob ihr die Tipps der Verbraucherzentrale zum nachhaltigen Konsum bei euren Elektrogeräten beachtet. Wo könnt ihr ggf. noch nachhaltiger handeln?

6 👥👥 Recherchiert im Internet, was alles getauscht oder geteilt wird (M4), wie dies funktioniert, was es kostet und welche rechtlichen Aspekte zu bedenken sind (z. B. Haftungsfragen). Teilt in eurer Lerngruppe auf, wer welche Internetseite analysiert.

7 👥 Findet heraus, wo es in der Gegend Repaircafés, offene Werkstätten, Leihläden oder andere Initiativen gibt, die Reparieren, Tauschen oder Teilen fördern. 👥👥 Tragt die Ergebisse zusammen.

8 👥👥 Führt eine Erkundung zu einer der gefundenen Initiativen durch.

9 👥👥 Organisiert an eurer Schule einen Fahrradreparaturworkshop, an dem eure Mitschüler unter fachkundlicher Begleitung ihre Fahrräder reparieren können.

M1 Zu gut für die Tonne

Wie kann ich Platz im Schrank schaffen, ohne alles in die Tonne zu schmeißen?

Zu gut für die Tonne!

Häufig haben wir Lieblingsstücke, an denen wir hängen. Was ist aber, wenn wir uns von den Lieblingsstücken trennen möchten oder müssen? Beispielsweise wenn du aus deiner Lieblingsjeans rausgewachsen bist und sie nicht mehr passt. Vielleicht ist dein Kleiderschrank auch manchmal zu voll und du möchtest einige Teile aussortieren? Zum Wegwerfen sind die Kleidungsstücke zu schade. Was kannst du machen, um die Reise deiner

M2 Tasche aus einer Jeanshose

Lieblingsstücke zu verlängern und sie vor der Tonne zu bewahren?
Auf verschiedenen Wegen kannst du die Reise verlängern und einen Beitrag zu einer nachhaltigen Entwicklung leisten. Hier findest du einige Beispiele.

Upcycling

Beim Upcycling ist das, was du aussortierst, das Material für neue Lieblingsstücke, die du selbst kreierst. Im Gegensatz zum Recycling ist dabei häufig ein geringer Energieeinsatz nötig und die Qualität des Produktes wird nicht abgewertet, sondern gesteigert. Upcycling verhindert Abfall und reduziert den Rohstoffverbrauch für Neuproduktionen. Im Internet gibt es viele Upcyclingideen!
In manchen Städten gibt es auch offene Werkstätten, in denen kostenlos Materialien und Maschinen für kreatives Arbeiten genutzt werden können .

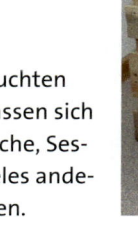

M3 Aus gebrauchten Paletten lassen sich Regale, Tische, Sessel und vieles andere herstellen.

Kreativ weitergeben

Wenn ihr etwas aussortiert, könnt ihr die Sachen auch Freunden, Nachbarn oder Bekannten schenken oder verkaufen. Welche Möglichkeiten kennt ihr noch, eure Lieblingsstücke weiterzugeben?

Sicher kennt ihr **Secondhand-Märkte**, die häufig am Wochenende stattfinden. Es gibt aber auch online die Möglichkeit, Gebrauchtes zu verkaufen. Zu den sogenannten **Tauschpartys** bringt jeder etwas mit, alle Teile werden auf einen Haufen gelegt und jeder darf sich dann bedienen und etwas anderes mit nach Hause nehmen. Hier könnt ihr nicht nur Kleidung tauschen, sondern auch Freunde treffen. In vielen Städten gibt es **Umsonstläden**. Sie möchten ein Zeichen gegen die Konsum- und Wegwerfkultur setzen. Dort könnt ihr Sachen abgeben, die dann weiterverschenkt werden. Wenn ihr im Laden beim Stöbern etwas findet, könnt ihr es kostenlos mitnehmen. Umsonstläden eurer Gegend findet ihr im Internet (Webcode).

Ganz unterschiedlich sehen die **Give-Boxes** aus, die es mittlerweile in vielen Städten gibt. Ein altes Regal oder eine alte Telefonzelle werden zu einer Give-Box, in die du alles legen kannst, was du verschenken möchtest (z.B. Bücher, Kleidung). Jeder darf sich hier einfach bedie-nen. Eine Give-Box lässt sich auch ganz unkompliziert zum Beispiel an deiner Schule einrichten.

Formen des Recyclings:
- Wiederverwertung, z. B. Altglas wird eingeschmolzen, um neue Gläser herzustellen
- Weiterverwertung, z. B. aus Altpapier werden Kartons hergestellt
- Wiederverwendung, z. B. Pfandflaschen
- Weiterverwendung, z. B. zerissenes T-Shirt wird als Putzlappen genutzt

M 4 Eine Give-Box

1 Hast du ein Lieblingsstück, das du nicht mehr benutzt und weitergeben möchtest? Welche Möglichkeit des Weitergebens gefällt dir persönlich besonders gut, hast du vielleicht schon eigene Erfahrungen gemacht? 👥 Tausche dich mit deinem Partner aus.

2 Beschreibe, wieso es nachhaltig ist, die Reise deiner Konsumgüter zu verlängern.

3 Fallen euch noch weitere Ideen ein, wie Lieblingsstücke kreativ weitergegeben werden können?

4 Überlegt euch, was ihr aus einer ausrangierten Jeans alles herstellen könnt. Ein Beispiel seht ihr in Abbildung **M 2**.

5 👥 Recherchiert, wo es in eurer Gegend offene Werkstätten, Umsonstläden oder Give-Boxes gibt. 👥👥 Erstellt eine Liste.

6 👥👥 Veranstaltet in eurer Lerngruppe oder Schule einen Upcyclingworkshop.

7 👥👥 Stellt bei euch in der Schule eine Give-Box auf. Vielleicht könnt ihr die Gestaltung auch in den Kunstunterricht integrieren.

8 👥👥 Veranstaltet eine Tauschparty in eurer Lerngruppe oder Schule.

KAPITEL 5

Sozial-
geschichten

Überlege
- *In welchen Situationen bist du gut drauf?*
- *Welche Rolle spielen andere dabei?*
- *Wann geht es dir nicht so gut? Nenne Gründe.*
- *Welche Menschen sind in deinem Leben wichtig?*

Wie geht es dir?

Wie war es bei dir, als du heute morgen aufgestanden bist? Warst du gut gelaunt und fit für den Tag? Oder musstest du erst deine Müdigkeit überwinden und dich langsam mit dem Tag anfreunden? Oder hast du dich krank gefühlt?

Gesund zu sein, ist für die viele Menschen in deinem Alter der Normalzustand. Trotzdem sind wir alle in gewisser Weise mit gesundheitlichen Herausforderungen konfrontiert.

Keine Behinderung zu haben oder alle Nahrungsmittel zu vertragen, ist kein persönliches Verdienst. Krank sein kann verschiedene Ursachen haben. Wie „krank" oder „gesund" du selbst dich fühlst, hängt von vielen Faktoren ab.

Paul ist total erkältet. Er ist nach dem Basketballspielen verschwitzt und ohne Jacke nach Hause gegangen. Das hätte er besser nicht getan. Oder hat er sich doch bei seiner Schwester angesteckt?

Jetzt liegt er zu Hause im Bett und trinkt den Kräutertee, den sein Vater ihm gemacht hat.

* **Zöliakie**
  ist eine Lebensmittelunverträglichkeit, bei der man glutenfrei essen muss. Glutenfrei bedeutet, dass auf Lebensmittel u. a. aus Weizen verzichtet wird.

Maret hat den ganzen Nachmittag mit Freundinnen draußen verbracht. Beim Duschen am Abend entdeckt sie einen blutverkrusteten tiefen Kratzer am Bein. Sie überlegt, wann und wie das passiert ist, kann sich aber an nichts erinnern. Macht nichts, denkt sie sich, das wird schon wieder von alleine heilen.

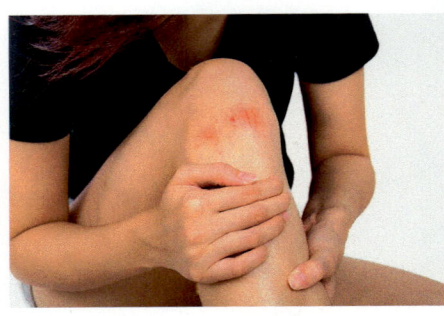

Lisa hat ständig Bauchschmerzen und Durchfall. Nun wurde festgestellt, dass sie Zöliakie* hat. Wenn sie glutenfrei isst, hat sie keine Beschwerden.

Zuhause essen ist kein Problem, da alle Familienmitglieder wissen, worauf sie beim Einkauf und der Zubereitung achten müssen. Unterwegs kann es schwierig werden. Vor einem Restaurantbesuch oder auf Reisen muss vorab geklärt werden, ob auch glutenfreie Gerichte erhältlich sind.

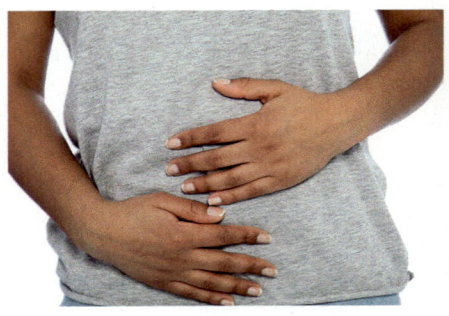

„Nun hat der schon wieder meine Kopfhörer genommen – ohne mich zu fragen!" Esra geht entschlossen in das Zimmer ihres Bruders. Er sitzt dort völlig in die Musik vertieft. Sie nimmt ihm den Kopfhörer weg. Erschrocken tritt er nach seiner Schwester, berührt sie aber kaum. Esra läuft heulend weg und schreit: „Der hat mich geschlagen!"

Seit zwei Monaten hat Fabian eine feste Zahnspange.
Anfangs fand er das ganz cool, aber irgendwie ist es beim Essen lästig und nach dem Einstellen beim Kieferorthopäden tut es ganz schön weh.

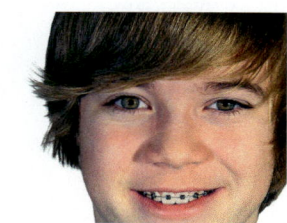

Frau Berger ist durch einen Unfall querschnittsgelähmt und sitzt im Rollstuhl. Sie kommt im Alltag ganz gut zurecht, da ihre Wohnung behindertengerecht ausgestattet ist. Sie möchte ihrer Familie keine Last sein. Ihre Arbeit im Finanzamt macht ihr Spaß.

1 Wer von den vorgestellten Personen ist aus deiner Sicht „krank", wer „gesund"? Diskutiert in der Lerngruppe eure Zuordnungen.

2 👥 Schaut euch die Fallgeschichten genauer an und überlegt, mit welchen körperlichen, psychischen, materiellen und sozialen Folgen die Betroffenen im Alltag zurechtkommen müssen. 👥 Diskutiert eure Überlegungen.

3 „Krank sein" – was heißt das für dich? Beschreibe, wie du dich fühlst, wenn du krank bist.

4 „Gesund sein" – welche Rolle spielt aus deiner Sicht die eigene Verantwortung? Begründe.

5 Welche Bedeutung hat die Unterstützung durch Familie oder Freunde, wenn es dir schlecht geht?

6 Kennst du jemanden mit Beeinträchtigungen? Stelle die Person vor und erzähle, wie sie in ihrem Alltag zurechtkommt.

7 Salutogenese * und Pathogenese * sind unterschiedliche Sichtweisen von Gesundheit. Erkläre Frau Bergers Situation aus salutogenetischer und pathogenetischer Sicht.

* Der Begriff **Salutogenese** setzt sich aus dem lateinischen Wort *salus* „Gesundheit" und dem griechischen Wort *genesis* „Entstehung" zusammen. Salutogenese geht der Frage nach, was Menschen stärkt und gesund erhält.

Im Gegensatz dazu geht es bei der **Pathogenese** darum, herauszufinden, was die Ursachen einer Krankheit ist.

Präventiv: vorsorgliche Maßnahmen, um gesund zu bleiben

Kurativ: Maßnahmen, um wieder gesund zu werden

Krank – was tun?

Lisa liegt zu Hause im Bett, die Nase läuft, beim Schlucken drückt es in den Ohren und Kopfschmerzen hat sie auch. Eigentlich wollte sie am Nachmittag zum Handballtraining gehen – am Wochenende steht ein Spiel gegen den Tabellenführer an und da muss ihre Mannschaft alles geben!

Ihr Vater hat ihr deutlich zu verstehen gegeben, dass sie in diesem Zustand nicht zum Training kann, deshalb schreibt sie auf Facebook, dass sie erkältet ist.

Lisa fühlt sich zunehmend schlechter. Als am Abend ihre Mutter von der Arbeit kommt, ist Lisa ganz durcheinander, weil sie nicht weiß, was sie tun soll. Ihre Mutter rät: „Wichtig ist es, dass du die Signale deines Körpers wahrnimmst. Bei starken Schmerzen, Fieber über 39 Grad oder wenn deine Beschwerden nicht besser werden, gehen wir zum Arzt." Sie fühlt die Temperatur an Lisas Stirn und meint entspannt: „Du hast kein Fieber, leg dein Smartphone weg und schlafe eine Runde, dann geht es dir bald besser."

M 1 Lisas Facebookeinträge

Lisa:
Kann heute nicht ins Training kommen, bin total erledigt: Nase läuft, beim Schlucken drückt es in den Ohren und Kopf tut weh.

Petra:
Hoffentlich bist du am Samstag beim Spiel wieder fit, wir brauchen dich für den Sieg! Gute Besserung!

Hakan:
Schlafen und heißen Tee trinken hilft immer.

Erik:
Inhaliere besser, das hilft mir immer! Bereite Kamillentee zu, gieße ihn in eine große Schüssel, lege ein großes Handtuch über deinen Kopf und atme den Dampf ein.

Hannah:
Du solltest zum Arzt gehen. Der kann dir ein Antibiotikum verschreiben, dann bist hoffentlich bis zum Spiel wieder fit.

Ella:
Mach dir da mal keine Hoffnungen, meine Oma sagt immer: Eine Erkältung dauert ohne Behandlung sieben Tage und mit Behandlung eine Woche. Und bei mir ist das wirklich so.
Mein Cousin bekommt immer Zwiebelsäckchen auf die Ohren, es riecht ein bisschen, scheint aber zu helfen.

Dimitrios:
Mein Onkel schwört auf Brustwickel bei Bronchitis: Den gesamten Oberkörper in ein lauwarmes, nasses, gut ausgewrungenes Leinentuch wickeln. Darüber ein Frotteetuch legen und abschließend den ganzen Patienten gut in eine warme Wolldecke einwickeln.

Permanenter Stress macht krank

Wer dauernd angespannt ist, gefährdet seine Gesundheit. Auch wenn es dir gelingt, Stressauslösern möglichst auszuweichen, brauchst du trotzdem immer wieder Phasen der Entspannung, um Anspannungen abzubauen und deinen Körper wieder ins rechte Lot zu bringen. Auch wer sich nicht gestresst fühlt, profitiert von Entspannungsphasen.

Was passiert, wenn du dich entspannst?

In Phasen der Entspannung atmest du ruhiger, dein Herz schlägt langsamer und dein Blutdruck sinkt. Die Gedanken in deinem Kopf werden klarer. Unangenehme, dich drängende Gedanken kannst du zumindest zeitweise bewusst beiseiteschieben und dich ganz und gar auf deinen Körper, deine Empfindungen und die Ruhe in dir konzentrieren.

Nach der Entspannungsphase, wenn du wieder in die „Wirklichkeit" zurückkehrst, fühlst du dich wacher und leistungsfähiger.

Welcher Entspannungstyp bist du?

Manche Menschen fühlen sich in Stresssituationen, als würden sie unter Strom stehen. Sie haben das Gefühl, jetzt gleich etwas tun zu müssen. Ihr Körper giert dann nach Bewegung. Für diese Menschen ist Auspowern der richtige Weg, zur Ruhe zu kommen – nicht nur in akuten Stressphasen, sondern auch im „ganz normalen" Alltagsleben. Körperliche Anstrengung baut die Stresshormone Cortisol und Adrenalin im Körper ab, stärkt den Herzmuskel, verlangsamt den Ruhepuls und bringt die Atmung in einen regelmäßigen Rhythmus.

Die meisten Menschen fühlen sich in Stresssituationen dagegen ausgelaugt und schlapp. In diesem Fall können Ruhephasen Anspannungen abbauen. Durch erlernte Entspannungstechniken, z. B. autogenes Training, Progressive Muskelentspannung oder Yoga kann körperliche Entspannung auch zur seelischen Entspannung führen. Volkshochschulen, Sportvereine und Krankenkassen bieten geeignete Kurse auch für Jugendliche an.

M 2 „Wenn Du einmal traurig bist, stell dir einfach vor, du sitzt in einem Bonbon-Glas und ein Gummibärchen hält deine Hand."

1 Welchen Stressoren ist Edwin ausgesetzt? Versetze dich in seine Lage. Was davon würde dich stressen? (M 1) Was rätst du Edwin zum Stressabbau? Mache deine eigene Stresstabelle.

2 Schau deine Stresstabelle genau an und finde Beispiele, wobei Stress dich beflügelt und wobei Stress dich ausbremst. Vergleiche mit einer dir vertrauten Person.

3 Ladet eine Expertin in eure Lerngruppe ein (Experten findet ihr bei Krankenkassen, Sportvereinen usw.). Informiert euch über verschiedene Entspannungstechniken.

4 Gibt es an eurer Schule einen Rückzugsraum, in dem man Stille – z. B. in der Mittagspause – genießen kann? Würdet ihr so einen Stilleraum gut finden? Diskutiert in der Lerngruppe.

5 Bist du der Meinung, dass du während der Schulwoche zu wenig Schlaf bekommst? Wie lange schläfst du? Vergleiche deinen Durchschnittswert mit dem deiner Klassenkameraden.

6 Immer mehr Jugendliche leiden unter Schlafproblemen. Wie ist das in eurer Lerngruppe? Überlegt euch passende Fragen und macht eine Umfrage.

7 Überlegt: Warum ist Face-to-face-Kommunikation entspannender als eine Unterhaltung per WhatsApp oder Facebook? Welcher Entspannungstyp bist du?

Glück gehabt

Joe ist frustriert, er hat sich letzte Woche den Arm gebrochen. Er muss jetzt drei Wochen eine Schiene tragen und darf nicht am Sportunterricht teilnehmen. Auf den Schulausflug zum Hochseilgarten hat er sich sehr gefreut, da er gerne klettert und das noch nie gemacht hat. Aber jetzt muss er von unten zuschauen, wie die anderen Spaß haben. Plötzlich sieht er, wie bei Paul etwas aus der Hosentasche fällt und in einem Gebüsch verschwindet. Er hat genau gesehen, wo es hingefallen ist. Er sieht dort nach und findet Pauls Schlüssel. Paul hat gar nicht bemerkt, dass er etwas verloren hat. Als er später den Schlüssel zurückbekommt, ist er sehr froh, seine Eltern hätten ihm bestimmt Vorwürfe gemacht. „Zum Glück hattest du den Arm gebrochen."

Die Frage „Was ist Glück?" und „Wie werde ich glücklich?" beschäftigt die Menschen von jeher. Man könnte zwischen verschiedenen Arten von Glück unterscheiden: „Glück haben" in dem Sinne, wie es Paul ergangen ist, „glücklich sein" als ein kurzfristiges Glücksgefühl bei einem schönen Erlebnis oder einem Erfolg, und schließlich Glück im Sinne einer anhaltenden, langfristigen „Zufriedenheit".

Was macht Menschen glücklich?

Auf diese Frage geben die Menschen viele unterschiedliche Antworten. Die einen sagen, Geld macht glücklich. Dies gilt jedoch nur, wenn man wirklich arm ist. Sobald die Grundbedürfnisse befriedigt sind, bringt mehr Geld nicht mehr Glück. Menschen, für die Luxus und Reichtum besonders wichtig sind, sind sogar eher unglücklich.

Besonders glücklich sind frisch verliebte Menschen. Das ist meist nur von kurzer Dauer. Dagegen machen Freunde auch langfristig glücklich. Studien haben nachgewiesen, dass wir mit Freunden unsere Gesundheit stärken und sogar im Durchschnitt länger leben. Dagegen stehen einsame Menschen unter Stress, weil sie alleine mit allen Schwierigkeiten im Leben klarkommen müssen.

Was kannst du tun, um glücklich zu sein?

Glück lässt sich nicht erzwingen. Aber du kannst gezielt Situationen und Erlebnisse suchen, die du als schön und positiv empfindest. So erlebst du häufiger Glücksgefühle und du fühlst dich insgesamt glücklicher. Für die einen ist es der Sport, für die anderen Zusammensein mit Freundinnen, Kochen oder Reisen. Jeder Mensch hat seinen eigenen Weg, glücklicher zu werden.

Welche Dinge im Leben sind dir besonders wichtig und erstrebenswert?

Angaben in Prozent

Gute Freunde haben	69
Gesundheit	64
Einen Beruf haben, der mich erfüllt, der mir Spaß macht	62
Familie	60
Einen sicheren Arbeitsplatz haben	58
Eine glückliche Partnerschaft	56
Finanzielle Unabhängigkeit	52
Sich selber treu sein, immer man selbst sein	47
Das Leben genießen, Spaß haben	44
Erfolg im Beruf	43
Eine gute, vielseitige Bildung	40
Meine Ideen und Vorstellungen vom Leben verwirklichen können	36
Meine Hobbys, meine Interessen	36
Zeit für mich selbst haben	34
Körperlich fit sein, viel Sport treiben	33
Eine eigene Wohnung, ein eigenes Haus haben	30
Gutes Aussehen	25
Viel reisen, etwas von der Welt sehen	22
Kinder haben	21
Frei sein, nicht zu viel Rücksichten nehmen müssen	20
Sich viel leisten können	19
Sozialer Aufstieg	17
Sich von anderen unterscheiden, seinen ganz individuellen Stil haben	16
Soziales Engagement	14

M 2 In einer großen Umfrage hat das Allensbach-Institut 3 000 Jugendliche und junge Erwachsene danach gefragt, was für sie Glück bedeutet.

1 Erkläre, was Glück in der Geschichte für Joe und Paul bedeutet.

2 Erinnerst du dich an eine Situation, in der du dich glücklich gefühlt hast? Woran merkst du, dass du glücklich bist?

3 Nenne die wichtigsten Ergebnisse der Umfrage (M2). 👥 Wie sähe das Diagramm für eure Lerngruppe aus? Vergleicht die Ergebnisse.

4 „Jeder ist seines Glückes Schmied", sagt ein altes Sprichwort. Was ist damit gemeint? Erkläre, inwiefern du selbst für dein eigenes Glück verantwortlich bist.

5 Was rätst du deiner Freundin, wenn sie unglücklich ist? 👥 Tauscht euch aus und diskutiert, ob ihr euch für das Glück anderer Menschen verantwortlich fühlt. Warum?

6 👥 Führt zum Thema Glück ein Interview (s. Seite 164).

7 Kennst du „Glücksgefühle" durch Risiko? Nenne Beispiele! 👥 Diskutiert über kurz- und langfristige Folgen dieser Art des Glücks.

Mein Hobby: Ehrenamt

Als Anesa hingefallen ist, kam glücklicherweise eine Nachbarin vorbei, die ihre Wunde sofort versorgen konnte. Anesa war beeindruckt, wie sicher und geschickt sie das machte. Die Nachbarin erzählte, dass sie früher beim Jugendrotkreuz war. Sie hätten sich einmal pro Woche getroffen und gelernt, wie man Verletzte versorgt, Verbände anlegt usw. „Wir haben aber auch viele interessante Sachen zusammen erlebt. Bei großen Veranstaltungen haben wir oft Erste-Hilfe-Dienst gemacht. Nebenher konnten wir so tolle Konzerte erleben und bekamen oft Essen und Getränke als Entschädigung. Im Moment habe ich keine Zeit mehr mitzumachen, aber wenn sich jemand verletzt, kann ich natürlich immer noch helfen."

Anesa überlegt, dass sie das in ihrer Freizeit auch machen könnte. Aber ob es die Gruppe noch gibt? Und die Vorstellung, einfach hinzugehen, obwohl sie niemanden kennt, ist ihr unangenehm.

Es gibt viele Möglichkeiten, wie du aktiv werden kannst: in Vereinen, in sozialen Bereichen in Schulen oder in Projekten. Auch du hast Fähigkeiten, die du einbringen kannst, um das Gemeinwohl zu unterstützen. Bürgerschaftliches Engagement gibt es in vielen verschiedenen Formen, z.B.

- Sportverein
- Musikverein
- Verbände, Gewerkschaften, Parteien
- Mitarbeit in karitativen* oder gemeinwohlorientierten Einrichtungen (z.B. Krankenhaus, Senioreneinrichtung, Schule, Kindergarten, Museum, Hospiz)
- Technisches Hilfswerk, Feuerwehr, Jugendrotkreuz
- Umweltschutz, „Putzete"*
- Unterstützung anderer Menschen, z.B. Babysitten, Nachhilfe, Rasenmähen oder Einkaufen für Nachbarn

* **karitativ**
von Nächstenliebe bestimmt; wohltätig

* **Putzete**
Kunstwort zusammengesetzt aus „Putzen" und „Fete"; Nachbarschaftsaktionen, bei denen gemeinsam öffentliche Räume gesäubert werden, z.B. Waldwege

M1 Tafeldienst in der Klasse für kranken Mitschüler übernehmen

M2 Zeit mit Senioren verbringen

Projekt zum Engagement für andere

Was könnten wir machen?

- Ideen sammeln
- Wer kennt jemanden?
- Wo können wir nachfragen?
- Kontakte knüpfen

Wir entscheiden uns für ein Projekt

- Abstimmung & Entscheidung

Wer macht was?

- Terminplanung
- Durchführung
- Aufgabenverteilung
- Dokumentation

Auswertung

- Wie lief unser Projekt?
- Was haben wir erreicht?
- Was haben wir gelernt?
- Woran können wir arbeiten?

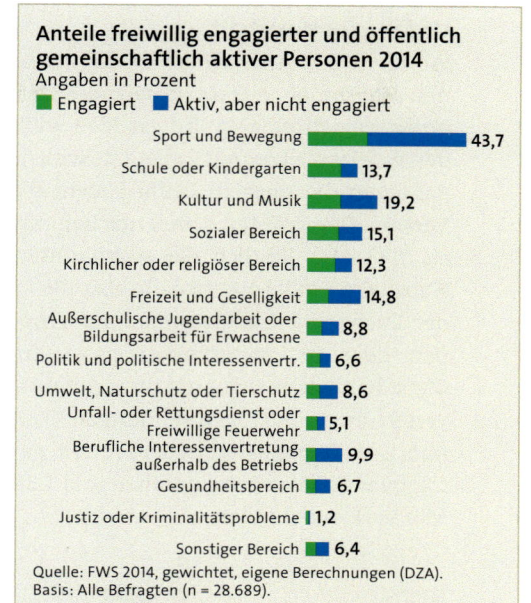

Anteile freiwillig engagierter und öffentlich gemeinschaftlich aktiver Personen 2014
Angaben in Prozent
■ Engagiert ■ Aktiv, aber nicht engagiert

Sport und Bewegung	43,7
Schule oder Kindergarten	13,7
Kultur und Musik	19,2
Sozialer Bereich	15,1
Kirchlicher oder religiöser Bereich	12,3
Freizeit und Geselligkeit	14,8
Außerschulische Jugendarbeit oder Bildungsarbeit für Erwachsene	8,8
Politik und politische Interessenvertr.	6,6
Umwelt, Naturschutz oder Tierschutz	8,6
Unfall- oder Rettungsdienst oder Freiwillige Feuerwehr	5,1
Berufliche Interessenvertretung außerhalb des Betriebs	9,9
Gesundheitsbereich	6,7
Justiz oder Kriminalitätsprobleme	1,2
Sonstiger Bereich	6,4

Quelle: FWS 2014, gewichtet, eigene Berechnungen (DZA). Basis: Alle Befragten (n = 28.689).

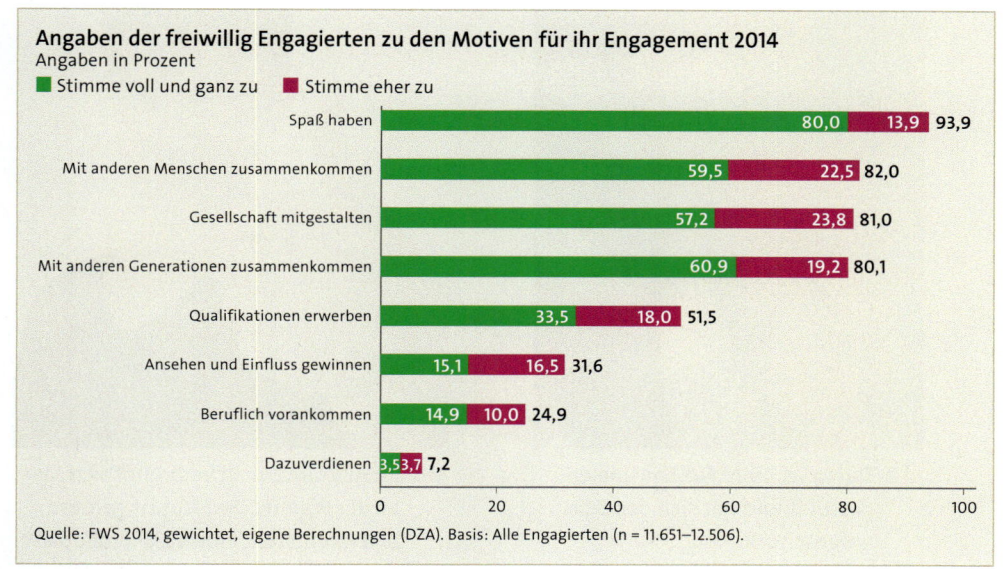

Angaben der freiwillig Engagierten zu den Motiven für ihr Engagement 2014
Angaben in Prozent
■ Stimme voll und ganz zu ■ Stimme eher zu

Spaß haben	80,0	13,9	93,9
Mit anderen Menschen zusammenkommen	59,5	22,5	82,0
Gesellschaft mitgestalten	57,2	23,8	81,0
Mit anderen Generationen zusammenkommen	60,9	19,2	80,1
Qualifikationen erwerben	33,5	18,0	51,5
Ansehen und Einfluss gewinnen	15,1	16,5	31,6
Beruflich vorankommen	14,9	10,0	24,9
Dazuverdienen	3,5	3,7	7,2

Quelle: FWS 2014, gewichtet, eigene Berechnungen (DZA). Basis: Alle Engagierten (n = 11.651–12.506).

1 Welche Gründe hat die Nachbarin von Anesa, sich beim Jugendrotkreuz zu engagieren?

2 Beschreibe und erkläre, welche Aufgaben Jugendliche übernehmen können. Überlege, warum das eine Win-win-Situation* für die Jugendlichen und die Gemeinschaft ist.

3 Recherche: Welche ehrenamtlichen Aufgaben übernehmen Menschen in eurem Umfeld?

4 Hast du Lust, dich zu engagieren oder engagierst du dich bereits? Welcher Bereich bürgerschaftlichen Engagements interessiert dich?

5 Wollt ihr mit eurer Lerngruppe aktiv werden? Sammelt Ideen und führt ein Projekt zum bürgerschaftlichen Engagement durch.

* **Win-win-Situation**
Bei einer Win-win-Situation profitieren beide Seiten.

Unfälle im Haushalt

Woran denkst du bei einem Unfall? An einen schlimmen Verkehrsunfall oder eine große Katastrophe? Auf diese Idee würden wohl viele kommen, aber tatsächlich passieren die meisten Unfälle nicht im Verkehr. Den größten Anteil machen mit ca. 2,73 Mio. jährlich die sogenannten Haushaltsunfälle aus, Unfälle also, die in der Küche, im Kinderzimmer, auf Treppen oder im Badezimmer passieren. Meist handelt es sich um Stürze, Schnittverletzungen oder Verbrennungen. 2,63 Mio. Unfälle passieren in der Freizeit, gefolgt von 1,5 Mio. Schulunfällen und 1,36 Mio. Verkehrsunfällen.

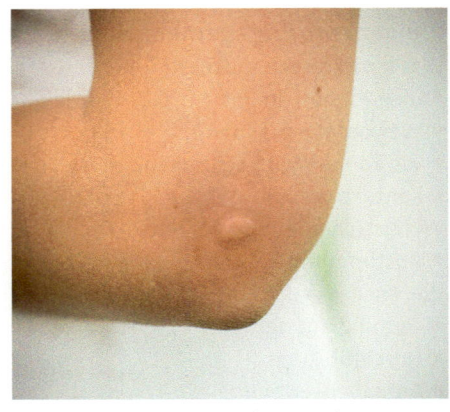

M1 Auf dem Schulausflug wird Konstantin von einem Insekt gestochen. Die Haut rötet sich sofort und eine Schwellung ist zu erkennen.

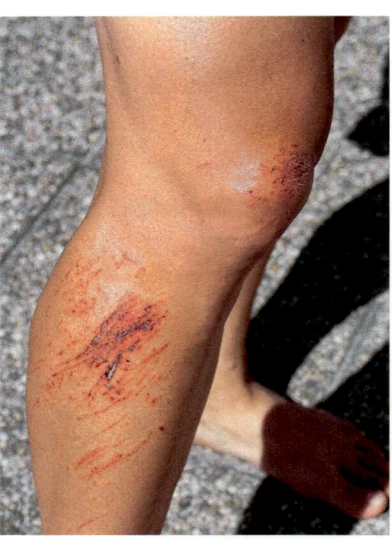

M2 Damir ist beim Fußballspielen gestürzt und hat sich das Bein aufgeschürft.

M3 Im AES-Unterricht verbrennt sich Max an der Pfanne. Die Haut ist gerötet und es entsteht eine dicke Brandblase.

Auszug aus einem Interview mit Univ.-Professor Dr. Rainer Wieland, Leiter des Arbeitsbereiches Arbeits- und Organisationspsychologie an der Bergischen Universität Wuppertal

Die Gefahr, unter Stress einen Unfall zu erleiden … erhöht sich in der Regel stark. Dies gilt im Arbeitsleben wie in der Freizeit. Stress führt oft dazu, dass unser Handeln weniger koordiniert als sonst abläuft. Gefahrensignale werden aufgrund der Einengung der Aufmerksamkeit übersehen oder nicht entsprechend bewertet. Alles verläuft hektischer als sonst, kleine Ereignisse werden schon als unüberwindliche Hindernisse erlebt und verstärken somit die Stressreaktion. Es entsteht ein Gefühl des Kontrollverlusts.

M 4 Leyla hat sich beim Gemüseschneiden geschnitten und blutet.

Unfälle vermeiden

Für Betroffene haben Unfälle oft schwerwiegende Folgen und für Versicherungen entstehen hohe Kosten. Zur Vermeidung von Unfällen rät eine Expertin der Unfallkasse: „Kinder, die sich bewegen, erreichen früher eine Bewegungssicherheit, die Unfälle verhindert. Eltern, die sich Zeit nehmen für ihr Kind und die sich dafür interessieren, was ihr Kind in der Kita oder Schule erlebt hat, sind dabei – ganz nebenher – auch unfallpräventiv tätig. Weder ein Überbehüten noch ein völliges Sichselbstüberlassen dienen der gesunden Entwicklung der Kinder.“

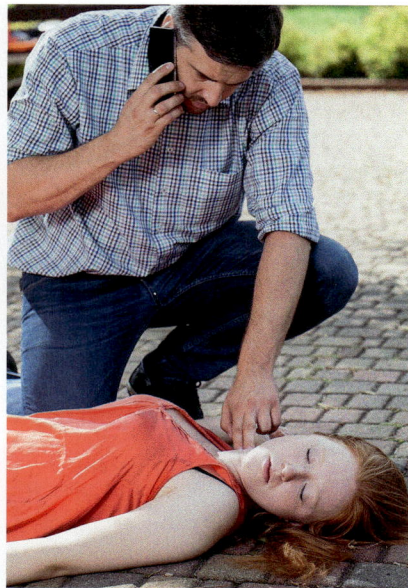

M 5 Esra ist beim Ballspielen gestolpert und auf den Kopf gefallen. Sie ist bewusstlos, und ihr Lehrer ruft sofort den Rettungsdienst.

Untersuchungen haben gezeigt, dass ein gutes Schulklima eine Schlüsselrolle bei den Unfallzahlen spielt: Je besser das Miteinander, desto weniger Unfälle. Eine Atmosphäre an der Schule, in dem Vertrauen, Unterstützung und Anerkennung selbstverständlich sind, wirkt vorbeugend gegen Unfälle im Schulalltag.

1 Stell dir vor, du bist in den geschilderten Situationen in der Nähe. Wie würdest du reagieren? Was ist wichtig, wenn du einem Verletzten helfen möchtest?

2 👥 Recherchiert Erste-Hilfe-Maßnahmen (siehe S. 118) und erprobt einfache Verbände.

3 Was kannst du tun, um jüngere Kinder vor Unfällen zu schützen? Denke an Situationen zu Hause, in der Schule und in deiner Freizeit!

4 👥 In vielen Fällen geht es den Verletzten so gut, dass sie selbstständig zum Arzt gehen können. Finde heraus, ob es an eurer Schule einen Schulsanitäter gibt. Finde auch heraus, wo sich die nächste Arztpraxis oder eine Notfallambulanz befindet. Beschreibe den Weg dorthin so, dass ein anderer den Weg findet. Probiert das mal mit einer Karte aus.

5 👥 Entwerft ein Notfallposter mit wichtigen Hinweisen zu Erster Hilfe, Telefonnummern, …

6 Unfälle passieren im Haushalt, in der Schule, beim Sport, bei Freizeitaktivitäten und im Verkehr. Überlege mögliche Gefahren und wie du dich schützen kannst (Webcode). Denke auch an die Lernküche, den Textilraum usw. (Webcode).

7 Erkläre den Zusammenhang zwischen Schulklima und Unfallzahlen. Führt eine Zukunftswerkstatt durch zum Thema „Meine sichere Wohlfühlschule“.

Zu den lebenswichtigen
Funktionen gehören:
– Bewusstsein
– Atmung
– Kreislauf

Auf dem Heimweg von der Schule hören Tobias und Onur plötzlich einen lauten Knall. Sie schauen sich um und sehen, dass auf der Kreuzung hinter ihnen zwei Autos zusammengestoßen sind. Als sie näherkommen, sehen sie, dass in einem der Autos der Airbag ausgelöst wurde und der Fahrer ohnmächtig ist. Onur greift sofort zu seinem Smartphone und wählt die Nummer 112.

In einer solchen Situation ist ein Notruf das wichtigste und erste, was du tun solltest. Erst danach kannst du überlegen, ob du helfen kannst, ob du z.B. Erste-Hilfe-Maßnahmen einleiten kannst.

Notrufnummern in Deutschland
Polizei: 110
Feuerwehr: 112 (auch für Notarzt und Rettungsdienst zuständig)

Der Notruf ist immer kostenlos, auch mit dem Smartphone. Selbst wenn du auf deiner Prepaidkarte gerade kein Guthaben hast, ist ein Notruf immer möglich.

Im Notruf solltest du die **fünf W** knapp und präzise beschreiben:
Wo ist es passiert?
Was ist passiert?
Wie viele Personen sind betroffen?
Welche Symptome liegen vor?
Warten auf Rückfragen!

Wenn dir die Rettung eines Verletzten zu gefährlich erscheint, setze nur den Notruf ab und halte dich von der Gefahrenzone fern. Sichere die Unfallstelle ab, indem du z.B. heranfahrende Autofahrer durch Gesten veranlasst, langsam zu fahren. Vermeide es, dich selbst in Gefahr zu bringen!

Wann soll man die 112 wählen?

In Notfällen. Die 112 verbindet mit dem Rettungsdienst, der immer dann zuständig ist, wenn jemand lebensbedrohlich erkrankt oder verletzt ist. Große Gefahr besteht zum Beispiel bei einem Schlaganfall oder Herzinfarkt. Anzeichen für Lebensgefahr können sein: Bewusstlosigkeit oder erhebliche Bewusstseinstrübung, schwere Störungen des Atmungssystems, starke Herzbeschwerden, akute Blutungen und Unfälle mit Verdacht auf erhebliche Verletzungen. Weitere Fälle für den Rettungsdienst sind Vergiftungen, Brände mit Verletzten, Stromunfälle, Suizidversuche sowie Krampfanfälle. Auch bei einer plötzlichen Geburt oder Komplikationen in der Schwangerschaft sollte die 112 verständigt werden.

Scherze sollte man sich mit der Nummer nicht erlauben: In der Leitstelle können die Mitarbeiterinnen und Mitarbeiter auch unterdrückte Telefonnummern sehen und Missbrauchsfällen nachgehen.

Die 112 gilt EU-weit!

M2 Der Samariterbund und der Malteser Hilfsdienst haben jeweils eine kostenlose App herausgegeben, die einige Hilfestellungen für Erste-Hilfe-Maßnahmen gibt. Welche gefällt dir besser?

Jeder Verbraucher hat ein Recht auf sichere Produkte. Deshalb gibt es für alle europäischen Länder einheitliche Sicherheitsstandards. Sie sind an verschiedenen Sicherheitszeichen zu erkennen:

Das CE-Zeichen ist kein Verbraucherzeichen, sondern für die Überwachungsbehörden gedacht. Ein CE-Kennzeichen gibt keine Auskunft über die Güte des Produkts. Mit dem CE-Zeichen dokumentiert der Hersteller, dass sein Produkt die Mindestanforderungen an Sicherheit und Gesundheitsschutz der entsprechenden europäischen Richtlinien einhält. Als sichtbares Zeichen der Übereinstimmung mit diesen Richtlinien müssen die Produkte das CE-Kennzeichen tragen. Der Hersteller bringt das CE-Zeichen selbst und eigenverantwortlich an. Damit ist das Produkt im europäischen Binnenmarkt verkehrsfähig und kann am freien Warenverkehr teilnehmen.

M3 Das CE-Zeichen auf einem Produkt informiert den Verbraucher, dass das Produkt den europäischen Sicherheitsbestimmungen entspricht.

1 Überlege, was du in der Situation von Tobias und Onur tun würdest. Begründe!
2 Hast du schon einmal eine Situation erlebt, in der du einen Notruf abgeben musstest?
3 In welchen Situationen sollte ein Notruf abgeben werden?
4 In welchen Situationen sollte man nicht selbst helfen?
5 Spielt im Rollenspiel den Telefonanruf in einem Notfall.
6 Recherchiere im Internet den Begriff „unterlassene Hilfeleistung". Was ist das und welche Folgen können damit verbunden sein?
7 Recherchiere: Welche Gesetze gibt es zum Thema Schaulustige und was besagen sie?
8 Wie kannst du die lebensnotwendigen Funktionen prüfen? Was tun, wenn die lebensnotwendigen Funktionen gefährdet sind?
9 Informiert euch über typische Unfälle im Haushalt (Webcode). Erstellt in Gruppen Erklärvideos zur Vermeidung von typischen Haushaltsunfällen in der Schulküche! (Webcode)

Stromunfall
Nach einem Stromunfall muss immer eine Ärztin oder ein Arzt aufgesucht werden, da körperliche Schäden von außen nicht immer erkennbar sind oder erst einige Zeit später auftreten.

M1 Überschwemmung in Deggendorf, Bayern, im Jahr 2013

Hochwasser in Niederbayern

So hat sich Sina ihre Ferien nicht vorgestellt: Es regnet und regnet. Eigentlich wollte sie sich mit Freundinnen verabreden, ins Freibad gehen oder einfach zusammen rausgehen, aber ihre Mutter meint, bei dem Unwetter solle sie besser zu Hause bleiben.

Beim Chat mit einer Freundin erfährt Sina, dass in der Nähe ganze Ortschaften unter Wasser stehen und freiwillige Helfer gebraucht werden. Sie überlegt, ob auch sie helfen kann.

Auszug aus dem Newsticker der Deggendorfer Zeitung vom 05.06.2013

13:59 Uhr 1600 freiwillige Helfer haben die Koordinatoren auf der Liste. Die meisten sind derzeit am Unteren und Oberen Sand sowie in der Innstadt eingesetzt. Unterstützt werden sie auch von vielen Essensspenden, es fehlt jedoch immer wieder an Material, v.a. Schaufeln. Die Einsatzleitung hat derweil den freiwilligen Einsatz in höchsten Tönen gelobt. Allein gestern sei so viel Aufräumarbeit geschafft worden wie 2002 in zwei Wochen.

15:51 Uhr Die Turnhalle ist seit dieser Nacht Notunterkunft für Evakuierte.

16:01 Uhr Die Regionalbahn teilt auf ihrer Facebook-Seite mit: „Wir ermöglichen ab sofort bis 9. Juni allen Freiwilligen, die bei der Beseitigung der Hochwasserschäden mithelfen wollen, die kostenlose An- und Abreise mit unseren Zügen. Es reicht, wenn ihr dem Zugbegleiter sagt, dass ihr zur Hochwasserhilfe unterwegs seid."

Bevölkerungsschutz

Strom aus der Steckdose, Wasser aus dem Wasserhahn und übers Internet immer und überall erreichbar? Im Alltag erscheint uns all dies selbstverständlich. Wenn Krisen* auftreten, wird plötzlich offensichtlich, wie abhängig wir von lebenswichtigen Infrastrukturen sind. Naturkatastrophen als Auswirkung des Klimawandels oder Bedrohung durch Terror sind eine große Herausforderung für den Bevölkerungsschutz.*

M 2 Im Bevölkerungsschutz arbeiten private Hilfsorganisationen und öffentlich-rechtliche Einrichtungen eng zusammen.

Ehrenamt – Menschen, die helfen

In Deutschland sind 1,8 Millionen ehrenamtliche Helferinnen und Helfer für die Hilfe im Katastrophenschutz ausgebildet. Ohne aktives bürgerschaftliches Engagement* wäre der Zivil- und Katastrophenschutz in Deutschland undenkbar. Im Zivil- und Katastrophenschutz* mitarbeiten bedeutet:
– dabei sein und mitmachen
– im Team arbeiten
– Herausforderungen meistern
– Dienst für die Gesellschaft und Mitmenschen leisten

Zu den Organisationen, die sich im Katastrophenschutz engagieren, zählen:
- Arbeiter-Samariter-Bund (ASB)
- Bundesamt für Bevölkerungsschutz und Katastrophenhilfe (BBK)
- Deutsche Lebens-Rettungs-Gesellschaft (DLRG)
- Deutsches Rotes Kreuz (DRK)
- Deutscher Feuerwehrverband
- Johanniter-Unfall-Hilfe (JUH)
- Malteser Hilfsdienst (MH)
- Technisches Hilfwerk (THW)

* **Krise**
Wenn Gefahren- und Schadenslagen sich derart zuspitzen, dass die alltäglichen Maßnahmen und Mittel für die Vermeidung und Reduzierung von Schäden nicht ausreichen, handelt es sich um eine Krise.

* **Zivilschutz**
sind alle Maßnahmen zum Schutz der Bevölkerung und des öffentlichen Lebens im Falle von Krisen.

* **Bevölkerungsschutz**
Maßnahmen des Zivil- und Katastrophenschutzes zur Abwehr von Gefahren für die Bevölkerung werden als Bevölkerungsschutz bezeichnet.

* **Bürgerschaftliches Engagement**
Ehrenamt ist ein freiwilliger, meist unentgeltlicher Einsatz von Menschen für das Gemeinwohl.

1 Erinnerst du dich an Katastrophen in deiner Umgebung?
2 Was kannst du tun, um bei einer Katastrophe zu helfen?
3 👥 Vergleicht eure Ergebnisse und überlegt:
– Wie kannst du Kontakt aufnehmen, um zu helfen?
– Wie können Hilfsaktionen koordiniert werden?
4 Welche unterschiedlichen Aufgaben übernehmen die einzelnen Hilfsorganisationen beim Bevölkerungsschutz?
5 Recherchiere Hilfsorganisationen vor Ort. Wie kannst du dich beteiligen? Finde Kontaktdaten und Möglichkeiten, aktiv zu werden!
6 Über Soziale Netzwerke können Information ausgetauscht und Hilfe organisiert werden. Finde Beispiele.
7 Engagement als Chance – kannst auch du davon profitieren zu helfen?
8 👥👥 Engagement für Flüchtlinge – welche Krise steckt dahinter und welchen Nutzen hat das Engagement für die Gesellschaft?

WISSENSSPEICHER

Wunden versorgen

Ruhe bewahren und die verletzte Person beruhigen.
Wichtig: immer möglichst sauber arbeiten!

Schürfwunden:

- Schürfwunden desinfizieren
- Kleinere Abschürfungen offen heilen lassen. Größere mit einem Pflaster, Wundschnellverband oder einer sterilen Kompresse abdecken und mit einer Mullbinde befestigen.

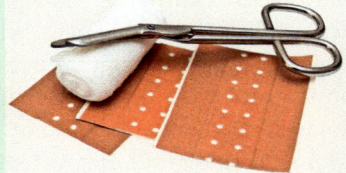

Platzwunden:

Tiefere Platzwunden müssen ärztlich versorgt werden.

Stichwunden:

- Stichwunden durch Messer, Glasscherben, Nägel und andere spitze Gegenstände sollten sofort von einem Arzt untersucht und behandelt werden.
- Bei tiefen Stichverletzungen muss der Gegenstand in der Wunde steckengelassen werden, da sonst innere Blutungen entstehen können. **Notruf!**

Bisswunden:

- Bei Kratz- und Bisswunden besteht eine sehr hohe Infektionsgefahr, deshalb muss eine Bisswunde immer vom Arzt untersucht und professionell gereinigt werden.

Stark blutende Wunden:

- Blutung stillen. Wenn die Blutungen nicht von selbst schwächer wird, Druckverband anlegen (z. B. verpackte Verbandrolle mit einem Verband fest auf die Wunde, sodass die Durchblutung unterbrochen wird).
- Bei spritzender Blutung mit einer sterilen Kompresse abdecken und ganz fest drücken. **Notruf!**

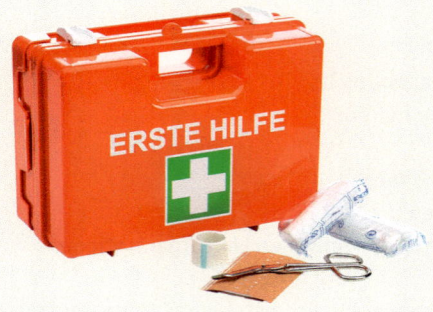

M1 Weißt du, wo du einen Verbandskasten finden kannst und hast du schon einmal nachgesehen, was alles darin ist?

Prellung, Bluterguss, Verstauchung, Verdacht auf Knochenbruch:

- Ruhe bewahren, verletzte Stelle ruhigstellen, wenn möglich hochlegen und kühlen.
- Unnötige Bewegungen des verletzten Körperteils vermeiden. Wenn nötig, einen stützenden Verband anlegen (z. B. Dreieckstuch bei Verletzung am Arm).
- Bei starken Schmerzen oder wenn sich die verletzte Stelle nicht bewegen lässt, die verletzte Person zum nächsten Arzt oder ins Krankenhaus bringen oder **Notruf** abgeben.
- Die verletzte Person sollte nichts essen oder trinken!

Insektenstich

- Einstichstelle kühlen, ein Kältepack, in ein Tuch gewickelte Eiswürfel, eine aufgeschnittene Zwiebel oder einen kalten nassen Lappen auflegen.
- Achtung: Insektenstiche im Mund und Rachen können lebensgefährlich sein, weil die Schwellung möglicherweise so stark ist, dass sie die Atmung behindern kann. **Notruf!** Bis der Rettungsdienst eintrifft: Eiswürfel lutschen und kühle Umschläge um den Hals wickeln.
- Atemnot, Schwindel, Herzklopfen oder starke Schwellungen können auf eine allergische Reaktion hindeuten. **Notruf!**

Gehirnerschütterung

Ein Sturz oder ein Zusammenstoß mit dem Kopf kann eine Gehirnerschütterung verursachen. Bei mindestens einem der Symptome muss die Person in eine Klinik. **Notruf!**

- Bewusstlosigkeit (auch kurzzeitig)
- unterschiedlich große Pupillen
- anhaltendes Weinen, Wimmern, Unruhe
- Person ist teilnahmslos, schläfrig, apathisch oder „irgendwie anders"
- auffälliger Gang, Bewegungsstörungen
- Blässe, Schwindel, Übelkeit, Erbrechen, Frieren, Krampfen
- Austritt einer wässrigen Flüssigkeit oder Blut aus Nase oder Ohren

112

Verbrennung, Verbrühung

- Betroffene Person so schnell wie möglich aus dem Gefahrenbereich bringen
- brennende Kleidung löschen: mit Wasser, Decke oder durch Wälzen am Boden
- Kleidung um betroffene Stellen ausziehen – eingebrannte Kleidung aber nie mit Gewalt entfernen!
- bei Verbrühung durchnässte Kleidung sofort ausziehen
- betroffene Körperregionen unter fließendem Wasser 5–20 Minuten lang kühlen!
- Ist die Verbrennung auf ein Körperteil begrenzt (Arm, Hand, Fuß), reicht es, diesen zu kühlen und dann steril zu verbinden.
- Wenn sich Blasen bilden oder die Haut stark beschädigt ist, sollte ein Arzt aufgesucht werden.
- Bei großflächiger Verbrennung oder Verbrühung: **Notruf!** Die verletzte Person sollte nichts mehr essen oder trinken.

Ein-Eltern-Familie

Regenbogenfamilie

Patchworkfamilie

Mehrgenerationenfamilie

Deine Familie !?

Kernfamilie

Adoptivfamilie

Leben bei Verwandten

Wohngruppe

M1 Es gibt vielfältige Familien- und Lebensformen, in denen Kinder und Jugendliche leben. Die meisten Kinder leben mit Verwandten zusammen. Es gibt aber auch Situationen, in denen andere Menschen die Familie ersetzen.

Familienbegriff und Familienformen

Unter einer Familie stellen sich die meisten Menschen die Lebensgemeinschaft einer Mutter und eines Vaters mit ihren Kindern vor. Dieses Modell hatten auch die Verfassungsväter und -mütter vor Augen, als sie im Grundgesetzartikel 6 Ehe und Familie unter den „besonderen Schutze der staatlichen Ordnung" stellten.

Familien sind heute vielfältiger. Etwa 70 Prozent der minderjährigen Kinder leben bei ihren verheirateten Eltern. Jedes fünfte Kind lebt mit nur einem Elternteil zusammen. Viele Eltern verzichten aufs Heiraten: Etwa ein Drittel aller Kinder wird nichtehelich geboren. In noch kleiner, aber zunehmender Zahl gründen heute auch gleichgeschlechtliche Partnerinnen oder Partner eine Familie.

Familienkonstellationen werden immer vielfältiger:
- Adoptivfamilie
- Ein-Eltern-Familie
- Kernfamilie
- Mehrgenerationenfamilie
- Patchwork-Familie
- Pflegefamilie
- Regenbogenfamilie
- Wohngruppe
- Zweitfamilie
- ...

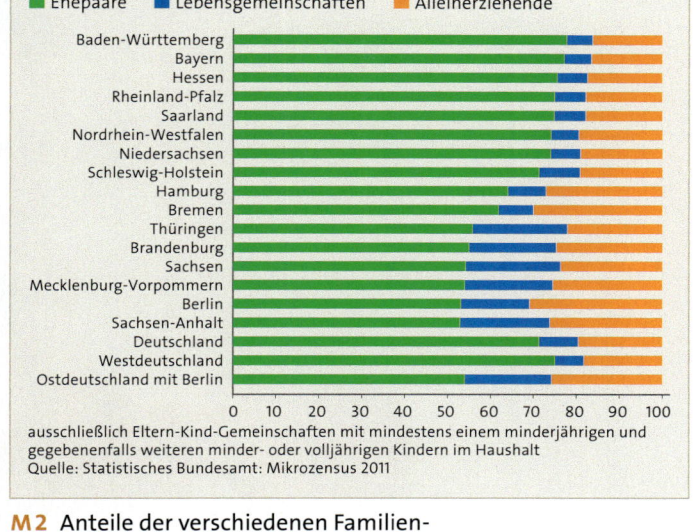

Anteile an allen Familienhaushalten der Länder in Prozent, 2011
■ Ehepaare ■ Lebensgemeinschaften ■ Alleinerziehende

ausschließlich Eltern-Kind-Gemeinschaften mit mindestens einem minderjährigen und gegebenenfalls weiteren minder- oder volljährigen Kindern im Haushalt
Quelle: Statistisches Bundesamt: Mikrozensus 2011

M2 Anteile der verschiedenen Familienformen in Deutschland

1 Wer gehört zu deinem Haushalt? Zeichne ein (Schau-)Bild mit allen Familienmitgliedern, die in deinem Alltag von Bedeutung sind.

2 Nenne Beispiele, was Familienmitglieder für dich tun und wie sie dich im Alltag unterstützen.

3 Wie bringst du dich in deine Familie ein? Wem hilfst du? Wer kann sich auf dich verlassen?

4 👥 Vergleicht eure Ergebnisse. Überlegt, was eine Familie zusammenhält und was für ein gutes Zusammenleben wichtig ist.

5 Erläutere die Familienbegriffe in M1.

6 Welche Vorteile und Herausforderungen empfindest du im Zusammenleben mit deiner Familie?

7 Alleinerziehende und ihre Kinder haben im Vergleich zu Paarfamilien ein größeres Armutsrisiko. Erkläre den Zusammenhang.

8 Nenne mögliche Ursachen dafür, warum manche Kinder oder Jugendliche ohne Familie leben. Überlege, was für sie die Familie ersetzen kann.

9 👥 Wie möchtest du in 20 Jahren leben? Spielt im Rollenspiel Alltagssituationen.

M 1 Leyla und ihre kleine Schwester

Leyla hat sich darauf gefreut, große Schwester zu werden. Am liebsten macht sie mit ihrer kleinen Schwester Quatsch, dann lacht sie total süß. Aber seit sie auf der Welt ist, hat sich das Familienleben sehr verändert. Die Eltern streiten oft, ihre Mutter ist oft müde und gereizt und in der Wohnung liegt alles nur rum. Und wenn Leyla etwas Neues braucht, heißt es immer, es sei kein Geld da.

Herausforderungen im Familienalltag

Das Familienleben ist mit vielfältigen Herausforderungen verbunden. Diese muss aber die Familie nicht allein bewältigen, es gibt zahlreiche Unterstützungsangebote für Familien.

Staatliche Unterstützung für Familien:
- Elterngeld
- Elternzeit
- Familienarbeitszeit
- Kindergeld
- Kinderzuschlag und Leistungen für Bildung und Teilhabe

- Mutterschaftsleistungen
- Steuerermäßigung bei familienunterstützenden Dienstleistungen
- Familienurlaub in Familienferienstätten

Deutsches Müttergenesungswerk

Die Elly Heuss-Knapp-Stiftung, bekannt als Deutsches Müttergenesungswerk, wurde 1950 von Elly Heuss-Knapp, der Frau des ersten Bundespräsidenten gegründet.

Ziel der gemeinnützigen Stiftung ist die Gesunderhaltung und gesundheitliche Wiederherstellung der Mütter in unserer Gesellschaft. Das Müttergenesungswerk berät und vermittelt speziell auf die Bedürfnisse der Mütter zugeschnittene Mütter- und MutterKind-Kuren. Von der vorbereitenden Beratung, der stationären Vorsorge oder Rehabilitation in den anerkannten Kliniken bis zur Nachsorge bietet es umfangreiche Unterstützung. Mit Gründung der „Zustiftung Sorgearbeit" wurde das Angebot auf Väter und pflegende Angehörige ausgeweitet.

Sozialpädagogische Familienhilfe

Die Erziehung von Kindern ist eine Herausforderung. Es gibt Lebensphasen, in denen alles zu viel wird und es nicht mehr gelingt, die vielfältigen Aufgaben des Alltags und die Anforderungen der Kinder zu bewältigen. Ziel der sozialpädagogischen Familienhilfe ist es, Familien zu unterstützen, ihr Zusammenleben nach ihren eigenen Vorstellungen und Fähigkeiten zu gestalten: Hilfe zur Selbsthilfe.

Die Unterstützungsangebote sind vielfältig, z.B.:

- Beratung der Eltern in Erziehungsfragen
- Unterstützung in Fragen der Alltagsbewältigung
- Umgang mit Konflikten
- Unterstützung bei schulischen Problemen
- Hilfe bei der Suche nach Ausbildungs- und Arbeitsplatz
- Begleitung von Jugendlichen in ihren Belangen
- Hilfe im Umgang mit Ämtern
- Hilfe bei der Integration in Angebote des Stadtteils

> „Um ein Kind groß zu ziehen, braucht es ein ganzes Dorf."
> *(Sprichwort aus Afrika)*

Vater-Kind-Kuren.
Väter-Kuren.

Für Väter genau das richtige Angebot zur Vorsorge und Rehabilitation.

Elly Heuss-Knapp-Stiftung
Müttergenesungswerk

M1 Das Müttergenesungswerk unterstützt heutzutage auch die Väter.

1 Nenne Beispiele für Herausforderungen im Alltag von Familien.

2 👥 Überlegt gemeinsam Lösungsmöglichkeiten für diese Herausforderungen. Welche Unterstützungsmaßnahmen können hilfreich sein?

3 Recherchiere, welche staatliche Unterstützung es für Familien gibt und wer sie bekommen kann.

4 Finde Beispiele für Hilfe innerhalb der Familie und überlege, wo Grenzen sind.

5 👥 Was könnte Leyla mit ihrer einjährigen Schwester unternehmen, wenn sie ihre Eltern ein wenig entlasten will? Sammelt Spielideen für Kinder verschiedener Altersstufen und erprobt die Ideen in der Lerngruppe.

6 Sozialpädagogische Familienhilfe gibt es auch in deiner Nähe. Recherchiere Kontaktadressen. Was erfährst du über das Unterstützungsangebot?

7 Erkläre das afrikanische Sprichwort mit eigenen Worten und überlege, welche Möglichkeiten zur Hilfe es in deinem Dorf oder in deiner Umgebung gibt.

8 Sozialpädagogische Familienhilfe – Wäre das vielleicht ein Beruf für dich?

Alex besucht gerne seinen Opa, der eine Straße weiter wohnt und der schon fast 80 Jahre alt ist. Sie spielen etwas zusammen oder reden miteinander. In letzter Zeit gewinnt fast immer Alex, weil Opa ein bisschen unaufmerksam ist. Beim Sprechen fallen ihm manchmal die Worte nicht ein und es kommt vor, dass er mehrmals die gleiche Frage stellt. Als kürzlich der Nachbar an der Tür geklingelt hat, weil er Opa verwirrt beim Spazierengehen getroffen hat und ihn mit nach Hause genommen hat, meinte Mama, dass es so nicht weitergehen kann. Opa braucht Hilfe.

Ambulante Pflege

Ambulante Alten- und Krankenpflege bedeutet, dass eine Pflegekraft zu einer Person, die nicht mehr alles allein machen kann, nach Hause kommt. Sie hilft fachkundig bei der täglichen Pflege, bei der hauswirtschaftlichen Versorgung*, und der häuslichen Betreuung, z.B.:

- Einkaufen und Hausarbeit
- Medikamentengabe, Verbandswechsel
- An- und Ausziehen von Kompressionsstrümpfen
- Injektionen, Blutdruckkontrolle
- Körperpflege und Lagern
- Hilfe beim Baden, An- und Auskleiden
- Mahlzeitengabe

Die ambulante Pflege ermöglicht Betroffenen, trotz Pflegebedürftigkeit in der vertrauten Umgebung zu bleiben.

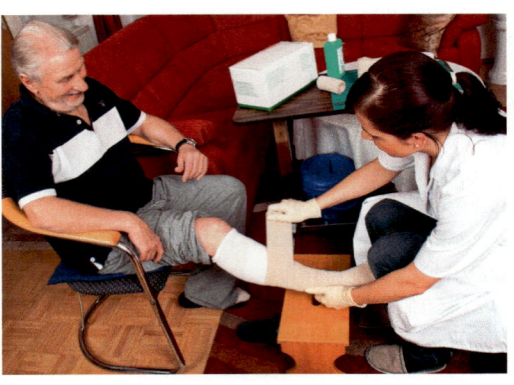

M1 Ambulante Pflege zu Hause

Tagespflege

In einer Einrichtung der Tagespflege werden ältere Menschen tagsüber versorgt und betreut. Dazu gehören verschiedene Beschäftigungsangebote, krankengymnastische Übungen, gemeinsame Mahlzeiten, Spiele und Spaziergänge. All dies dient dazu, die Fähigkeiten der Gäste zu erhalten und zu fördern. Auch pflegerische Tätigkeiten (z.B. Medikamentengabe), Körperpflege oder Arztbesuche können von der Tagespflege übernommen werden. Am Nachmittag gehen die Gäste nach Hause und übernachten in ihrer eigenen Wohnung.

Stationäre Unterbringung im Heim

Es gibt drei unterschiedliche Heimtypen: das Altenwohnheim, das Altenheim und das Pflegeheim.

In **Altenwohnheimen** leben die Bewohnerinnen und Bewohner relativ eigenständig in kleinen Wohnungen mit eigener Küche. Es besteht die Möglichkeit, die Mahlzeiten mit den anderen Bewohnerinnen und Bewohnern einzunehmen.

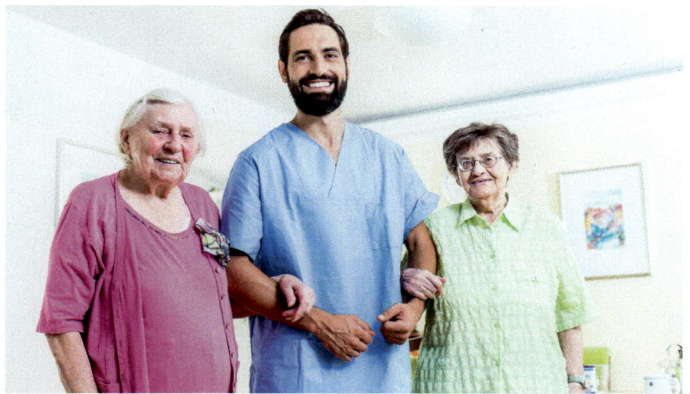

M2 In einem Altenheim

Altenheime gewährleisten älteren Menschen, die ihren Haushalt nicht mehr eigenständig führen können, pflegerische Betreuung und hauswirtschaftliche Unterstützung. Hier leben die Bewohnerinnen und Bewohner oft in ihren eigenen kleinen Wohnungen oder Appartements.

In **Pflegeheimen** leben die Bewohnerinnen und Bewohner in Einzel- oder Doppelzimmern. Sie werden pflegerisch und hauswirtschaftlich versorgt und betreut.

1 Warum meint Mama, dass es so nicht weitergehen kann? Überlegt, welche Ursachen und Lösungen möglich sind.

2 Hast du Kontakt mit älteren Menschen? Was macht ihr zusammen? Über welche Themen redet ihr miteinander? Was beobachtest du bei älteren Menschen?

3 👥 Tauscht euch über eure Erfahrungen mit älteren Menschen aus und überlegt gemeinsam, was sich im Alter verändert.

4 👥 Alt sein, was bedeutet das? Sammelt Ideen, was ihr für ältere Menschen tun könnt.

5 👥 Nehmt Kontakt zu einer Senioreneinrichtung auf. Ist es möglich, die Einrichtung zu besuchen? Überlegt Möglichkeiten, wie ihr euch als Gruppe dort einbringen könnt.

6 Ambulante Pflege, Tagespflege oder stationäre Unterbringung? Erstelle einen Steckbrief über die verschiedenen Betreuungsformen (z.B. Wo wohnen die Menschen? Welche Unterstützung kann übernommen werden? Kann im Notfall geholfen werden?). Überlege mögliche Konsequenzen für die betroffene Person und deren Angehörige.

7 Welche Angebote für ältere Menschen gibt es in deiner Umgebung?

8 Was bedeutet pflegerische Betreuung und hauswirtschaftliche Unterstützung? Nenne für beide Bereiche Beispiele, welche Tätigkeiten dabei ausgeführt werden. Für welche Tätigkeiten sind Fachkenntnisse oder eine Ausbildung notwendig?

9 Recherchiere, welche Berufsgruppen mit älteren Menschen arbeiten.

M1 Lissi mit ihrer Freundin

Lissi ist total geknickt. Eigentlich hatte sie im Unterricht das Gefühl, dass sie Mathe einigermaßen versteht. Vor der Arbeit hat sie sich das Heft noch einmal durchgeschaut. In der Klassenarbeit hatte sie dann kein gutes Gefühl. Nun liegt die Arbeit mit der Note fünf bis sechs vor ihr. Was soll sie machen? Wenn sie es zu Hause erzählt, heißt es bestimmt nur wieder: „Streng dich mehr an!" Ob ihre Freundin Verständnis für sie hat? Vielleicht kann sie ihr sogar helfen, die ist immer so gut in Mathe.

Freundschaften haben große Bedeutung für unser Leben, egal ob im normalen Alltag oder in besonderen Situationen, also wenn es uns besonders gut oder schlecht geht. In einer großen Jugendstudie gaben 97 % aller Befragten an, dass es für sie wichtig ist, gute Freundinnen und Freunde zu haben.

Freundschaft im Netz

Soziale Netzwerke wie Facebook, Twitter oder Instagramm gehören für viele Jugendliche zu den selbstverständlichen Dingen des Lebens. Auch dort ist von „Freunden" die Rede. Sammelst du im Netz auch möglichst viele Freunde oder Follower? Nicht selten sind die Freundschaftslisten endlos. Aber was heißt das?

Viele Untersuchungen zweifeln an der Intensität dieser Beziehungen. Sie argumentieren, dass man sich nur im realen Leben wirklich nah sein kann, auch deshalb, weil das Netz dazu einlade, nicht immer ehrlich über die eigenen Gefühle zu sprechen. In einer persönlichen, engen Beziehung sei es nicht so leicht, sich zu verstellen, weil man sich besser kenne. Doch das Internet bietet auch viele Möglichkeiten: Zum Beispiel kann man über weite Entfernungen unkompliziert kommunizieren und so Freundschaften zu Menschen pflegen, die weit entfernt sind und die man deswegen kaum persönlich treffen könnte.

Gute Freunde, langes Leben

Wer funktionierende soziale Beziehungen hat, ist zufriedener und fühlt sich wohler als Menschen, die isoliert leben. So verringert sich etwa das Risiko für Herz-Kreislauf-Erkrankungen und Depressionen *. Untersuchungen haben gezeigt, dass Menschen, die in Prüfungssituationen von Freundinnen oder Freunden begleitet wurden, weniger Stresshormone ausschütteten. Sie fühlten sich ruhiger und sicherer als diejenigen, die keine Unterstützung hatten.

* **Depression**
ist eine psychische Störung, bei der die betroffene Person sich sehr traurig, lustlos und ohne Hoffnung fühlt und oft keine Aktivität mehr zeigt.

Wer gute Freunde hat, scheint einen anderen Blick auf das Leben zu haben. Mit vertrauten Menschen an der Seite werden Probleme als weniger bedrohlich empfunden. Außerdem hat man an Tagen, an denen man Freunde trifft, ein höheres Selbstwertgefühl.

Freunde spielen als „lebensverlängernde" Maßnahme eine wichtigere Rolle als Verwandte. Das liegt möglicherweise daran, dass man sich Freunde selber aussuchen kann. Allerdings wirkt sich die Freundschaft nur dann positiv aus, wenn es sich dabei um eine vertrauensvolle und gleichberechtigte Beziehung handelt und die Freunde gemeinsam „durch dick und dünn gehen". Reine Zweckbündnisse oder Beziehungen, die nicht in die Tiefe gehen, haben keinen Einfluss auf die Lebenserwartung.

Unterstützer in schweren Zeiten

Warum haben Freundschaften so viele positive Wirkungen? Sie geben dem Leben einen Sinn. Das Gefühl, nicht allein auf der Welt zu sein, hilft, den Alltag zu bewältigen. Es ist ein gutes Gefühl, für einen anderen Menschen eine wichtige Rolle zu spielen. Freunde helfen bei vielen Entscheidungen: Es tut gut, mit einem engen Vertrauten über Probleme zu sprechen.

Freunde zu finden und die Beziehungen dann noch zu pflegen, ist nicht immer leicht. Die eigenen Bedürfnisse müssen zurückgestellt werden und der Alltag lässt oft wenig Platz für regelmäßige Verabredungen. Doch die Investition lohnt sich, denn wer gute Freunde hat, kommt leichter durchs Leben.

> Spannende weitere Aspekte zum Thema Freundschaft findest du auf der Webseite der Fernsehreihe „Planet Wissen" zum Thema Freundschaft (Webcode).

> Freunde sind wie Bäume. Es ist nicht von Bedeutung, wie viele man hat, sondern wie tief ihre Wurzeln sind.
>
> Freunde sind wie Sterne: Du siehst sie nicht immer, aber sie sind immer für dich da.

M 2 Sprüche zum Thema Freundschaft

M 3 Mit Freunden kann man etwas unternehmen oder auch mal nur zusammen abhängen.

1 Versetze dich in Lissis Situation. Was würdest du an ihrer Stelle tun? Wie könnte Lissis Freundin reagieren?

2 👥 Vergleicht eure Ergebnisse und überlegt gemeinsam, was eine gute Freundschaft ausmacht.

3 Wer ist für dich besonders wichtig? Denke nach, wie du diese Person kennengelernt hast und wie sich eure Freundschaft entwickelt hat.

4 Erkläre die Sprüche zum Thema Freundschaft (M 2). Finde deinen Spruch zum Thema Freundschaft.

5 Wie kannst du zu einer Person die Beziehung pflegen, wie kannst du zeigen, dass sie dir wichtig ist? Berücksichtige dabei Menschen, mit denen du fast täglich zu tun hast und Menschen, die weit weg sind oder die du nur selten triffst.

6 Wie viele Freundschaften hast du im Netz? Bewerte deine Kontakte und überlege, woran es liegt, wenn ein Kontakt dir besonders wichtig ist.

7 Finde Beispiele von Gefahren in sozialen Netzwerken. Wie können die „Freundschaften" dort schädlich werden? Sammle Verhaltensregeln, mit denen du die Gefahr verringerst.

8 👥👥 Erstellt in der Lerngruppe eine Broschüre über sicheres Verhalten im Netz.

9 Was kannst du tun, wenn niemand da, mit dem du über dein Problem reden kannst? Recherchiere auch im Internet, z. B. auf der Seite Jugendnotmail (Webcode). In welchen Situationen sind solche Portale wichtig?

Lebens-geschichten

Überlege
- *Was könnte in den Sprechblasen stehen?*
- *Hast du eine ähnliche Situation schon einmal erlebt?*
- *Entwickelt einen Dialog, den ihr der Lerngruppe vorstellt.*

169

Ruhe genießen

an nichts denken

nur meine Lieblingsmusik und ich

meinen Gedanken nachhängen

die Seele baumeln lassen

keiner stört mich

nichts lenkt mich ab

Ein langer Schultag ist vorbei: Schule, Hausaufgaben ... Jetzt erst mal eine Runde entspannen!

Relaxen, chillen, abhängen ... Hierfür findest du viele Begriffe in der Jugendsprache. Welchen benutzt du am liebsten?

Jeder Mensch braucht Räume und Zeiten, in denen er sich zurückziehen kann. Dabei erholen und entspannen wir uns meist. In Phasen der Entspannung geben wir unserem Gehirn die Möglichkeit, neue und alte Eindrücke zu ordnen und zu sortieren. Im Laufe deines Lebens hast du gelernt, in welchen Situationen und Umgebungen dir Entspannung am besten gelingt.

M1 Einfach mal abschalten! Ich lasse meinen Gedanken freien Lauf.

M2 Es gibt viele verschiedene Rückzugsorte. Wo fühlst du dich am wohlsten?

M3 Für die meisten Jugendlichen ist ihr eigenes Zimmer der beliebteste Rückzugsraum.

Anders als viele Erwachsene denken, muss es nicht still sein, um sich zu entspannen. Schau dir die Fotos in **M1** und **M2** an. Oft sind es Orte, an denen die Jugendlichen einfach ungestört alleine sein können. Niemand will etwas von ihnen und sie werden in Ruhe gelassen. Sie können die Dinge tun, die sie den Alltag vergessen lassen. Dabei spielen die sensorischen Eindrücke eine große Rolle: Worauf lenken wir unseren Blick? Oder schließen wir die Augen? Welche Düfte umgeben uns? Sind es die Beats, die wir in der Bauchdecke auch fühlen? Oder die Ruhe und das Vögelgezwitscher von draußen? Wie fühlt sich der Stoff von dem Sofa, auf dem wir liegen an?

M4 Oft genügt eine ruhige Ecke, die dir zu bestimmten Zeiten allein gehört, um zur Ruhe zu kommen.

1 Auf den Bildern M2 siehst du Jungen und Mädchen in verschiedenen Situationen. Überlege: Warum eignen sich die diese Orte als Rückzugsorte?

2 👥👥 Wohin gehst du, wenn du deine Ruhe haben willst? Berichte!

3 Wie müsste dein Traumzimmer aussehen, in das du dich gerne zum Relaxen zurückziehst? Es muss nicht unbedingt ein Zimmer sein, es kann auch irgend ein anderer Raum oder ein Ort draußen sein: Beschreibe die Umgebung, in der du dich zurückziehen kannst.

4 In welcher Umgebung fällt es dir schwer, deinen Gedanken freien Lauf zu lassen? Schreibe deine Überlegungen auf und benutze dazu auch **M3**.

5 👥👥 Wie oft und wie lange nimmst du dir Zeit, um dich zu entspannen? Macht eine Punktabfrage und erstellt aus den gesammelten Werten ein Diagramm.

6 👥👥 Sammelt in einer Liste an der Tafel die Eigenschaften von geeigneten und ungeeigneten Rückzugsräumen.

M 1 „Die Bücher in meinem Regal und der Vorhang sehen noch aus wie in meinem Kinderzimmer."

Ich lebe noch in meinem Kinderzimmer

„Ich liege auf meinem Bett und denke nach. Ich lasse den Blick über mein Zimmer schweifen und bin unzufrieden. Eigentlich lebe ich noch in meinem Kinderzimmer. Die Vorhänge mit den kleinen Männchen sind einfach kindisch. Bis heute hat mich das nicht gestört. Und die meisten Bücher in meinem Regal sind Kinderbücher. Die Geschichte von den Kindern aus Bullerbü fand ich früher mal toll, aber so schnell werde ich sie nicht wieder lesen. Vielleicht möchte meine kleine Cousine das Buch geschenkt haben? Und was ist mit den Gesellschaftsspielen, die ganz unten im Regal liegen? Wenn ich mehr Platz im Regal hätte, könnte ich …

Das Poster mit den Comicfiguren ist auch schon ganz ausgebleicht. Seitdem ich meinen Computer auf dem Schreibtisch stehen habe, bin ich dauernd abgelenkt beim Hausaufgabenmachen. Und der Drucker am Boden stört mich. Ich bräuchte eigentlich einen zweiten Tisch zum Arbeiten."

Dein Zimmer oder deine Zimmerecke

Wie ist das bei dir? Wenn du einen kritischen Blick in dein Reich wirfst – was fällt dir auf? Ist dein Zimmer oder deine Zimmerecke gemütlich? Gibt es Dinge, die du nicht mehr brauchst und die unnötig Platz in Schränken und Regalen belegen? Gibt es Sachen, die du zwar noch brauchst, aber besser nicht sichtbar verstauen möchtest?

Hast du kleine Dinge, die für dich mit schönen Erinnerungen verbunden sind und die du gerne aufheben und immer wieder anschauen möchtest?

Überlege, ob alles, was in deinem Zimmer ist, wirklich dort sein muss. Vielleicht ist dein Skateboard auch in der Garage oder im Keller gut aufgehoben? Kannst du Bücher, in denen du nicht mehr liest, auf den Dachboden packen? Sind in deinem Schrank Kleidungsstücke, die du schon sehr lange nicht mehr anhattest? Nicht mehr benötigte Klamotten solltest du aussortieren. Kann sie jemand brauchen, den du kennst? Kann man noch was draus machen, z.B. eine Jeanshosentasche? Wo ist der nächste Altkleidercontainer?

Wie man Räume praktisch und dennoch gemütlich einrichtet, darüber haben sich Innenarchitektinnen und Raumausstatter schon viele Gedanken gemacht.

Farben zeigen Gefühle: Grün für die Geduld, gelb und orange für die Wärme … Farben können Empfindungen hervorrufen. Welche Farben sprechen dich an?

Unordnung vermeiden: Die meiste Unordnung in Jugendzimmern entsteht durch umherliegende Kleidungsstücke. Da hilft nur eins: Du musst dir eine „Klamotten-Disziplin" aneignen: Räume frisch gewaschene Stücke immer sofort in den Schrank. Was gewaschen werden muss, steckst du sofort zur Schmutzwäsche.

M 2 Eine Pinnwand oder eine schöne Schachtel für Dinge, die du gerade nicht brauchst, sind praktische Helfer, wenn es darum geht, etwas Ordnung zu schaffen.

> Intelligente Menschen halten Ordnung – das Genie findet sich auch im Chaos zurecht.
>
> *(Volksmund)*

> In einem aufgeräumten Zimmer ist auch die Seele aufgeräumt.
>
> *Ernst von Feuchtersleben*

1 Welche Gegenstände erinnern in deinem Zimmer oder in deiner Wohnecke an die Kindheit? Welche an die heutige Lebenssituation?

2 Überlege, welche Funktionen dein Zimmer oder deine eigene Zimmerecke erfüllen muss? Wie kannst du das am besten erreichen? 👥 Beratet euch gegenseitig.

3 Lade eine Freundin oder einen Freund ein: Sie sollen „offenen Auges" durch dein Zimmer gehen. Was fällt ihr oder ihm auf? Was verrät dein Zimmer über dich? Was ist gut, was ist nicht so gut? Was würdest du beibehalten, was würdest du ändern?

4 Du willst deine nicht mehr täglich benötigten Spiele und Bücher in einem großen Karton auf dem Kleiderschrank verstauen. Entwirf ein Muster, mit dem du den Karton zum Schmuckgegenstand machen kannst.

5 👥 Betrachtet Möbelprospekte, in denen Jugendzimmer abgebildet sind. Was fällt euch auf? In welchem dieser Zimmer würdet ihr euch wohlfühlen? Warum? Überlegt, wie man ähnliche Effekte ohne viel Aufwand in deinem jetzigen Zimmer verwirklichen kannst. Tauscht euch aus.

6 👥 Erstellt von euren Zimmern einen Grundriss und zeichnet ihn im Maßstab 1:50 auf. Dann ermittelt ihr von jedem Möbelstück die Grundfläche und schneidet jeweils Pappstückchen im gleichen Größenverhältnis zu. Legt die Pappstückchen auf den Grundriss und schiebt sie hin und her. Beachtet dabei, dass vor Fenstern und Türen Freiräume bleiben müssen.

7 👥 Sucht im Internet nach einer „Einrichtungs-App", mit der ihr euer Zimmer virtuell mit Möbeln bestücken könnt.

8 Träume dich in eine Wunschwelt: Wie würde dein Traumzimmer aussehen? Stelle ein Modell im Maßstab 1:10 her.

Die Klasse 7a möchte ihr Klassenzimmer modernisieren. Vom Förderverein der Schule erhält sie für dieses Vorhaben 300 Euro. Der Zuschuss ist an die Bedingung geknüpft, dass die Klasse einen Plan erstellt, was zu welchen Kosten wie verändert werden soll (Anregungen findest du auch auf der Webseite der Organisation „Das macht Schule" Webcode).

Jedes Projekt hat vier Phasen:

1. Zielfindung
2. Planung
3. Durchführung
4. Nachbereitung

1. Schritt: Zielfindung

Schnell kristallisiert sich im Klassengespräch heraus, dass die Schülerinnen und Schüler sich vor allem neue Farbe an den bislang beige gestrichenen Wänden wünschen. Unter dem Motto „Bunt statt beige!" nehmen sie mit der Schulleitung, dem Hausmeister und einem mit der Schule zusammenarbeitenden Malerbetrieb Kontakt auf.

2. Schritt: Planung

Der Malerbetrieb schickt einen Ausbilder und einen Azubi in die Schule, der den Schülerinnen hilft, ihr Vorhaben zu planen und durchzuführen. Der Hausmeister prüft mit den Schülern, ob es noch andere Arbeiten gibt, die im Zuge der Renovierungsarbeiten mit erledigt werden sollten.

2.a Vorstellungen über den geplanten Endzustand entwickeln

Die Schülerinnen wählen die Farben aus, in denen die Wände jeweils gestrichen werden sollen. Vom Malerbetrieb bekommen sie dazu einen Farbfächer. Mit Deckfarben gestalten sie die einzelnen Wände in einer Entwurfszeichnung.

2.b Besprechen, was gemacht werden muss

Die Schüler überlegen, wie die Arbeiten ablaufen sollen.
Alle Arbeitsaufgaben werden einzeln auf Karteikarten notiert und an eine Pinnwand geheftet.

METHODE

2.c Gliedern der Arbeitsaufgaben

Die anfallenden Arbeiten werden in drei Bereiche eingeteilt:

Arbeitsvorbereitung (z. B. Wände ausmessen; Farbe, Abdeckfolien, Malerkreppband, Roller, Pinsel usw. einkaufen; Elternbrief ...)

Aktion (z. B. Abkleben, Malerhüte aus Zeitungspapier basteln, Streichen, Fotografieren, Aufräumen ...)

Nachbereitung (z. B. Schreiben eines Artikels für die Schülerzeitung, Dankschreiben an die Malerfirma und den Förderverein ...)

2.d Zuweisen der Arbeitsaufgaben

Die Schülerinnen erstellen einen Arbeitsplan *, an dem man ablesen kann, wer wann welche Aufgabe erledigt.

> * Arbeitspläne regeln, wer macht wann was (mit wem)?

Wer macht's?	Gruppe I	Gruppe II	Gruppe III	Gruppe IV
Vorbereitung	Am Vortag: Klassenzimmer ausräumen, alle Sachen kommen auf den Gang			
	Wände ausmessen und Fläche berechnen	Herausfinden, ob es einen oder zwei Anstriche braucht.	In Absprache mit der Malerfirma Material- und Einkaufsliste erstellen	Brotzeit planen
Aktion	Abkleben aller Fenster und der Türzargen	Abkleben des Fußbodens	Abkleben des Waschbeckenbereichs und der Magnetwände	Abkleben der Tafel und Auslegen eines Zeitungspapiergangs zur Toilette
	Streichen	Streichen	Notfall-Putzteam: feuchte Tücher	Brotzeit vorbereiten, Fotos zur Dokumentation
	...	...	...	...

3. Schritt: Durchführung

Abarbeiten der Aufträge nach Arbeitsplan.

4. Schritt: Nachbereitung

Die Klasse 7a ist ganz glücklich in dem neu gestrichenen Raum und auch stolz, dass sie das geschafft haben. Sie möchten sich mit einem Artikel in der Schülerzeitung beim Förderverein und dem Malerbetrieb bedanken.

Sie gehen im Nachhinein in Gedanken noch einmal Vorbereitung und Durchführung durch und fragen sich: Was war gut, was hätten wir besser machen können?

Kaum ein Projekt läuft ohne kleinere oder größere Überraschungen oder Schwierigkeiten, deshalb plant Zwischenbesprechungen ein: Gleicht dabei eure Ziele mit euren Arbeitsplänen und Zwischenergebnissen ab. Denkt dabei auch über die Zusammenarbeit in eurer Gruppe nach.

Seit 1972 regelt in Deutschland das Textilkennzeichnungsgesetz, wie der Gehalt von Rohstoffen in textilen Waren angegeben werden muss. Diese Kennzeichnung ist heute in allen EU-Ländern Pflicht. Sie muss am textilen Gegenstand befestigt sein. Häufig wird sie in eine Naht eingenäht. Weitere Angaben wie Gütezeichen, Warenzeichen oder Pflegekennzeichnungen sind freiwillig.

M1 Auszug aus dem Textilkennzeichnungsgesetz

§4 (1) Für ein Wollerzeugnis darf die Bezeichnung „Schurwolle" verwendet werden, wenn es ausschließlich aus einer Faser besteht, die niemals in einem Fertigungserzeugnis enthalten war und die weder einem anderen als dem zur Herstellung des Erzeugnisses erforderlichen Spinn- und Filzprozesses unterlegen hat noch einer faserschädigenden Behandlung oder Benutzung ausgesetzt wurde.

§5 (1) Die Gewichtsanteile der verwendeten textilen Rohstoffe sind in Vomhundersätzen des Nettotextilgewichts anzugeben, und zwar bei Textilerzeugnissen aus mehreren Fasern in absteigender Reihenfolge ihres Gewichtsanteils.

M2 Im Textilkennzeichnungsgesetz steht unter anderem:

Wenn ein textiles Erzeugnis nur aus einem Rohstoff besteht, kann das so aussehen:	Bei einem Textilerzeugnis, das aus mehreren Rohstoffen besteht, wovon einer mit mindestens 85 % enthalten ist, muss dieser Rohstoff mit seinem Gewichtsanteil angegeben sein. Die sonstigen Rohstoffe müssen nicht, können aber genannt werden.	Ist kein Rohstoff zu 85 Prozent oder mehr enthalten, müssen die beiden Rohstoffe mit den größten Gewichtsanteilen genannt werden. Die übrigen Rohstoffe werden in absteigender Reihenfolge ihrer Gewichtsanteile aufgeführt.

M3 Gütekennzeichen sind firmenunabhängige Kennzeichnungen einer Ware. Verschiedene Hersteller dürfen sie nur verwenden, wenn sie sich an die Herstellungsvorschriften halten, die sie vorher vereinbart haben.

Pflegesymbole

Pflegekennzeichen zeigen an, wie eine Textilie zu pflegen ist. Sie geben Auskunft über geeignete Waschverfahren und Bügeltemperaturen, über die Möglichkeiten der chemischen Reinigung und den Einsatz eines Wäschetrockners.

Die Pflegekennzeichnung ist freiwillig. Die meisten Textilien enthalten jedoch Etiketten mit den Pflegesymbolen. Manchmal sind die Pflegesymbole auch auf der Verpackung der Ware aufgedruckt oder in einer Gebrauchsanweisung aufgeführt.

WASCHEN (Waschbottich)	95	30	60	60	40	40	30	Handwäsche	nicht waschen
	Normal-wasch-gang	Normal-wasch-gang	Normal-wasch-gang	Schon-wasch-gang	Normal-wasch-gang	Schon-wasch-gang	Schon-wasch-gang	Hand-wäsche	nicht waschen

Die **Zahlen** im Waschbottich entsprechen den **maximalen Waschtemperaturen**, die nicht überschritten werden dürfen. – Der **Balken** unterhalb des Waschbottichs verlangt nach einer (mechanisch) **milderen Behandlung** (zum Beispiel Schongang). Er kennzeichnet Waschzyklen, die sich zum Beispiel für pflegeleichte und mechanisch empfindliche Artikel eignen.

CHLOREN (Dreieck)	Cl			Chlorbleiche nicht möglich
	Chlorbleiche möglich			Chlorbleiche nicht möglich

BÜGELN (Bügeleisen)	•••	••	•	nicht bügeln
	heiß bügeln	mäßig heiß bügeln	nicht heiß bügeln	nicht bügeln

Die Punkte kennzeichnen die Temperaturbereiche der Reglerbügeleisen.

CHEMISCH-REINIGUNG (Reinigungs-trommel)	P	P	F	F	keine Chemisch-reinigung möglich
	auch Kiloreinigung		Kiloreinigung nicht möglich		keine Chemisch-reinigung möglich
	möglich	mit Vorbehalt möglich			

Die **Buchstaben** sind für den Chemischreiniger bestimmt. Sie geben einen Hinweis auf die in Frage kommenden **Lösemittel**.
Der **Strich** unterhalb des Kreises verlangt bei der Reinigung nach einer **Beschränkung** der mechanischen Beanspruchung, der Feuchtigkeitszugabe und der Temperatur.

TUMBLER-TROCKNUNG (Trockentrommel)	••	•	nicht möglich
	Trocknen mit normaler thermischer Belastung	Trocknen mit reduzierter thermischer Belastung	Trocknen im Tumbler nicht möglich

Die Punkte kennzeichnen die Trocknungsstufe der Wäschetrockner.

M4 Pflegesymbole geben Auskunft über die Reinigungs- und Pflegeempfehlungen der Hersteller.

Hausarbeit: Was ist mein Anteil?

M1 Vier typische Tätigkeiten, mit denen sich Kinder und Jugendliche an der Hausarbeit beteiligen.

„Also ehrlich – das ist unfair!", schimpft Julians Mutter. „Ich gehe jeden Tag zur Arbeit, genauso wie ihr zur Arbeit und zur Schule geht – und trotzdem bleibt die ganze Hausarbeit an mir hängen! Ihr habt gar keine Vorstellung davon, wie lange es dauert, jeden Tag zu kochen, die Küche danach wieder sauber zu machen, die Wäsche zu machen oder auch nur die grundlegendsten Reinigungsarbeiten zu erledigen.

Dazu kommen dann noch regelmäßig anfallende Arbeiten wie Fenster putzen, Betten überziehen ... Ich bin dafür, dass jeder in Zukunft sein Bett selbst überzieht, dass wir uns beim Aufhängen der Wäsche abwechseln, dass jeder mal einkaufen geht!" Julian und sein Bruder Jonas machen ein betretenes Gesicht. Bislang hatten sie es als ganz normal angesehen, dass ihre Mutter die Hausarbeit fast völlig alleine erledigte.

Arbeitsteilung ist angesagt

In unserer Vorstellung einer modernen Familie wird die Hausarbeit zwischen allen Familienmitglieder aufgeteilt. Eltern beziehen das auch auf ihre Kinder, wie die Umfrage der 7b zeigt. Die Eltern antworteten auf die Frage, warum sich Kinder am Haushalt beteiligen sollten:

- Nur wer schon in jungen Jahren lernt, was im Haushalt zu tun ist, kann später einen eigenen Haushalt führen.
- Mein Kind soll lernen, Verantwortung zu übernehmen.
- Mein Kind soll selbstständig werden.
- Wer gelernt hat, die Arbeit zu „sehen", hat später berufliche Vorteile.
- Mein Kind soll lernen, dass es auch langweilige Pflichten gibt, die man aber trotzdem erledigen muss.
- Es ist einfach nur gerecht, wenn die Hausarbeit auf mehrere Schultern verteilt wird.

M2 Elternumfrage zum Thema Hausarbeit

Immer nur abtrocknen und Müll rausbringen?

Familie Heimerl sitzt am Küchentisch. Das Essen war lecker, das benutzte Geschirr steht noch auf dem Tisch. „Traditionell" ist es Aufgabe von Jana und Jochim, den Tisch abzuräumen, aber beide haben nicht so wirklich Lust auf diesen Job.

„Ich habe auch nicht immer Lust aufs Kochen, Waschen und Saubermachen. Wenn ihr euch anderweitig am Haushalt beteiligt, können wir gerne über eine neue Arbeitsverteilung reden", erklärt Mutter Heimerl. Nachdem das Geschirr gemeinsam weggeräumt wurde, schreibt die Familie auf, was im Haushalt alles zu tun ist. „Das ist eine lange Liste", gibt Jochim zu.

Massenhaft „außerplanmäßige" Tätigkeiten

Jana und Jochim sind auch überrascht, wie viele Tätigkeiten auf der Liste stehen, die nicht täglich anfallen, aber trotzdem regelmäßig erledigt werden müssen: Rasenmähen, Fensterputzen, Gardinenwaschen, Teppichreinigen, Unkrautjäten, Straßefegen, Äpfelpflücken, Marmeladeeinkochen, Schneeschieben, Plätzchenbacken, den Zaun streichen, Blumendüngen und vieles mehr.

Such dir was aus!

Jana und Jochim markieren auf der Hausarbeitsliste, welche Aufgaben sie bereit sind zu übernehmen. Jochim entscheidet sich für Wäsche waschen und zusammenlegen. Jana will in Zukunft mehr bei der Gartenarbeit mithelfen. Beide müssen sich dazu noch Wissen aneignen. Deshalb arbeiten Vater und Mutter Heimerl erst zusammen mit ihren Kindern, bevor jedes seine neuen Aufgaben selbstständig übernimmt. Jochim lernt, Wäsche nach Farben und Qualität des Stoffes zu sortieren und mit verschiedenen Waschmitteln zu waschen. Jana lernt von ihrer Mutter, wie sie ihr Fahrrad flickt.

1. Welche Vorteile sehen Eltern, wenn die Kinder im Haushalt helfen? (**M2**) Was sagst du dazu? Gibt es aus deiner Sicht weitere Vor- und Nachteile? Diskutiere in der Lerngruppe Vor- und Nachteile.

2. Überlege dir eine typische Familiensituation. Wie kann aus deiner Sicht eine gerechte Aufteilung der Hausarbeit in dieser Familie aussehen?

3. Frage erwerbstätige Männer und Frauen, ob sie sich vorstellen können, eine Hausfrauen-Ehe bzw. eine Hausmanns-Ehe* zu führen (siehe S. 30).

4. Auf den Bildern von **M1** siehst du typische Tätigkeiten, mit denen Kinder und Jugendlichen ihre Eltern bei der Hausarbeit unterstützen. Wie ist das bei dir zuhause? Welche Tätigkeiten verrichtest du?

5. Familie Heimerl erstellt eine lange Liste mit Arbeiten, die im Haushalt anfallen. Was könnte auf dieser Liste stehen? Diskutiert, wie die Arbeiten zwischen Männern und Frauen traditionell aufgeteilt sind und ob das aus eurer Sicht sinnvoll ist.

6. Viele Arbeiten fallen täglich bzw. mindestens einmal pro Woche an? Erstellt einen Stundenplan, in dem alle Tätigkeiten aufgelistet werden und aus dem ersichtlich ist, wer was macht.

7. Jana und Joachim lernen von ihren Eltern, wie sie die Arbeiten verrichten können. Das ist nicht immer so. Wähle eine typische Hausarbeit und recherchiere, wie du diese professionell erledigst! Erstelle eine Fotoanleitung dazu (siehe S. 22).

* **Hausfrauen- oder Hausmannsehe**
Partnerschaftsmodell, bei dem ein Ehepaar sich die Arbeit so teilt: Eine Person ist berufstätig und die andere für die Hausarbeiten zuständig. Dieses Partnerschaftsmodell war im vorigen Jahrhundert häufig anzutreffen.

Konflikte lösen: Was heißt „aufgeräumt" für mich?

M1 Sprüche zum Thema Ordnung

Das ist mein Zimmer!

Jeden Tag das gleiche Spiel: Ich sitze in meinem Zimmer und will endlich mal meine Ruhe haben, dann platzt meine Mutter rein und zetert rum, dass ich doch unbedingt aufräumen soll. Klar, sie hat ein bisschen Recht. Es ist wirklich nicht so toll aufgeräumt bei mir wie bei ihr in der Küche und im Wohnzimmer. Aber erstens würde ich das nie zugeben, weil sie mich immer so anfährt. Denn schließlich ist es **mein** Zimmer und nicht ihres. Und zweitens habe ich gar nicht das Bedürfnis, dass bei mir alles immer tippitoppi aufgeräumt sein muss. Mir gefällt es so, wie's ist bei mir.

Streitthema Ordnung halten

Wie ist das bei dir? Ist dein Zimmer immer aufgeräumt? – Umfragen unter Familien haben gezeigt, dass das Thema „Ordnung halten" einer der häufigsten Streitpunkte zwischen Eltern und Kindern ist. Kinder brauchen noch Hilfe beim Aufräumen, von Jugendlichen erwarten die Eltern, dass sie ihr Zimmer selbstständig in Ordnung halten. „Das ist doch nicht schwer!", „Das kann man doch verlangen!", „Das sind doch nur Handgriffe!" sind typische Elternaussagen. Manche Eltern glauben, dass sie ihre Kinder nur häufig genug und unnachgiebig „erinnern" müssen, damit sie sich endlich aufraffen. Jugendliche empfinden diese Nörgeleien als lästig. Viele schalten „auf Durchzug", andere debattieren lange.

Solche Streitgespräche sind anstrengend für alle Beteiligten. Eltern glauben, Selbstverständliches durchsetzen zu müssen, Jugendliche dagegen können oft nicht nachvollziehen, warum die Eltern so auf dem aufgeräumten Zimmer beharren. Sie glauben sich im Recht, testen Grenzen aus und sagen im Eifer des Gefechts oft Dinge, die ihnen nachher leidtun.

Richtig streiten kann man lernen

Richtig streiten können ist ein wichtiger Entwicklungsschritt. Wer richtig streiten kann, schreit nicht nur einfach herum, sondern versucht in ruhigen Worten, seinem Gegenüber den eigenen Standpunkt und die eigenen Gefühle dabei klarzumachen. Das geht am besten, indem man die eigene Meinung in „Ich-Botschaften" formuliert.

Gut wäre z.B. zu sagen: „Ich bin heute so geschafft von der Schule und habe mich auch noch über meine Banknachbarin geärgert." Das klingt gleich ganz anders als: „Raus hier! Du nervst mich!"

Der genervte Vater könnte zum Beispiel sagen „Ich fühle mich wohler, wenn es aufgeräumt ist. Dann muss ich auch nicht so viel suchen."

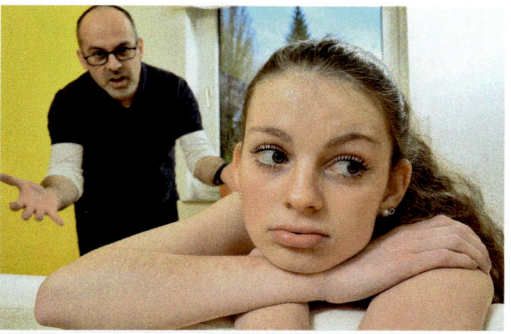

M2 Wieviel Ordnung muss sein? In vielen Familien gibt es immer wieder Streit darüber.

Richtig zuhören

Wer richtig streiten kann, kann auch zuhören. Das ist die schwierigste Aufgabe, vor allem, wenn man sich selber ungerecht behandelt fühlt und sich verteidigen möchte. Wer richtig zuhören kann, versteht, was der andere meint und vermutet es nicht nur. Damit du sicher weißt, ob du den anderen auch richtig verstanden hast, musst du immer wieder nachfragen.

Wenn dein Vater zum Beispiel sagt „Dein Schreibtisch ist absolut zugemüllt", könntest du nachfragen: „Du meinst also, dass mein Schreibtisch so unordentlich ist, dass ich nicht mehr dort arbeiten kann?"

1 👥 Erklärt euch gegenseitig, was genau mit den Sprüchen aus **M1** gemeint sein kann.

2 Ernst und weniger ernst gemeinte Sprüche zum Thema Ordnung gibt es viele: Welchen Spruch aus der Sammlung **M1** findest du zutreffend, witzig oder blöd?

3 Was bedeutet für dich aufgeräumt? Nenne Beispiele, woran du das festmachst. Wie wichtig ist ein aufgeräumtes Zimmer für dich? 👥 Tauscht eure Meinungen aus.

4 👥 Nennt Gründe, warum Ordnung halten vielen schwerfällt. Macht Vorschläge, wie im Alltag Ordnung halten einfacher wird. Tauscht eure Erfahrungen aus.

5 👥 Dein Vater möchte, dass du jetzt sofort dein Zimmer aufräumst, aber du hast gerade keine Lust dazu. Findet mindestens drei Ich-Botschaften, mit denen du begründen kannst, warum du jetzt nicht sofort aufräumen willst.

6 👥 Jan und seine Mutter streiten wegen der Unordnung im Jugendzimmer. Welche Kompromisslösung finden die beiden? Überlegt euch fünf mögliche Lösungen.

7 👥 Entscheidet euch für eine Lösung und spielt die Situation im Rollenspiel nach.

Mit einem Rollenspiel könnt ihr euch in verschiedene Personen hineinversetzen und für ein Szenario unterschiedliche Verläufe durchspielen. Ihr könnt ausprobieren, wie Handlungen unter gleichen Anfangsbedingungen unterschiedlich ablaufen können. So findet ihr heraus, welche Handlungsalternative für die jeweilige Situation am besten geeignet ist, und erfahrt, mit welchen Ideen eure Mitschüler die jeweilige Rolle ausgefüllt haben.

Außerdem ist es eine gewinnende Erfahrung, im Spiel in die Rolle einer Figur zu schlüpfen. Du kannst überlegen, wie eine fremde Person sich fühlt, was sie bewegt und wie sie auf ihr Spiel-Umfeld reagieren könnte.

1. Schritt: Information

Für euer Rollenspiel bekommt ihr meistens eine kurze Anweisung, in der die darzustellende Szene vorgestellt wird.
- Wer ist beteiligt?
- In welcher Situation befinden sich die Beteiligten?
- Haben die Beteiligten besondere Eigenschaften?

Lest die Anweisung auch daraufhin durch, ob ein Ziel vorgegeben ist: Müssen die Beteiligten zu einer Einigung kommen?

2. Schritt: Planung

a) Du übernimmst eine Rolle. Wie kannst du die Eigenschaften der Rollen in Szene setzen? Wenn du z. B. einen gestressten Vater spielen sollst, könnte der gerade am Schreibtisch sitzen und am Computer arbeiten. Ein gelangweilter Vater sitzt vielleicht auf dem Sofa vor dem Fernsehapparat, die Fernbedienung in der Hand.

b) Ihr schreibt ein „Drehbuch". Wer sagt wann was?
Oft genügt es, wenn ihr nur Stichworte schreibt und klar macht, was Inhalt der Aussagen sein soll.

c) Die Teilnehmer, die nicht aktiv mitspielen, bekommen Beobachtungsaufträge. Beantwortet werden sollten z. B. folgende Fragen:
- War die Sprechweise angemessen? (Jemand, der sich streitet, wird wahrscheinlich nicht flüstern oder kichern.)
- Was sagte die Körpersprache der Rollenspielerinnen?
- Konnte man im Spiel sichtbare Gefühle und Stimmungen erkennen?
- War der Text logisch gegliedert?
- Wurde die Szene wirklichkeitsnah dargestellt oder wirkte sie überzogen oder albern?

3. Schritt: Durchführung

Spielt eure Rollen möglichst authentisch * und haltet euch an die vorher vereinbarten Spielregeln.
Die Beobachter machen sich Notizen zu ihren Aufträgen.

*authentisch
„echt", d. h. möglichst stimmig und wirklichkeitsgetreu

4. Schritt: Besprechung

a) Die Spielerinnen berichten, wie sie sich während ihres „Auftritts" gefühlt haben. Haben sie sich an das Drehbuch gehalten oder sind sie abgewichen? Warum? Empfanden sie ihr Spiel als wirklichkeitsnah?
b) Die Beobachter erklären anhand ihrer Notizen, was sie gesehen haben. Kritik äußern sie dabei höflich.
c) Die übrigen Zuschauer aus der Lerngruppe bewerten das Spiel und machen Vorschläge, wie die Handlung anders verlaufen könnte.

5. Schritt: Alternative(n) spielen

Die Spielszene wird von anderen „Schauspielerinnen" spontan mit einem anderen Verlauf gespielt. Falls es mehrere Alternativen gibt, kann die Szene auch mehrmals nachgespielt werden.

6. Schritt: Auswertung

In der Lerngruppe vergleicht ihr die Spielszenen, die ihr gesehen habt. Jetzt geht es nicht um die schauspielerischen Leistungen, sondern um den Inhalt. Welche Spielvorschläge waren gute Lösungen, welche waren realistisch, welche weiteren Aspekte spielten eine Rolle?

M1 Teamarbeit

▪ T	→	Toll,
▪ E	→	einer
▪ A	→	allein
▪ M	→	macht's

Julia ist sauer

Schon wieder Gruppenarbeit. Keine Ahnung, was Herr Braun daran so toll findet. Es ist immer das Gleiche. Wir bekommen einen Text, markieren die wichtigsten Aussagen und stellen sie dann auf einem Plakat zusammen. Dann stellen wir uns vor die Tafel und erklären, was auf dem Plakat steht. Das Problem ist, dass *ich* markiere und *ich* zusammen mit Conny das Plakat mache. Konrad sitzt immer nur da und tut nichts. Einfach gar nichts! Zum Schluss müssen wir ihm dann diktieren, was er bei der Präsentation sagen soll. Es ärgert mich, wenn er sich auf unsere Kosten ausruht.

Auch Konrad ist unzufrieden

Mann, schon wieder Gruppenarbeit – und jedes Mal bin ich mit Julia in einer Gruppe. Kaum teilt Herr Braun die Arbeitsmappen aus, hat sie sich bereits den Text geschnappt, fängt an zu lesen und zu markieren und ist schon fertig, bevor ich mich durch den ersten Absatz gequält habe. Ich kann einfach nicht so schnell lesen! Dann bestimmt sie dauernd, wie wir's machen müssen. Sie ist so eine richtige Diktatorin, echt unangenehm. Und unsere Plakate schauen auch immer gleich aus. Wir könnten ja zum Beispiel mal eine Zeichnung machen oder einen Comic – aber mich fragt ja keiner!

Gruppenarbeit muss nicht immer gleich sein

Es gibt Jugendliche, denen es am liebsten ist, wenn Lehrer vor der Klasse stehen, etwas erklären und einen Tafelanschrieb vorgeben, den dann alle ins Heft übertragen. Auf die Dauer ist das nicht nur langweilig, sondern macht das Lernen auch sehr mühsam. Die Nachbereitung solcher Stunden beschränkt sich nämlich meistens aufs Auswendiglernen – und das macht nur den wenigsten Schülern Freude.

Wann macht dir Unterricht Spaß? Erinnerst du dich an eine Stunde, die dir besonders gut gefallen hat? Was war toll an dieser Stunde? Durftest du etwas selber machen? Hast du mit anderen zusammengearbeitet?

Teamarbeit kann in vielen Unterrichts-Situationen vorkommen. Zum Beispiel beim Üben: Habt ihr schon mal versucht, in der Gruppe Mathematikaufgaben zu lösen? – Erst rechnet jeder für sich, dann geht ihr Schritt für Schritt den Lösungsweg durch. Haben alle das gleiche Ergebnis? Falls nicht, könnt ihr so genau feststellen, wo der Fehler liegt.

Oder beim Erarbeiten von Lernstoff: Wenn eine Probearbeit in einem Sachfach bevorsteht, kommt es oft darauf an, Schlüsselbegriffe zu erklären. Sammelt die Begriffe und teilt sie so unter euch

auf, dass sie doppelt oder dreifach verge-
ben werden. In der nächsten Stunde erklärt ihr euch die Begriffe gegenseitig mit
eigenen Worten. Welche Erklärung war
die beste? Könnt ihr aus mehreren Erklärungen eine einzige optimale Erklärung
machen?

Teamarbeit – ein Leben lang ...

Teamarbeit begleitet dich dein ganzes Leben. Schon wenn du noch ganz klein bist,
bist du Teil einer Familie, die als Team zu-
sammenarbeitet. Auch in Kindergarten
und Schule musst du teamfähig sein.
Besonders wichtig ist Teamfähigkeit im
Beruf.

M 2 Wie wichtig ist Teamarbeit im modernen Arbeitsleben?

Die Redakteure der Schülerzeitung „Pennäler" interviewten dazu Herrn
Moser, der in einem weltweit agierenden Konzern arbeitet.

Penner: Herr Moser, für welche Mitarbeiter in ihrer Firma ist Teamarbeit
besonders wichtig?

Moser: Es gibt in unserem Konzern heute keinen Mitarbeiter mehr, der
nicht im Team arbeitet. Selbstständig arbeiten ist wichtig, wir wollen
aber keine Einzelkämpfer.

Penner: Sie stellen in ihrer Firma technische Geräte her – wie läuft das
ab?

Moser: Teamarbeit bedeutet, dass jeder in der Gruppe nicht nur weiß,
was er zu tun hat, sondern auch, was die anderen machen. Jeder identi-
fiziert sich mit dem Gruppenergebnis. Dadurch, dass viele Leute den
gleichen Arbeitsgang beherrschen, kommt es immer wieder aus der
Gruppe heraus zu Verbesserungsvorschlägen, die die Arbeitsläufe opti-
mieren. Das nutzt nicht nur den Gruppenmitgliedern, sondern auch
dem ganzen Konzern.

In der Gruppe können Neuzugänge auch leichter eingearbeitet und ab-
wesende Mitarbeiter vertreten werden.

Teamarbeit braucht es aber auch zwischen allen Funktionen und Ebe-
nen im Konzern. Entwicklung, Einkauf, Fertigung, Qualitätssicherung,
Vertrieb – sie alle müssen sich abstimmen, damit unsere Firma erfolgreich bleibt.

1 👥 Welche Meinung haben Julia und Konrad von der Gruppenarbeit im Unterricht von
Herrn Braun? Worin besteht das Problem und wie könnte es gelöst werden?

2 👥 Kennt ihr die Probleme, von denen Julia und Konrad sprechen, aus der Schule und
anderen Situationen? Erstellt im Team für eure Lerngruppe einen Leitfaden für AES, wie
ihr im Unterricht Teamarbeit gestalten wollt.

3 Fasse die Aussagen des Personalleiters Herrn Moser aus **M 2** über die Bedeutung der
Teamarbeit zusammen.

4 Erstellt einen Steckbrief eines exzellenten Teamplayers. Schätze deine eigene Teamfähigkeit und die der anderen ein.

5 👥 Überlegt euch gemeinsam ein Thema oder ein Fach, in dem ihr so teamorientiert
arbeiten könntet, dass jeder von euch davon profitiert. Präsentiert eure Vorschläge
anschließend der Lerngruppe.

6 👥 Besucht einen Betrieb in eurer Nähe und erkundigt euch, wie Teamarbeit dort
abläuft. Erstellt ein Info-Plakat.

M1 Was macht dein Leben wirklich reich?

72 Stunden lang gute Taten

Im Sommer 2013 veranstaltete der Bund der Deutschen Katholischen Jugend (BDKJ) seine erste bundesweite 72-Stunden-Aktion. 175 000 Menschen, unter ihnen 100 000 Kinder und Jugendliche, arbeiteten drei Tage lang für einen guten Zweck. Ziel der Aktionen war es, gemeinnützige soziale, ökologische, interkulturelle oder politische Aufgaben anzupacken und kreativ in die Tat umzusetzen.

Platz für die Kinderkrippe

Mitgemacht hat auch die Klasse 8a der Mittelschule Teublitz. Zusammen mit Jugendlichen aus anderen Schulen und einem Seniorenkreis demontierte sie an einem Tag im Aktionszeitraum Spielgeräte. Der Platz, an dem sie standen, wurde als Garten für eine neu eingerichtete Kinderkrippe benötigt und musste umgestaltet werden. „Das war ein toller Tag", erinnert sich Philipp. „Wir durften mit vielen verschiedenen Geräten arbeiten und hatten das Gefühl, etwas richtig Sinnvolles zu tun." Fariba und Nicola beteiligten sich an diesem Tag am Kochteam, das unter der Leitung der Pfarrersköchin für die Verpflegung von 50 Leuten zuständig war: „Wir haben Chilli con Car-

ne zubereitet. Allen hat es geschmeckt. Mir auch, ich kannte das nicht. Alle waren sehr nett zu uns!"

Theresa und Marina waren den ganzen Tag mit Fotoapparat und Handy unterwegs und erstellten zusammen mit zwei Gymnasiasten eine Dokumentation auf der Homepage der Pfarrei.

Die Aktion „72 Stunden" findet immer wieder in einzelnen Diözesen (kirchlicher Verwaltungsbezirk) statt. Wenn es dich interessiert, schau im Internet nach, wann der nächste bundesweite Termin ist.

> Der Mensch kann in seinem kurzen und gefahrenreichen Leben einen Sinn nur finden, wenn er sich dem Dienst an der Gesellschaft widmet.
> *(Albert Einstein)*

M3 Albert Einstein, Nobelpreisträger für Physik, machte sich Gedanken über den Sinn des Lebens und den Frieden in der Welt.

Es sind nicht immer die Lauten stark,
nur weil sie lautstark sind.
Es gibt so viele, denen das Leben
ganz leise viel echter gelingt.

Die stehen nicht auf Bühnen,
füllen keine Feuilletons,*
die kämpfen auf schwereren Plätzen.
Die müssen zum Beispiel in
Großraumbüros
sich der Unmenschlichkeit
widersetzen.

Die schützt kein Programm, kein
Modedesign.
Die tragen an sich etwas schwerer.
Die wollen ganz einfach nur anständig
sein
und brauchen keine Belehrer.

Die schreiben nie Lieder.
Die sind Melodie.
So aufrecht zu gehen,
lerne ich nie.

M 4 Konstantin Wecker, ein Münchner
Liedermacher, schrieb 1981 das Lied
„Es sind nicht immer die Lauten
stark".

Den Sinn des Lebens muss jeder selber finden. Welchen Anspruch habe ich? Meine Existenz soll rückwirkend einen Sinn gehabt haben. Ich will nicht nur dahinleben und konsumieren.
Ich würde gerne etwas verändern, aber ich mach's trotzdem nicht. Die ehrliche Wahrheit, warum ich das nicht mache, ist, dass ich anderes mit meinem Leben vorhabe. Das ist ehrlich gesagt egoistisch. [...] Mit Politik kann man was verändern. Aber Politik – das ist so viel Intrige und so viel Lüge. Wenn du es da nach oben schaffen willst, dann musst du so viele Kompromisse finden, da könnte ich nicht mehr mit reinem Gewissen in den Spiegel gucken. [...] Ich will mich verwirklichen, auch im Job. Ich will nicht jeden Tag hinter einem Schreibtisch sitzen und etwas tun, worauf ich gar keine Lust habe. Das müssen so viele Leute machen und ich hoffe, dass ich das Glück habe, das nicht machen zu müssen. Ich will eine Familie, Kinder, viel reisen ... Wenn ihr mich fragt: Seid einfach ihr selbst, versucht, euer Leben zu genießen, ohne euch große Sorgen zu machen.

* **Feuilleton**
Das Feuilleton ist der Kulturteil einer Zeitung. Es enthält Beiträge zu Themen wie Literatur, Theater, Musik, bildende Kunst und Film.

M 5 Der 18jährige Video-Blogger Julian Vlogt hat sich in einem seiner Clips über den Sinn des Lebens Gedanken gemacht.

1 „Reich sein" bedeutet nicht nur, Geld zu haben. Auf welchen „andren Reichtum" zielt der Spruch in **M 1** ab? Besprich dich mit deinem Nachbarn.

2 Julian Vlogt sagt, seine Existenz solle „rückwirkend einen Sinn" haben. Erkläre diesen Satz mit eigenen Worten (**M 2**).

3 👥👥 Julian Vlogt ist der Meinung, ein erfolgreicher Politiker könne „nicht mehr guten Gewissens in den Spiegel gucken". Was meint er damit? Bist du auch dieser Meinung? Welche Konsequenzen hat diese Haltung für unser Gemeinwesen? (**M 2**)

4 👥👥 Welchen Sinn sah Albert Einstein im Leben? Stimmst du seiner Aussage zu? Findet Beispiele, wie ihr euch heute in den „Dienst der Gemeinschaft" stellen könntet. (**M 3**)

5 Konstantin Wecker drückt in seinem Lied Bewunderung aus für die, „denen das Leben ganz leise, viel echter gelingt". Welche Eigenschaften würdest du Menschen zuschreiben, denen das Leben „echt" gelingt? (**M 4**)

6 👥 Könntet ihr euch vorstellen, euch an einer 72-Stunden-Aktion zu beteiligen?

7 👥👥 Sicherlich wurden auch in der Nähe eurer Schule 72-Stunden-Aktionen durchgeführt. Informiert euch im Internet, z. B. auf der Homepage einer Tageszeitung, der zuständigen Diözese. Welche Aktionen findet ihr gut oder weniger gut?

8 Macht euren Klasse-AES-Blog zum Thema „Meine Lebenszeit"!

Idole: Wie möchte ich sein?

M1 Superhelden aus Comics sind Idole. Viele träumen davon, einmal so ein Held zu sein.

Was ist eigentlich ein Idol?

Idole sind perfekt, einfach ideal und für uns unerreichbar. Sie sehen supertoll aus, sind super erfolgreich und was sie machen, ist immer großartig. Auch du kennst sie, denn jeder weiß etwas über sie zu sagen. Eigentlich sind Idole Menschen. Aber können Menschen wirklich so supertoll sein? – Wahrscheinlich nicht. Aber wirklich „kennen" kann man ein Idol nie, weil man ihm viel zu fern ist. Das macht aber gar nichts, ganz im Gegenteil: In unsere Idole können wir alle tollen Eigenschaften hineininterpretieren, die wir selbst so gerne hätten. Ein perfekter Körper? Eine Aura von Glück und Erfolg? Kein Problem für das Idol, in dessen Leben wir uns hineinträumen. Wir wären auch gerne so.

Träumen gehört dazu

Schon kleine Kinder lieben Rollenspiele, in denen sie nachahmen, was sie bei anderen Menschen gesehen haben. Sie üben fürs Leben, wenn sie Mutter, Vater, Kind, Kanzlerin, Pilotin oder Feuerwehrmann „sind". Sie lernen dabei, sich in andere Rollen hineinzuversetzen und verschiedene Handlungsweisen in immer neuen Variationen einzuüben. Nachgespielt werden nicht nur alltägliche Familienszenen, sondern auch Ausnahmesituationen („Du bist krank und bekommst von mir eine Spritze!") oder Filmhandlungen.

Spätestens nach dem Grundschulalter haben die meisten Kinder keine Lust mehr auf solche Spiele. Die Lust am Hineinschlüpfen in andere Identitäten bleibt jedoch erhalten. Nur dass sie sich verlagert in die Welt der Gedanken. Wovon hast du geträumt? Wolltest du ein toller Fußballspieler, eine Primaballerina, ein Popstar oder eine Meisterdetetektivin sein?

Idole im Hinterkopf ...

Auch im Jugendalter sind die Idole im Hinterkopf noch nicht verschwunden. Sie sind sozusagen mit dir mitgewachsen. Ein Idol hat das nächste ersetzt, und was vor ein paar Monaten noch bewundernswert war, findest du heute vielleicht eher peinlich.

Im Gegensatz zu einem jüngeren Kind kannst du durch Nachdenken herausfinden, was es war, das dich an deinen Idolen fasziniert. Überlege, welche einzelnen Eigenschaften und Lebensweisen deines Idols für dich interessant sind.

M 2 Musiker oder Popstars sind ebenfalls für viele Idole. Hier die Lochis mit einigen ihrer Fans.

Idole lebenslang ...

Natürlich haben auch Erwachsene Idole – oft sind es die Stars, die sie seit ihrer eigenen Jugendzeit kennen. Eine ganz andere Art von Stars füllt allwöchentlich die Seiten der Lifestylemagazine und der Klatschpresse. Welche Eigenschaften haben die Idole der typischen „Klatschzeitschriften"?

Freundschaft
Ausgeglichenheit Entschlossenheit
Verschwiegenheit
Barmherzigkeit Gewaltlosigkeit Solidarität
Heiterkeit Freundlichkeit
Wachsamkeit Fairness Klugheit
Gelassenheit Geduld
Einfachheit
Beharrlichkeit Toleranz
Unerschrockenheit Gehorsam Mut
Vertrauen
Unbestechlichkeit
Gemeinsinn Nächstenliebe
Geistesgegenwart
Zuverlässigkeit Einfühlungsvermögen

M 3 Welche Eigenschaften haben Idole – welche nicht?

1 Erkläre den Begriff „Idol" mit eigenen Worten.

2 Erkläre, warum Rollenspiele für Kinder wichtig sind.

3 👥 Sammelt eure Idole aus verschiedenen Lebensphasen, z. B. Kindheit, Jugend. Welche Idole kommen in welchem Alter eher oft, welche eher selten vor? Gibt es typische Jungen- und typische Mädchenidole? Diskutiert.

4 👥 Beschäftigt euch mit einzelnen Idolen und findet heraus, welche bewunderten, beneidenswerten Eigenschaften sie haben.

5 👥 Zeichnet den Umriss eines Idols – männlich oder weiblich – auf ein Plakat und schreibt die Eigenschaften in den Körper, die ihr einem Idol zuschreiben würdet.

6 👥 Vergleicht die Ergebnisse aus Aufgabe 4 mit den Eigenschaften, die in M 3 genannt werden. Welche Eigenschaften kommen nicht vor? Sind die nicht genannten Eigenschaften trotzdem erstrebenswert?

7 👥 Welche Leserschaft haben die Lifestylemagazine und die Klatschpresse? Welche Idole sind darin typisch? Welche Eigenschaften haben die Idole, die hier vor allem vorkommen?

8 Überlege: Welche Eigenschaften eines Idols hältst du für besonders wichtig? Würdest du selbst gerne so sein? Was davon kannst du wie verwirklichen?

M1 Neben Personen aus dem familiären Umfeld sind es häufig Sportler, die sich Jugendliche zum Vorbild nehmen.

Vorbild, das, Person oder Sache, die als [idealisiertes] Muster, als Beispiel angesehen wird.

Die meisten Vorbilder kennen wir gut

Im Gegensatz zum unerreichbaren, angehimmelten Idol mit seinen rundum bewundernswerten Eigenschaften ist ein Vorbild jemand, an dem man sich in seinen Handlungen orientieren kann.

Für die meisten Menschen ist ihr Vorbild jemand, den sie gut kennen – die eigene Mutter, der Vater, eine Trainerin im Sportverein oder ein guter Freund. Vorbilder findet man aber nicht nur in seiner nächsten Umgebung. Je älter du wirst, desto eher suchst du dir deine Vorbilder gezielt aus – abhängig davon, was du an dir selbst ändern willst.

Was passiert, wenn wir ein Vorbild haben?

Wenn man sich jemanden „zum Vorbild" nimmt, macht man ihn nicht nur einfach nach, sondern sucht nach Möglichkeiten, sich selbst so zu entwickeln, dass man dem Ideal des anderen möglichst nahekommt. Dabei kann man auch nur Teilaspekte einer Persönlichkeit gut und nachahmenswert finden, von denen man denkt, dass sie einen in der eigenen Entwicklung weiterbringen. Francis (13) geht dreimal pro Woche ins Schwimmtraining. Dort hat sie Marina kennengelernt, die fünf Jahre älter und bei Wettbewerben sehr erfolgreich ist. Marina hat ihr erklärt, wie sie trainiert, wie sie Schule und Sport unter einen Hut bringt und wie sie versucht, ihren Erfolg durch einen gesunden Lebensstil zu unterstützen.

Francis wäre auch gerne so eine gute Wettkampfschwimmerin wie Marina und überlegt nun, was sie sich von Marina „abschauen" kann. Dass sie sich Marina zum Vorbild nimmt, bedeutet aber nicht, dass sie ihren Kleidungsstil nachahmt oder sich ein Poster von Marina ins Zimmer hängt. Es geht Francis darum, wie sie als Schwimmerin besser werden kann. Sie will Marina nicht nachahmen.

Sportlerinnen und Trainer als Vorbilder

Fast 50 Prozent aller Schüler bis 18 Jahre sind irgendwann einmal in ihrem Leben Mitglieder in einem Sportverein. Dort bieten sich viele Gelegenheiten, gute Vorbilder kennenzulernen. Der Wettbewerb „Vorbild sein", der alljährlich von der Württembergischen Sportjugend veranstaltet wird, macht auf die Leistung der vielen ehrenamtlich Tätigen in Sportvereinen aufmerksam.

Und die schlechten Vorbilder?

Vorbilder helfen Menschen, an ihren eigenen Unzulänglichkeiten zu arbeiten. Leider suchen sich einige „schlechte Vorbilder". Meist sind es diejenigen, die nur ein geringes Selbstbewusstsein haben. Was sind „falsche Vorbilder" für euch? Und könnt ihr euch vorstellen, welche „falschen Vorbilder" eure Eltern am meisten fürchten? Vor einigen Jahren war Dieter Bohlen, Juror der Fernsehshow „Deutschland sucht den Superstar" auf einer Umfrage-Liste zu diesem Thema ganz oben. Die befragten Mütter befürchteten, Bohlen könne mit seinen beleidigenden Urteilen über Jugendliche, die in der Show antraten, zum Modell für ihre Kinder werden.

M3 Niemand ist perfekt! In welche Richtung möchtest du dich verändern? Hast du Vorbilder, die dir als Orientierung dienen?

1 👥 Erklärt mit eigenen Worten die Unterschiede zwischen Idolen und Vorbildern.

2 👥 Sammelt (anonym) auf Wortkarten Eigenschaften, die ihr gerne hättet und von denen ihr glaubt, dass ihr sie durch Bemühen erreichen könnt. Gruppiert sie nach Bereichen, z. B. Aussehen, Körper, Erfolg ... Hättet ihr das Ergebnis so erwartet? Sprecht darüber, was könnte hinter diesen Wünschen stecken?

3 Informiert euch im Internet über die Aktion „Vorbild sein" der Württembergischen Sportjugend (WSJ). Welche Eigenschaften muss ein Vorbild haben, das von der WSJ geehrt wird? Warum wird dieser Wettbewerb veranstaltet? (Webcode)

4 👥 Hast oder hattest du Vorbilder? Welche erstrebenswerten Eigenschaften hatten oder haben diese Vorbilder? Was kannst du tun, um diese Eigenschaften zu erreichen? Erstellt Vorbild-Steckbriefe und stellt sie der Lerngruppe vor.

5 Gute Vorbilder – „falsche Vorbilder": In der Presse oder im Internet findest du Umfrageergebnisse, welche Vorbilder Eltern am meisten fürchten. Macht eine Umfrage in eurem privaten Umfeld und erstellt im Klassenverband ein Ranking, das ihr im Schulhaus präsentiert.

M1 Klemens arbeitet heute als Verfahrensmechaniker für Beschichtungstechnik.

Klemens hat's geschafft ...

Klemens, 25, erzählt von seinem beruflichen Werdegang: „Mit 17 Jahren hatte ich meinen Hauptschulabschluss. Ich hätte auch noch einen mittleren Schulabschluss machen können, aber ich hatte von der Schule einfach genug. Da ich gern an meinem Mofa herumschraubte, meinte ich, dass irgendetwas mit Technik bestimmt ein guter Beruf für mich wäre. Ich traf einen Freund, der mir erzählte, er habe sich im Nachbarort als KfZ-Mechatroniker beworben und dort eine Lehrstelle bekommen. Ich habe mich dann auch dort beworben. Sie haben mich genommen und ich war sehr froh, noch kurz vor Schuljahresende einen Ausbildungsplatz gefunden zu haben.

Schon nach wenigen Monaten war mir aber klar, dass ich in dieser Firma niemals glücklich werden würde. Mein Freund und ich haben in der Berufsschule immer wieder gemerkt, dass wir viel weniger wussten als unsere Mitschüler. Die hatten mehr praktische Erfahrung, während wir immer nur die Werkstatt fegen, aufräumen, Reifen wechseln und Autos waschen durften. Auch der Beruf gefiel mir nicht wirklich. Mein Freund und ich beschlossen, die Firma zu verlassen, nachdem wir zwei Tage lang die Wände der Werkstatt gestrichen hatten und als nächste Aufgabe die Toiletten putzen sollten. Ich machte zusammen mit meinem Freund noch die Prüfung zum Servicemechaniker und dann orientierten wir uns um. Mein Freund fand einen anderen KfZ-Betrieb, in dem er seine Ausbildung fortsetzen konnte und ich arbeitete erst mal bei einer Zeitarbeitsfirma. Mein Ziel war, zunächst andere Firmen und Berufe kennenlernen um herauszufinden, welche Arbeit zu mir passte.

Und dann hatte ich riesiges Glück. Gleich mein zweiter Einsatz führte mich in einen Betrieb, in dem Metallteile beschichtet wurden. Mein Chef war ganz begeistert, als ich ihm sagte, ich suchte nach einer Ausbildungsstelle. Ich wurde aufgenommen in eine „Betriebsfamilie", in der vom ersten Arbeitstag an jeder als vollwertiger Mitarbeiter behandelt und abhängig von seinen Fähigkeiten und Neigungen gefördert wurde. Schon während der Ausbildung bekam ich immer mehr Verantwortung übertragen. Das Vertrauen, das mein Chef in mich setzte, motiviert mich. Ich wollte ihn auf keinen Fall enttäuschen. Mittlerweile habe ich außer meiner Ausbildung zum Verfahrensmechaniker Beschichtungstechnik auch meine Prüfung als Industriemeister abgeschlossen. Ich bin heute Leiter der Abteilung Qualitätsmanagement und betreue darüber hinaus einen Teil unseres Kundenstammes. Um meine berufliche Zukunft mache ich mir heute keine Sorgen mehr. Aber wenn ich an meine Schulzeit zurückdenke, würde ich heute vieles anders machen."

Kurzfristige und langfristige Ziele

Klemens sagt heute, dass er rückblickend vieles anders machen würde. Wie hat er seine berufliche Zukunft geplant? Was hätte er anders machen können?

Klemens ist dir in seiner beruflichen Entwicklung einige Jahre voraus. Was kannst du aus seiner Berufsbiografie lernen? Überlege dir, wie lange es dauern wird, bis du einen Beruf gefunden hast, der zu dir passt.

M 2 Auf dem Weg zum Beruf

„Die Persönlichkeit eines Bewerbers und die Anforderungen, die ein Beruf an ihn stellt, müssen zusammenpassen", erklärt Berufsberater Heiner Zimmermann. „Wenn du wissen willst, welcher Beruf zu dir passt, musst du dich erst einmal selber kennenlernen." Denk als erstes über dich selbst nach: Was kann ich gut? Was mache ich gerne? Was finde ich spannend? Frage Freunde und Verwandte, wie sie dich einschätzen.
Als Zweites sammle Informationen über Berufe, die dich interessieren. Informationsfilme findest du bei der Bundesagentur für Arbeit (Webcode). Persönliche Antworten auf deine Fragen bekommst du am besten von Praktikern. Kennst du jemanden, der in dem Beruf arbeitet, für den du dich interessierst?
Darüber hinaus helfen dir Erfahrungen in Praktika und vergleiche deine Interessen mit den Anforderungen deines Wunschberufs.

M 2 Wie bereite ich mich am besten auf meine Berufswahl vor? Berufsberater wissen Antwort.

1 Fasse den Berufsweg von Klemens in wenigen Sätzen zusammen.
2 👥 Klemens hat sich erst sehr spät Gedanken über seine berufliche Zukunft gemacht. Überlegt, was ihr wann schon planen könnt!
3 Mach den Test! Informiere dich im Internet (Webcode) über deine Stärken und Schwächen.
4 👥 Klemens und sein Freund haben in ihrem Ausbildungsbetrieb schlechte Erfahrungen gemacht. Was hättet ihr an seiner Stelle gemacht? Sammelt Vorschläge.
5 Denke nach über einen (Ausbildungs-)Beruf, der dir gefallen könnte. Halte in einer Mindmap fest, welche Anforderungen dieser Beruf an Bewerber stellt, welche Tätigkeiten verrichtet werden usw. Informiere dich anschließend auf den Seiten der Bundesagentur für Arbeit (Webcode) und bei azubiyo.de, dem Portal für die passgenaue Suche nach Ausbildungsplätzen (Webcode). Waren alle deine Vermutungen richtig?
6 Gib dir selbst ein Zeugnis: In welchen Schulfächern bist du gut, sehr gut, mittelprächtig oder eher schlecht? Welche Schulfächer sind für deinen Wunschberuf wichtig? Was kannst du im laufenden Schuljahr tun, um dein Berufsziel zu erreichen?

M1 Es muss nicht immer Zeitungsaustragen sein ... Schülerinnen und Schüler haben viele Möglichkeiten, nebenbei oder in den Ferien zu jobben oder sich zu engagieren.

Das Taschengeld reicht nicht

„Meine Eltern sagen immer, dass ich alles, was ich zum Leben brauche, von ihnen bekomme. Darüber hinaus erhalte ich noch Taschengeld, mit dem ich machen kann, was ich will. Mein Problem ist, dass das Taschengeld einfach zu wenig ist, um mir ab und zu was Schickes zu kaufen, mit meinen Freundinnen auszugehen oder Geld für größere Anschaffungen zu sparen." Julia ist deshalb auf der Suche nach einem Schülerjob.

Nicht alles ist erlaubt

Generell ist Kinderarbeit in Deutschland verboten. Der Gesetzgeber ist der Meinung, dass Schüler genügend ausgelastet sind mit Schule, Mitarbeit im Haushalt und der für sie nötigen persönlichen Entwicklung in der Freizeit. Ausnahmen gibt es für Kinder und Jugendliche im Alter von 13 bis 18 Jahren, wenn die Arbeit nicht zu schwer ist, keine Unfälle drohen und die Arbeitszeit angemessen ist.

M2 In diesen Bereichen können Jugendliche unter bestimmten Bedingungen mithelfen:

- Handreichungen beim Sport
- Austragen von Zeitungen, Werbeblättern und Prospekten
- Landwirtschaft (Ernte, Verkauf von landwirtschaftlichen Produkten, Versorgung von Tieren)
- Aktionen und Veranstaltungen von Kirchen und Vereinen
- Private Haushalte (z. B. Kinder- und Haustierbetreuung, Nachhilfeunterricht, Einkaufen gehen ...)

Genauere Informationen über die Beschäftigung von Kindern und Jugendlichen gibt das „Gesetz zum Schutze der arbeitenden Jugend" (Webcode).

Warum arbeiten Jana und Kai?

Jana (16) trägt seit Jahren Prospekte aus. „Zweimal pro Woche bin ich jeweils drei Stunden mit dem Fahrrad unterwegs. Das ist nicht immer angenehm, vor allem wenn das Wetter schlecht ist. Aber mit der Zeit gewöhnt man sich daran. Im Monat komme ich auf ungefähr 60 Euro. Das ist schon ok."

Kai (15) arbeitet auch – allerdings ohne dafür bezahlt zu werden. „Ehrenamt" heißt so ein Job. Kai ist Tafel*-Helfer. An zwei Tagen pro Woche nimmt er nachmittags Lebensmittelspenden entgegen. „Es gibt viele Leute, für die es zu teuer ist, sich alle Lebensmittel zu kaufen. Und die Supermärkte müssten sonst vieles wegwerfen. Wir bekommen aber auch Spenden von Gartenbesitzern und Landwirten, die einen Teil ihrer Ernte abgeben. Mit meiner Arbeit kann ich Gutes tun und bekomme zudem eine Bescheinigung über mein soziales Engagement, die ich später einmal bei der Bewerbung um einen Ausbildungsplatz beilegen kann. Außerdem habe ich schon viele interessante Menschen kennengelernt."

Arbeiten in der Schule?

Auch wenn es auf den ersten Blick unwahrscheinlich klingen mag: Arbeiten kannst du auch in der Schule. Rebekka arbeitet an einem Nachmittag pro Woche im Hort einer Grundschule. „Ich habe dort ein Mädchen, das immer schon darauf wartet, dass ich komme. Wir machen Hausaufgaben zusammen und spielen. Ich war total stolz, als sie mir neulich gesagt hat, dass sie eine Zwei in Mathe geschrieben hat. Ich hatte ihr die Matheaufgaben vorher mehrmals geduldig erklärt."

Es geht nicht nur ums Geld

Erfahrungen in der Arbeitswelt sammeln, Anerkennung erfahren, das Gefühl, etwas Gutes zu tun – es gibt viele Gründe, die für ein Ehrenamt sprechen.

M 4 Das sagt der Profi

Torsten Klein, Personaldisponent eines mittelständischen Betriebs, erklärt, warum er es gut findet, wenn Bewerberinnen und Bewerber soziales Engagement nachweisen können.

„Egal ob ein Jugendlicher im Fußballverein beim Kindertraining mithilft oder in der Kirchengemeinde Gruppenstunden anbietet. Wer sich sozial engagiert, zeigt, dass er Durchhaltevermögen hat, Verantwortung übernehmen kann und höchstwahrscheinlich zuverlässig und teamfähig ist. Das sind Eigenschaften, die für den Erfolg im Berufsleben genauso wichtig sind wie gute Schulnoten."

M 3 Rebekka arbeitet an einem Tag pro Woche in einem Schülerhort.

* **Die Tafel**
Tafeln sammeln „überschüssige", aber qualitativ einwandfreie Lebensmittel und geben diese an Bedürftige weiter.

1 Rufe im Internet die Gesetzestexte der „Kinderarbeitsschutzverordnung" (§1) und des „Jugendarbeitsschutzgesetzes" (§5) auf. Finde heraus, wann Kinder in Deutschland arbeiten dürfen und wann nicht. Stelle die Ergebnisse in einer Mindmap dar.

2 👥 Führt ein Partnerinterview zum Thema „Arbeiten in der Freizeit" durch! Bereitet das Interview mit euren Fragen zum Thema vor.

3 👥 Jana trägt Werbeblätter aus, weil sie ihr Taschengeld aufbessern möchte. Viele Jugendliche arbeiten dagegen, ohne Geld dafür zu bekommen. Welche Motivation haben sie, sich ehrenamtlich zu engagieren? Findet mindestens zehn Beweggründe.

4 Rebekka arbeitet in einem Schülerhort. Sie möchte eine Mitschülerin oder einen Mitschüler motivieren, sich ebenfalls dort zu engagieren. Wie könnte sie argumentieren? Spielt die Szene nach (siehe S. 182).

5 👥 Schulen können das Ehrenamt fördern. Gibt es an deiner Schule Möglichkeiten, sich ehrenamtlich zu engagieren? Falls nein – welche Vorschläge könntet ihr machen? Recherchiert dazu auch im Internet unter den Stichworten „Sozialführerschein", „Sozialpraktikum" und „Engagement in der Schule".

M1 Was machst du eigentlich den ganzen Tag?

Wann ist meine Zeit „frei"?

Ungefähr zwei Drittel eines Tages sind wir wach und können diese Zeit, die wir nicht mit Schlafen verbringen, aktiv nutzen. Echte Freizeit ist das aber deshalb noch lange nicht. Ein Großteil unserer wachen Zeit ist nämlich von vornherein verplant – mit Schule zum Beispiel. Oder mit Hausarbeiten, festen Terminen usw. Der Hamburger Wissenschaftler Horst W. Opaschowski hat sich intensiv mit der Frage befasst, wie Menschen ihre Lebenszeit verbringen. Für ihn ist Zeit vor allem dadurch bestimmt, ob ich über sie frei verfügen kann oder nicht. „Echte" Freizeit ist deshalb jene Zeit, in der Menschen tun können, was ihnen Freude macht.

Wie ist das bei dir? Wie viel Zeit hast du, in der du ganz alleine und spontan bestimmen kannst, was du machen willst?

Freie Zeit tut gut

Wer sich ständig fremdbestimmt fühlt, leidet. Jeder Mensch braucht Zeit, die nur ihm alleine gehört.

Auch du brauchst Zeit, in der du dich entspannen, ablenken und neue Eindrücke sammeln kannst.

Freizeit ist außerdem für das harmonische Zusammenleben wichtig. Du kannst dich mit deinen Freunden und deiner Familie austauschen, das Zusammensein genießen und gemeinsam mit anderen kreativ sein.

Kann man freie Zeit „vermehren"?

Kaum jemand glaubt, er habe zu viel Freizeit. Die meisten Menschen, auch in deinem Alter, klagen, dass ihnen zu wenig freie Zeit im Alltagsleben bleibt.

Viele verkürzen den Nachtschlaf, um mehr frei verfügbare Zeit zu haben. Das hilft meist nur kurzfristig.

Ein paar Tricks, wie du zu mehr freier Zeit kommen kannst, gibt es aber doch. Zuerst musst du wissen, wie du deine Zeit verbringst. Anschließend kannst du dich auf die Suche nach „Zeitfressern" machen. Brauchst du zum Beispiel immer ewig, um mit den Hausaufgaben anzufangen oder hast du fixe Termine, von denen du dich gerne trennen möchtest? Kann es sein, dass du durch Trödelei viel Zeit verlierst und deine fremdbestimmten Phasen unnötig verlängerst?

Zusammen geht es oft schneller

Es gibt viele Situationen, in denen du durch Zusammenarbeit Zeit sparen kannst. So kannst du dich z.B. zusammen mit Freunden auf eine Schularbeit vorbereiten, indem jeder von euch einen Teil-

bereich des Stoffes zusammenfasst und den anderen vorträgt.

Auch im Haushalt gibt es Arbeiten, die zeitsparender von einer Person für alle erledigt werden können. So ist es z.B. nicht sinnvoll, wenn jeder in der Familie seine eigene Wäsche wäscht und die Kleidung der anderen Familienmitglieder schmutzig liegen lässt. Ebenso ist es mit Familienarbeiten wie Kochen, Abwaschen usw.

Jeder muss mal ran

Einen gerechten Freizeitgewinn kann es dabei aber nur dann geben, wenn die Arbeit innerhalb der Familie fair verteilt wird und nicht immer nur an einer Person hängen bleibt (siehe S. 184).

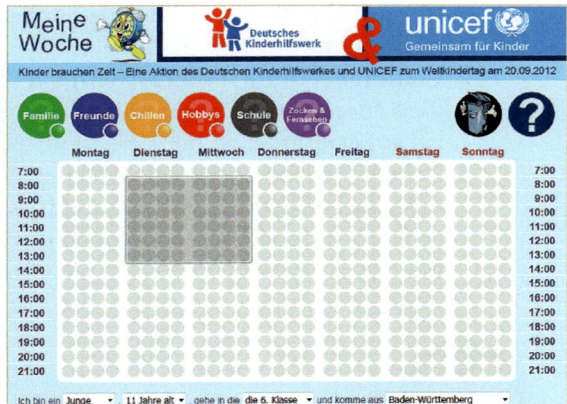

Der Plan kann auch online ausgefüllt werden auf der Webseite www.welt kindertag.de/meinewoche (Webcode).

---

1 Betrachte M1: Welche Situationen sind dargestellt? Erlebst du sie an einem Tag alle?

2 Wie verbringen junge Menschen ihre Zeit? Erkläre das Diagramm (M2) deiner Sitznachbarin. Welche Schlüsse zieht ihr daraus?

3 Schätze, wie viel Zeit an einem Tag ist für dich Determinationszeit, Obligationszeit oder Dispositionszeit (M2)! Vergleiche das mit einem Zeitprotokoll (M3), das du in darauf folgenden Tagen erstellst (siehe Aufgabe 4).

4 👥 Erstellt für wird einen bestimmten Schultag individuelle Tagesablaufprotokolle. Jede Stunde des Tages einer der vorgegebenen Kategorien zugeteilt. Du kannst die Tabelle M3 entweder von Hand oder online (Webcode) ausfüllen. Vergleicht anschließend das Ergebnis in der Lerngruppe.

5 Es gibt Freizeitbeschäftigungen, die alleine mehr Spaß machen als zusammen und umgekehrt. Welche fallen dir ein?

6 👥 Überlegt zusammen: Welche „Zeitfresser" können dazu beitragen, dass Schülerinnen und Schüler ihre freie Zeit verkürzen oder nicht genießen können?

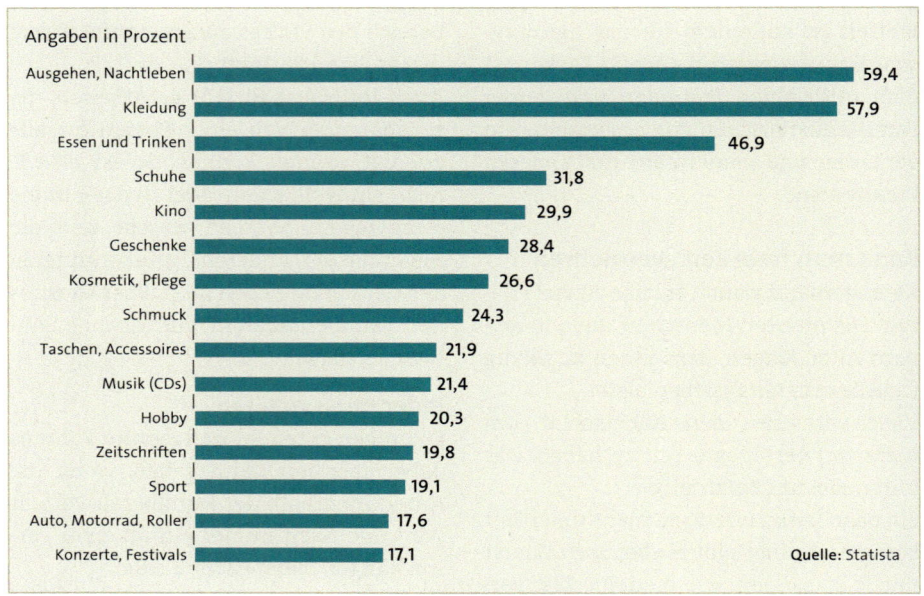

M1 Wofür geben 10- bis 18-Jährige ihr Taschengeld aus?

Warum bekommst du Taschengeld?

Viele Eltern wissen, dass Taschengeld gut ist, um dem Umgang mit Geld zu üben. Deshalb bekommen fast alle Kinder und Jugendlichen Taschengeld, obwohl es keinen rechtlichen Anspruch darauf gibt. Wie ist das bei dir?

Mein Sohn soll lernen, dass er jeden Monat nur einen bestimmten Betrag zur Verfügung hat, den er sich einteilen muss.

Nur wenn Kinder Taschengeld bekommen, lernen sie, dass sie sparen müssen, wenn sie sich etwas Größeres kaufen wollen.

Taschengeld ist eine Ressource, mit der du wirtschaften musst

Stell dir vor, du möchtest bei dir zuhause eine Party veranstalten. Knabbersachen und Getränke musst du von deinem Taschengeld bezahlen. Dafür hast du 20 Euro eingeplant. Jetzt gehst du in den Supermarkt, vergleichst die Preise und legst möglichst viele Sachen in deinen Einkaufskorb. Hier handelst du nach dem **Maximalprinizip**.

20 Euro sind hier die finanzielle Ressource, die feststeht. Beim Maximalprinzip geht es darum, dass du möglichst viel dafür bekommen willst.

Aber es geht auch anders. Du kannst vor dem Einkauf genau aufschreiben, was du einkaufen willst, z.B. fünf Tüten Chips, drei Liter Cola, fünf Liter Apfelschorle usw. Im Supermarkt kannst du nun gezielt nach Angeboten suchen, Preise vergleichen und deine Liste abhaken. Auf diese Weise handelst du nach dem **Minimalprinzip**. Das bedeutet, ein festgelegtes Ziel soll mit möglichst wenig Ressourcen erreicht werden. Minimal- und Maximalprinzip bilden das **ökonomische Prinzip**. Doch meistens geben wir unser Geld nach ganz anderen Gesichtspunkten aus.

Wir entscheiden uns bewusst nicht für das billige* Produkt.

Prioritäten setzen

Rechne aus, wie viel Geld du im Jahr zur Verfügung hast. Auf welche Einnahmen kannst du dich verlassen? Was ist unsicher? Um größere Ausgaben damit bestreiten zu können, musst du haushalten. Das bedeutet,

1. du planst über einen oder zwei Monate hinaus und
2. du planst, wofür du dein Geld einsetzen möchtest.
3. Dazu setzt du Prioritäten. Kaufst du alles, was du dir spontan wünschst, ist dein Geld schnell ausgegeben.

Den Überblick behalten mit einem Monatsplan

Überlege dir am Anfang des Monats, wofür du dein Geld ausgeben willst und schreibe deine Wünsche auf. Diese Liste ist dein Ausgabenplan. Versuche, dich daran zu halten.

Den geplanten Ausgaben stellst du deine tatsächlichen Ausgaben gegenüber. Besorge dir einen Kalender und schreibe genau auf, wie viel Geld du an welchem Tag wofür ausgegeben hast. Gibt es Ausgaben, von denen du im Nachhinein denkst, dass du sie dir hättest sparen können? Was hat dich bewogen, das Geld auszugeben? Wie hättest du diese Ausgaben vermeiden können?

Am Ende des Taschengeld-Monats schreibst du alle Ausgaben in einer Liste zusammen. Du kannst Kategorien bilden wie „Süßigkeiten", „Snacks" oder „Kosmetik". Markiere alle Ausgaben, die du im Nachhinein für sinnvoll hältst mit grüner Farbe, alle unsinnigen oder vermeidbaren Ausgaben mit rot. Welche Farbe überwiegt?

Problematisch sind oft Spontankäufe, bei denen du kurzentschlossen Geld für Dinge ausgegeben hast, die du nach einer ausreichenden Bedenkzeit nicht gekauft hättest (siehe S. 107).

Große Wünsche ermöglichen

Für größere Ausgaben musst du sparen oder Geld ausleihen. Überlege dir bei der Erstellung deines Ausgabenplans, wie viel Geld du wofür sparen möchtest oder wann du ausgeliehenes Geld zurückgeben musst. Denk nach, welche Vorteile ein Grundstock an verfügbarem Geld für unverhoffte Ausgaben hat.

* **Billig ist nicht preiswert.** Billig bezieht sich nur auf einen möglichst geringen Preis.
Preiswert bedeutet, dass man für den zu zahlenden Preis einen angemessenen Gegenwert bekommt.

M 2 Mit Geld überschüttet zu werden, bleibt meist ein Wunschtraum. Alle müssen lernen, mit ihrem Geld zu haushalten.

---

1 Was stellt die Grafik **M 1** dar? Was könnt ihr daraus ableiten?

2 Nimm Stellung zu den Aussagen der beiden Elternteile. Vergleiche das mit deinen eigenen Erfahrungen. Haben die Eltern recht? 👥 Diskutiert in der Lerngruppe!

3 Erkläre, was das ökonomische Prinzip aussagt. Überlege dir Beispiele, bei denen du vorwiegend nach dem Minimal- oder nach dem Maximalprinzip gehandelt hast oder handeln wirst.

4 Wofür gibst du dein Geld in welcher Situation aus? Wer es genau wissen will, kann eine Einnahmen-Ausgaben-Aufstellung machen.

5 👥 Wie viel Taschengeld bekommen die Schülerinnen und Schüler in eurer Klasse? Macht eine anonyme Umfrage.

6 👥 Wofür gebt ihr euer Taschengeld aus? Erstellt eine Grafik nach dem Muster von **M 1**. Vergleicht diese mit **M 1**.

7 👥 Projekt: Nehmt Kontakt zu einer Schuldnerberatungsstelle in eurer Nähe auf. Werden dort auch junge Leute beraten? Wie geraten Menschen in die „Schuldenspirale" – und wie kommen sie wieder heraus? Im Vorab könnt ihr im Internet bei einer Schuldnerberatung (Webcode) unter den Stichworten „Geizhalszeitung" und „Lernnuggets" recherchieren. Gestaltet eine Infowand, die ihr in eurer Schule präsentiert.

M1 Gemeinsam lernt es sich manchmal besser.

Es ist eine Binsenweisheit: Wer gut vorbereitet in eine Prüfung geht, hat (fast) nichts zu befürchten. „Leichter gesagt als getan", findet Mareike. „Ich habe eigentlich immer Angst, dass etwas drankommt, was ich nicht gelernt habe." Neulich habe ich sogar geträumt, dass ich vor einem leeren Blatt sitze und keine Ahnung habe, was ich draufschreiben soll."

Mareikes Freundin Susanne erklärt: „Freilich kann man nicht immer alles wissen, aber meistens komme ich ganz gut klar." Die beiden Freundinnen beschließen, für die nächste Englischarbeit gemeinsam zu lernen.

Einen Überblick verschaffen

Bis zur Klassenarbeit sind es noch zwei Wochen. Die beiden Freundinnen schreiben erst einmal die Themen auf, die sie bis zum Prüfungstermin noch alle lernen müssen.

Unterschiedliche Lernwege für unterschiedliche Aufgaben

„Auweia, das ist ganz schön viel!", findet Mareike. „Wo fangen wir denn da an?" „Ganz einfach, bei den Vokabeln und bei den Merkeinträgen", schlägt Susanne vor. „Erst müssen wir sehen, dass wir alle Grundlagen haben, bevor wir uns daran machen, Aufgaben zu lösen."
Mareike schnappt sich ihr Vokabelheft und fängt an darin zu lesen. Susanne deckt eine Spalte ihres Vokabelheftes ab und schreibt Wörter auf. Vokabeln, die sie nicht wusste oder falsch geschrieben hat, überträgt sie auf Karteikarten. „Warum machst du das so?", will Mareike wissen.

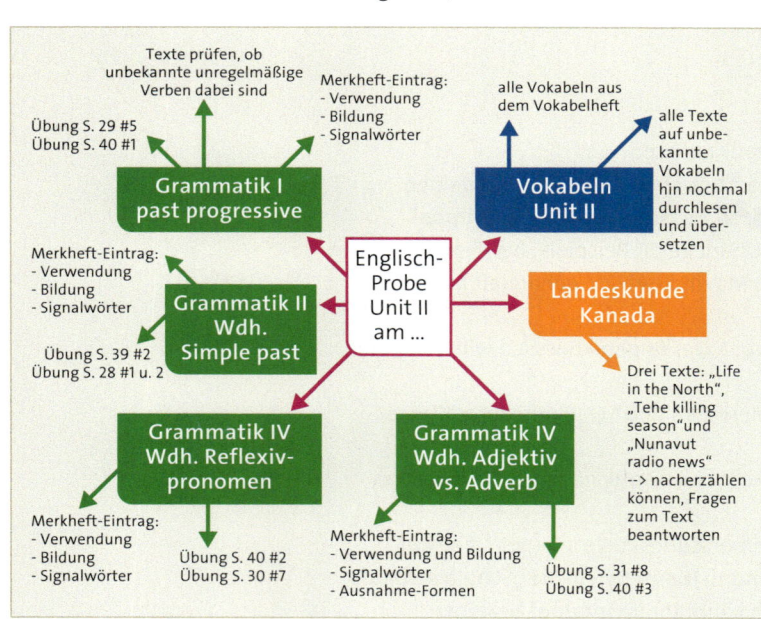

M2 In einer Mindmap stellen Susanne und Mareike dar, was sie bis zum Prüfungstermin noch alles lernen müssen.

–„Mit der Karteikartenmethode muss ich nur die Wörter wiederholen, die ich nicht weiß und nicht alle, die im Vokabelheft stehen. Das ist effektiver, als nur mit dem Heft zu lernen. Die Merkeinträge zu den Grammatikteilen lerne ich aber auch aus dem Heft."

Ein Zeitplan verschafft Überblick

„Wir haben noch genau 16 Tage bis zur Klassenarbeit. Das heißt eigentlich 15, weil am Tag davor machen wir nichts mehr. Da muss dann alles passen", sagt Susanne bei einem Blick auf den Kalender. Auf ihrem Block zeichnet sie einen Stundenplan auf. „Vormittags haben wir Schule, da geht gar nichts. Wir können also nur nachmittags, abends und am Wochenende lernen. Bevor wir entscheiden, was wir wann lernen, müssen wir die Zeiten eintragen, an denen wir anderweitig verplant sind." Mareike schreibt ihre Lieblingssendung im Fernsehen, das Handballtraining und einen Kinoabend ein.

Anschließend werden die „Lernportionen" verteilt. Sie achtet darauf, dass keine länger als 20 Minuten am Stück ist. Sie weiß, dass danach ihre Konzentration merkbar nachlässt. Deshalb gibt es dann erst eine Pause, bevor es weitergeht. Das

Wiederholen von Vokabeln und unregelmäßigen Verben steht täglich auf dem Lernplan. In der ersten Woche wollen die Mädchen alle Merkeinträge gelernt und die drei Lesetexte durchgearbeitet haben. In der zweiten Woche stehen neben der erneuten Wiederholung der Vokabeln die Bearbeitung der Aufgaben aus dem Englischbuch und die Wiederholung der Arbeitsblätter auf dem Plan. „Wir treffen uns jeden Tag in der Schule. Dann fragen wir uns gegenseitig ab."

Zeit	Montag	Dienstag	Mittwoch
14:30	14:30–16:00 Handball	14:30–14:50 Vokabeln S. 126 bis Oh honestly!	14:00 bis 16:00 mit Julia in der Stadt
15:00			
15:30		15:30 bis 15:50 Text S. 26 übersetzen	
16:00			
16:30			
17:00	17:00–17:20 Vok. S. 125	Meine Lieblingssendung!	17:00–17:20 Vok. S, 126 Rest
17:30			
18:00	Pause		
18:30	18:30–18:50 Verw. simple past		

M 2 Das ist ein Teil von Mareikes Lernplan.

1 Beschreibe die Probleme von Mareike! Kennst du solche Gedanken auch von dir? Welche Lösung schlägt Susanne vor?

2 👥👥 Erstellt eine Mindmap zur Lernvorbereitung auf eure nächste Prüfung, z.B. in AES. Vergleicht anschließend eure Lösung mit denen der anderen Gruppen.

3 Wie lange brauchst du, um zehn neue Vokabeln zu lernen, die du vorher noch nie gehört hast? Suche dir zehn interessante Wörter aus deinem Englisch-Lexikon und probiere es aus. Kannst du sie auch am nächsten Tag noch richtig schreiben?

4 Kennst du die Karteikarten-Methode? Informiere dich dazu im Internet unter dem Suchwort „Lernkartei" (Webcode).

5 👥👥 Sucht euch eine weitere Lernmethode, probiert diese aus und präsentiert die Methode und euren Test als Poster.

6 Erstelle für die nächste Klassenarbeit deinen eigenen Lernplan und protokolliere, wie es dir dabei geht.

7 👥👥 Unterschiedliche Aufgabenstellungen und Inhalte bedingen verschiedene Lernmethoden. Wie unterscheiden sich eure Lernwege, wenn ihr euch auf eine Probearbeit in Mathematik, Deutsch oder Biologie vorbereitet?

M1 Schaffst du es, 20 Minuten ohne Ablenkung an deiner Hausaufgabe zu arbeiten? Überprüfe dich mit der Eieruhr.

To-do-Liste
– 10 min E:
Neue Vokabeln eintragen
– 15 min M:
Seite 28 Nr. 7–9
– 3 min
morgen Schürze mitbringen!
– 5 min
Wäsche in den Schrank!
– 2 min
Tel. Nr. von Jana mailen!
– 40 min
neues Geodreieck kaufen!
– 20 min D:
Diktat verbessern
– 15 min
AES: Rezeptvorschlag ausdrucken
– 20 min E:
Vokabeln Unit 2 wdh.

M2 Notiere auf deiner To-do-Liste, was du noch erledigen musst.

1. Schritt: Ursachen erkennen

Auf Seite 146 hast du gelernt, wodurch Stress ausgelöst werden kann. Damit du dich vom Stress befreien kannst, musst du wissen, woher er kommt. Du musst also deine Stressoren kennen. Was belastet dich ganz konkret? Hausaufgaben? Anstehende Prüfungen? Dein Tagesablauf? Kannst du dich nur schlecht konzentrieren? Hast du das Gefühl, dass andere eh besser sind als du? Fühlst du dich schlapp und unausgeschlafen?

Willst du deinen Stress vermindern, dann finde möglichst genau heraus, was dich belastet! Schreibe deine Gedanken dazu auf.

2. Schritt: Gegen die Ursachen angehen

Überlege nun, wie du die Ursache beseitigen kannst. Viele Menschen sind wegen gleicher Ursachen im Stress. Schau mal, ob einer der folgenden Tipps auch dir helfen kann.

Tipp 1: Der Trick mit der Eieruhr

Schulstress wird oft verursacht durch falsche Zeiteinteilung. Viele fühlen sich durch einen Berg von Hausaufgaben belastet. Geht dir das auch so? Dann notiere dir, wie lange du für deine Hausaufgaben wirklich brauchst. Wie oft hast du dich ablenken lassen, z. B. mal kurz mit deinem Freund eine WhatsApp-Nachricht ausgetauscht oder ganz kurz was zu essen geholt?

Gegen solche „Zeitfresser" hilft die Methode mit der Eieruhr: Plane fest ein, dich 20 Minuten nur mit deiner Hausaufgabe zu beschäftigen. Alles andere muss warten (also geh lieber vorher auf die Toilette). Bevor du dich an deinen aufgeräumten Arbeitsplatz setzt, stellst du dir einen Kurzzeitwecker auf 20 Minuten. Halte durch bis zum Klingeln des Weckers, dann gönn dir eine Pause!

Tipp 2: Die Liste der unerledigten Dinge

Was musst du alles tun? Erstelle eine To-do-Liste, auf der du alles notierst, was du in nächster Zeit tun musst. Schreibe vor jeden Arbeitsauftrag, wie lange es dauert, bis du ihn abgearbeitet hast. Welche Tätigkeiten lassen sich schnell erledigen (z. B. ein Arbeitsblatt einheften), für welche brauchst du mehr Zeit? Anschließend sortierst du deine Aufträge nach ihrer Dringlichkeit. Rot steht z. B. für „Muss noch heute erledigt werden!", grün für „Noch in dieser Woche" usw. Am besten fängst du mit ein oder zwei Arbeitsaufträgen an, die sich blitzschnell erledigen lassen. Wenn du damit fertig bist, darfst du sie abhaken – erledigt!

Tipp 3: Zu faul zum Suchen?

Ordnung in deinem Zimmer und in deiner Schultasche spart viel Zeit, nämlich die zum Suchen! Auf einem vollen Schreibtisch ist es schwer zu arbeiten, weil vieles dich ablenken oder belasten kann. Beispielsweise träumst du schnell vom letzten Ausflug, wenn dein Blick auf ein Erinnerungsfoto fällt.

Viele Jugendliche packen ihren Ranzen erst morgens, kurz bevor sie sich auf den Weg machen. Aus der Stressforschung wissen wir, dass wir unter Zeitdruck mehr Fehler machen. Passiert es dir öfters, dass du etwas Wichtiges vergisst? Überlege, wann für dich ein guter Zeitpunkt ist, deine Schultasche zu packen.

M 3 Möchtest du hier deine Hausaufgaben machen?

Tipp 4: Bereite dich langfristig auf Prüfungen vor

Meist geben Lehrerinnen die Termine für Prüfungen frühzeitig bekannt. Das ist ein Vorteil für dich: Du kannst diese Vorlaufzeit zum Lernen nutzen und deine Zeit besser einteilen! Unter Zeitdruck lernen geht meistens schief. Deine Aufnahmefähigkeit leidet, wenn du weißt, dass du nur noch wenig Zeit hast, um dir den Stoff einzuprägen. Am Vorabend lernen bis tief in die Nacht ist so ziemlich die schlechteste Methode, wenn du etwas im Langzeitgedächtnis verankern willst. Teile deinen Lernstoff in Portionen ein, die du auch bewältigen kannst. Vergiss nicht, Pufferzeiten und Pausen einzuplanen. Ein Lernplan kann dir dabei helfen.

M 4 Schläfst du gerne länger? Zeit und Stress lässt sich sparen, wenn die Schultasche schon am Vorabend gepackt wird.

Zeit	Montag	Dienstag	Mittwoch	Donnerstag	Freitag	Samstag	Sonntag
6–7 Uhr							
7–8 Uhr							
8–9 Uhr							
9–10 Uhr							
10–11 Uhr							
11–12 Uhr							
12–13 Uhr							
13–14 Uhr							
14–15 Uhr							
15–16 Uhr							
16–17 Uhr							
17–18 Uhr							
18–19 Uhr							
19–20 Uhr							
20–21 Uhr							
21–22 Uhr							

M 5 Ein solcher Stundenplan hilft dir dabei, deine Prüfungsvorbereitung zu planen.

Der 3. Schritt: Entspann dich!

Wie das geht? Das erfährst du z. B. auf Seite 147.

Register